『安邦武将』系列

WENTAO-WULUE
ZUOZONGTANG

文韬武略 左宗棠

姜正成 / 编著

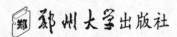
郑州大学出版社

图书在版编目（CIP）数据

文韬武略——左宗棠/姜正成编著 . —郑州：郑州
大学出版社，2017.8（2022.8 重印）

（安邦武将）

ISBN 978-7-5645-4246-7

Ⅰ.①文… Ⅱ.①姜… Ⅲ.①左宗棠（1812–1885）
- 传记 Ⅳ.① K827=52

中国版本图书馆 CIP 数据核字（2017）第 078765 号

郑州大学出版社出版发行

郑州市大学路 40 号　　　　　　邮政编码：450052

出版人：孙保营　　　　　　　　发行部电话：0371-66658405

全国新华书店经销

中煤（北京）印务有限公司

开本：710 mm×1000 mm　1/16

印张：16

字数：220 千字

版次：2017 年 8 月第 1 版　　　　印次：2022 年 8 月第 2 次印刷

书号：ISBN 978-7-5645-4246-7　定价：58.00 元

本书如有印装质量问题，请向本社调换

前　言

　　在晚清时代，一个多事之秋，一个充满传奇色彩的小婴儿降生在这个世上，他便是——左宗棠。

　　湖南湘阴县是左宗棠的出生地。这是一个贫寒的书香门第：曾祖父是县学生员，以孝义闻名；祖父是国子监生；父亲是县学廪生，曾是大名鼎鼎的岳麓书院的学生。左宗棠受家庭的熏陶，再加上他天资聪慧，很小就表现出过人的才华，家人也对他抱了很大的期望。然而，这个少年英才却仕途坎坷，三次科举落第。左宗棠无奈之下，决定另辟蹊径。第三次落第时，他已经入赘到周家，做了上门女婿。幸好伉俪情深，才让左宗棠度过了失意煎熬的岁月。

　　左宗棠科举落第后，学的都是一些经世之学。也正是这些实用的东西，使他被那些善于"相马"的伯乐看中。最终，左宗棠在众人的极力劝说下，决定出山。初出茅庐的左宗棠，的确是"运筹帷幄，决胜于千里之外"。两次幕湘，皆取得辉煌功勋。后来，左宗棠受到小人谗害，幸得友人们相助，他才脱离险境。左宗棠被迫离开湘幕后，又被朝廷启用。

　　1860 年，太平军攻破江南大营后，左宗棠又跟随曾国藩襄办军务。左宗棠在湖南募练楚军，远赴江西、安徽与太平军作战。1862 年，左宗棠又升任闽浙总督。在闽浙，左宗棠带领楚军锐不可当，取得了赫赫战功。左宗棠是个有远见卓识的人，他认为只有通过兴办洋务才能"师夷长技以制夷"。洋务运动刚开展时，左宗棠被任命为陕甘总督。在陕甘，左宗棠剿灭捻军、平定回民暴乱，屡建奇功。1874 年，左宗棠被任命为钦差大臣，督办新疆军务，并且收复了伊犁。接着，他又主张为新疆建省，并且做了一系列奠定新疆建省基础的重要工作。1881 年春，左宗棠入值军机处，管理兵部事务。1881 年夏，左宗棠又被调任两江总督兼南洋通商大臣。1884 年 6 月，左宗棠再次入军机处。这时，中法战争爆发了，左宗棠又请命督办福建事务。1885 年 9 月 5 日凌晨，左宗棠病逝于福州。

至此，中国晚清的一位军政重臣，湘军的主要统帅之一，洋务派的首领之一，走完了他轰轰烈烈南征北战的一生。

第一章 贫寒之家出英才　入赘周家得贤妻

左宗棠出生于湖南湘阴县的一个九口之家。然而，他充满传奇色彩的降生却给这个贫寒之家带来了一丝希望：当时天现异象，母亲余氏又是在睡梦中受了惊吓而把他生下来的。尽管这个家庭贫寒，却是一个正宗的书香门第。左宗棠的祖父和祖母都认为这个刚刚降生的老么，将来会大有作为。逐渐成长的左宗棠果然聪慧异常，与众姊妹不同。长大后的左宗棠入赘到家庭富裕的周家，而且周家小姐知书达理，温柔贤惠，夫妻二人感情甚笃。

第二章 科场失意行路难　参与湘幕涉政坛

左宗棠虽然是个少年英才，却时运不济，参加科举三次，都名落孙山。为此，左宗棠深感仕途之路异常艰难，就决定另辟蹊径，学一些经世致用之学。一次偶然机会，左宗棠巧遇陶澍，两人异常投机，相见恨晚。左宗棠就在陶家坐馆，并结为亲家。在陶家坐馆的左宗棠表面上是教书先生，可心里仍然关心国家大事。后来，左宗棠被众人请出山，自此开始步入政坛。

第三章 自建楚军初领兵　增援皖南镇义军

太平天国起义的势头迅猛异常，致使清政府不得不派重兵镇压。这时候，因为樊燮事件辞职回乡的左宗棠又被朝廷重用。于是，左宗棠就自己在家乡招募兵将，组成了楚军。由于左宗棠治兵有方，楚军英勇善战，锐不可当。后来，左宗棠被朝廷派往皖南镇压起义军。

第四章 闽浙总督显才干　经世之才终得展

左宗棠被朝廷任命为闽浙总督后，恪尽职守，充分显示了他的经世之才：面对楚军断粮、短饷的局势，左宗棠想到了官商相协的好办法；在浙江当巡抚时，左宗棠带兵有方，统筹全局，终于将杭州攻陷；太平军的余部出逃后，左宗棠又进行追剿，独当一面。

第五章 忧国忧民办洋务 创建船政固海防

19世纪六七十年代，世界资本主义正处于产业革命后的极盛时期。在当时，虽然中国是个高度发达的封建国家，但在明清以来却停滞不前，与资本主义国家相比是腐朽落后了。为此，一些有识之士认识到了中国贫穷落后的根源所在，于是，便展开了一场顺应世界发展潮流的洋务运动。左宗棠就是有识之士中的一员。

第六章 移督陕甘出良策 平定暴乱建奇功

正当左宗棠在筹划福州船政局时，清政府又任命左宗棠为陕甘总督。左宗棠对此次远征陕甘根本没有信心。于是，左宗棠就将行期推迟了3个月，并提前筹划良策。虽然左宗棠平捻受挫，但捻军还是被他镇压了下去。接着，他又平定了回民暴乱。

第七章 西北告急赴新疆 拯救山河收失地

国内的局势基本稳定了。可是，西北地区却遭到了沙俄的入侵。不久，日本又侵占台湾。为此，朝堂内展开了激烈的大辩论——海塞之争，最后还是左宗棠高瞻远瞩，重视塞防。左宗棠不顾自己已年近七十，决定西征沙俄。其实，左宗棠也怕自己这次西征是有去无回。于是，为了鼓舞士气，他让士兵为他准备了一口棺材，抬着棺材出关，最终竟然击退了沙俄，光荣地完成了使命。

第八章 开发西北办实业 复疆建省泽后世

左宗棠在西北担任陕甘总督时，看到受到战争重创的西北，心中不免沉痛。同时，他也深切地感受到西北的落后。于是，左宗棠注重在西北兴办实业，发展经济。并且，左宗棠还妥善处理了战后的善后问题，为新疆建省奠定了基础。后来，清政府批准了新疆建省，左宗棠可谓是功不可没。

第九章 入值军机受优礼 两江总督兴海防

左宗棠战功显赫，却引起了朝中大臣与朝廷的猜忌：左宗棠拥兵自重，怕会形成尾大不掉之势。于是，左宗棠就被朝廷召回了北京，并且入值军机处。然而，生性刚直的左宗棠总是受到同僚们的排挤、甚至还时不时地惹怒慈禧太后。后来，左宗棠就被朝廷任命为两江总督。上任后，左宗棠为江南的振兴也作出了卓越的贡献。

第十章　再入军机忧社稷　大厦将倾抱憾终

左宗棠第二次入值军机处时，仍然充满了雄心壮志。不久，中法战争爆发，左宗棠又远赴福建。到福建后，频频获得大捷。然而，懦弱的清政府已经被西方列强的坚船利炮吓破了胆。左宗棠不顾70余岁的高龄为国驱驰，却换来了清政府在中国战场取得胜利的情况下签订了屈辱的和约。左宗棠也正是在这种大厦将倾的局势下，抱恨终天！

第一章

贫寒之家出英才
入赘周家得贤妻

左宗棠出生于湖南湘阴县的一个九口之家。他充满传奇色彩的降生却给这个贫寒之家带来了一丝希望：当时天现异象，母亲余氏是在睡梦中受了惊吓把他生下来的。尽管这个家庭贫寒，却是一个真正的书香门第。左宗棠的祖父和祖母都认为这个刚刚降生的老幺，将来会大有作为。逐渐成长的左宗棠果然聪慧异常，与众姊妹不同。长大后的左宗棠入赘到家境富裕的周家，周家小姐知书达理，温柔贤惠，夫妻二人感情甚笃。

天现异象，宗棠降生

湖南省湘阴县有个左家塅，左家塅也称作东乡，是湘阴左氏族人世代居住的村庄，祖上是在公元 12 世纪南宋时期从江西逃难迁来的，到了 19 世纪初，已是第 23 代，在这里居住了 700 多年。

清嘉庆十七年十月初七日（1812 年 11 月 10 日）晚，夜色浓黑，万籁俱寂，高远的苍穹之上，繁星密布，但大多黯淡无光，只有人们传说中常常提起的那颗牵牛星不时地明明灭灭，显得格外引人注目。此时，左家塅的各家各户都门窗紧闭，正在熟睡之中。只有左人锦与大他三岁的夫人杨萍，以及他的儿子左观澜难以入眠，不是在房中踱步，便是坐立不安，像是在焦急地等待什么。原来左人锦的儿媳、左观澜的妻子余氏快要生产了。余氏不安地躺在隔壁卧室内，她今年已有 38 岁，她所期待的将是她最后一个孩子。孩子的祖父名人锦，字斐中，又号松野，是一位老秀才 (国子监生)，以前以授徒为生，现在已年近八旬，只在家照看孙子。父亲名观澜，字晏臣，又号春航，也是秀才 (县学禀生)。因为家贫，祖先传下数十亩薄田，不足以供养 9 口之家（左观澜已有两子三女），他终年在外开馆授徒。塾师的收入微薄，平时仅能维持温饱，遇到荒年，就买不起粮食了，余氏只得用糠屑做饼给家人充饥。虽然是一户读书人家，过的却是底层百姓的生活。

时间已不早，产房里还没有动静，于是众人各自休息。余夫人也困倦入睡。只有将出生的婴儿的祖母杨氏久不能眠，为了平静心绪，她轻轻地开了门，走到庭院中，抬头仰望，看到明亮的牵牛星仿佛向她眨眼微笑，左家即将有喜事降临。杨老夫人观了天象后，心中非常高兴，甚至有些兴奋。于是，带着兴奋的她也回房休息去了。

天将微明时，余氏恍恍惚惚做了一个稀奇的梦，从梦中惊醒，一个男婴便这样诞生了。

左人锦和杨氏知道后，又惊又喜。杨氏立即走进儿媳的房间，进门就问儿媳道："怎么毫无动静就生了？"

"我也不知道呀！我只是在梦中受到惊吓，然后就醒了。谁知道，这孩子竟然在我睡梦中出生了。"余氏也惊奇地说道。

杨氏不再说话，而是抱起刚刚出生的婴儿，细细端详：这孩子哭声震耳，浓眉高挑，天庭饱满，头发乌黑，看来是个福相。说来也怪，哭个不停的婴儿，经老夫人一抱，就止住了声，只是眼睛还闭着。祖母用手轻轻抚开他的双眼，见两颗眼珠又黑又圆，炯炯有神，刚一睁开，就骨碌碌直转，仿佛要努力看清身边的一切。

左人锦听说儿媳生产时受了些惊吓，就说："'庄公寤生，惊姜氏'，但到底成了个有作为的君王；今日此子生得奇异，有将相之才的状貌，日后或许能够封官拜爵、飞黄腾达。"

余氏听了公公、婆婆这些安抚的话，心情逐渐平静。随即从婆婆手中接过新生儿，柔声轻哄。

左观澜这时向父亲询问："爹爹，日前拟订，如若再生一子，即跟从两位哥哥唤作宗棠；却尚欠一表字，还请父亲定夺。"

左人锦是当地有名的教书先生，他默念了一阵，说："《诗》中有载：'昔周时召伯巡行南国，以布父王之政，或舍甘棠之下，后人思其德，爱其树而不忍伤。'此子既名宗棠，今日又生得奇异，正与召公之事暗合。希望他将来能够位比召公，行惠政，利黎民，对得起我左氏列祖列宗！就叫他季高吧！"

少年英才，聪颖好学

左宗棠出生时，他的祖父左人锦（号松野公）已经74岁，晚年抱孙的他心中十分高兴，视左宗棠如掌上明珠。左宗棠3岁时，左人锦就开始教他读书写字，对这个孙子寄予了很高的期望。

左家有两间屋子，屋前有几棵高高的梧桐树，还有一口池塘，取名"梧塘书塾"。夏天来临时，梧桐树上长满了八角形的叶子，浓荫覆地，宗棠在屋内咿咿呀呀地念书，聆听屋前树上无休止的吱吱蝉鸣声。散了学，左宗棠就和哥哥们拿着竹竿打树上的蝉儿。他还爱蹲在池塘边看鱼群在水中游来游去。阳光和白云倒映在池塘中，引起了他许多幻想。到了秋天，梧桐树上结满了桐籽，秋风过处，桐叶纷纷飘落，他就从桐叶上收取那些桐籽。屋后有一座小山，山上长满了灌木和野花，他常爬上山去玩耍。松野公发现这个小孙子特别颖悟。

有一次，松野公带宗棠上山，采了一大把毛栗子。祖父叫宗棠带回家，分赠给兄姐。宗棠将栗子分成五份，送给三位姐姐和两位哥哥，却没有给自己留一份。

大姐寿清很奇怪，就问宗棠道："小三子，你自己呢?"

"我在山上吃了。"左宗棠回答道。

爷爷松野公知道后非常欢喜，夸赞说："这孩子从小就知道公平地分东西，又不自私，知道谦让，胸襟开阔，将来一定能把左家的门庭发扬光大的。"

左宗棠之父春航公，有一次教两个大儿子读一篇文章，其中有一句是："昔之勇士亡于二桃，今之廉士生于二李。"春航公问他们："二桃的典故出于什么地方？"哥哥们还没来得及回答，宗棠便在旁应声说："古诗《梁甫吟》有这一句，'一朝被谗言，二桃杀三士。'"原来两位哥哥在平时朗读诗文时，宗棠在一旁听着，就记住了。春航公看出这个儿子颖悟过人。母亲余氏也发觉这个小儿子与众不同，她曾和家人说："将来老三有封侯的希望。"对一个乡下孩子，母亲居然会想到将来他能封侯，恐怕是过奢的希望了。

左宗棠只随祖父读了一年书。嘉庆二十一年（1816），左宗棠4岁，他的父亲左观澜将全家迁往长沙左氏祠，开馆授徒，三个儿子均随同学习。再过一年，祖父去世了。

在父亲的严格管教下，左宗棠从5岁开始就诵读儒家经典《论语》《孟子》，兼读朱熹《大注》（即《四书集注》）。8岁时，学作应举的八股文章。他的父亲每次命题，必先令他体会《大注》，一字不许放过。左宗棠遵照父教，刻苦攻读。读经之外，"间读史，辄慕古人大节"。这使他深受传统的封建儒教、特别是程朱理学的熏陶。

左宗棠在12岁时，开始留意书法。最早接触的字帖是宗植从劳崇光（字辛楷，后来做过两广和云贵总督）处借来的北海《法华寺碑》。宗棠已懂些书法，爱不忍释。他对同时先辈南园（讳沣）的书法也很佩服。

虽然家境寒素，左宗棠那一段少年时期的读书生活还是很愉快的。但是不久家中发生了一连串不幸的事件。自祖父母相继去世后，道光三年（1823），他大哥宗莶也因病去世，只活了25岁。大哥的死，对父母是重大的打击。春航公从此对二儿子宗植和他的管教就不那么严格了。余氏多年来一直过着清苦的生活，养育了6个孩子，含辛茹苦，身体本来就弱，宗莶的死，更使她伤心万分，不久就恹恹成病。医生诊看后，说她身子太虚，要用上好人参滋补。可家中哪里有钱买参，春航公各处借贷，好不容易买了不到一两的参，但是于事无补。

左宗棠像

道光六年（1826），14岁的左宗棠开始应童子试县试，名列第一，成为一名秀才。次年应府试，同样是名列第一，但为了照顾另一名年老的考生，发榜时将他改为第二名。本应再接着参加学政主考的院试，但由于母亲病危告归，因此没能取得秀才的资格。也就在这一年，他的母亲去世。

春航公为筹办夫人的殡葬费和生前的医药费，欠了几百两银子的债。靠他坐馆的微薄收入，如何还得起？每到年关逼近，更是窘迫万分，于是只好将家中什物拿去典当，宗棠为此也常常上当铺。长沙当铺的柜台是有名的高，宗棠年少身矮，在柜台前要伸着头、踮着脚才能和柜台里面的掌柜、伙计打个照面，他家里又没有什么值钱的东西，掌柜很瞧不起这个穷少年，没少给他白眼。

春航公辛苦了一生，还欠了一身债。他经受不了接连丧子、丧妻的痛苦，于道光十年（1830）在长沙病逝，他和夫人都只活了53岁。左宗棠兄弟将父母合葬在长沙城北史家坡，这时姐姐们都已出嫁，一个美满的十口之家，就只剩下兄弟二人，还有一位寡嫂，领养了一个孤侄。嫂子的生活最困难，兄弟俩一商量，就将祖遗的48石谷田全部送给嫂嫂。宗植、宗棠兄弟二人从此相依为命。他们不仅无田无产，而且还继承了一笔债，这笔债直到几年以后才还清。

兄弟二人性格虽然不相同，但是感情极好。宗植文字优长，处世谨慎小心；宗棠则才华横溢，性格豪迈，对一切事都有自己的看法。有时，兄弟俩还会因为见解不同而争论不休。后来，还是嫂嫂为他们调停，这才罢休。宗棠后来常常回忆起少年时这些趣事，以及这些趣事给这个贫寒之家带来的温馨与欢乐。

求学漫漫，师从贺氏

左宗棠的家境随着亲人们一个一个地离世而变得每况愈下。左宗棠居忧在家，开始致力于求学。可是，入不敷出的家境，更增添了左宗棠的苦楚：第一，爱书如命的左宗棠购书无资；第二，贫寒之家求师无门。然而，就在左宗棠处在最窘迫、最苦闷的时候，传来了一个好消息：贺长龄来长沙了！

道光十年（1830）冬，被左宗棠视为"学术之纯正，心地之光明，一时仅见"的"嘉庆、道光两朝名臣"贺长龄在担任江宁布政使期间，因丁母忧留居长沙。左宗棠很钦佩贺长龄的品学和才能，特地前去登门拜访。

贺长龄（1775—1850），字耦耕，曾主持编纂《皇朝经世文编》。虽然两人地位相差悬殊，但通过一番交谈之后，贺长龄十分赞赏左宗棠的志趣和才华，推之为"国士"，劝告说："天下方有乏才之叹，幸勿苟且小就，自限其成。"并答应借出家中历有藏书供左宗棠阅读。左宗棠每次去借书时，贺长龄"必亲自梯楼取书，数数登降，不以为烦"。左宗棠还书时，他"必问其所得，互相考订，孜孜断断，无稍倦厌"。这些关爱都使左宗棠深受教育和鼓舞。

道光十一年（1831），左宗棠考入长沙城南书院。书院山长贺熙龄，字蔗农，正是贺长龄的弟弟。贺熙龄是嘉庆十九年（1814）的进士，他曾任湖北学政，是"经世致用之学"的崇奉者。他于道光十一年年初向朝廷告假乞养归湘后，任长沙城南书院山长。左宗棠在城南书院学习刻苦，成绩优异，在这年的考试中，七次名列第一。对这名品学兼优的学生，贺熙龄自然十分的器重。在城南书院，左宗棠还结识了一些有志于经世之学的同学，如罗泽南、丁秩臣等，这些人后来都成了湘军的重要创始人。

贺长龄还把自己主编的《皇朝经世文编》送给左宗棠，这本书收集了清初至当时有关"经世致用"的文章，包含地理、水利、军事、农业、海事（海外各国情况）等，在当时有很大影响。左宗棠如获至宝，将这部书"丹黄殆遍"，认真阅读。

左宗棠从小受祖父和父亲的教育培养，性质还属于"家教"，而贺长龄是他的第一位授道解惑的导师。两人年龄相差一代，却成了忘年之交。

左宗棠不是忘恩负义之人，耦耕先生的学识、品行令他永远难以忘怀。贺长龄后来调任云贵总督。《清史稿》对他有一句话的评语："儒而不武，不足以奠严疆"，是针对他对付不了云南回民起义被革去云贵总督一事而言的。接替他的职务的就是林则徐。贺氏兄弟对沟通林、左思想的直接作用并不多，但对左宗棠思想品德开始形成的青年时期是颇有影响的。

从古至今，靠自学成才的人不在少数，但要成为大学问家、大科学家、大有作为之人，一般来说都得进正规的书院、学堂、学校培养深造，接受系统而严格的正规教育。左宗棠之所以能大器晚成，也与早年在文化渊源极深的岳麓书院受过教育有关。

贺熙龄主持城南书院八年。他的教育宗旨是：明辨义利，匡正人心，立志穷经，学以致用。他不专重制艺（按：八股文），强调读书所以经世。他曾说："夫读书所以经世。而学不知要、瑰玮聪明之质，率多隳败于辞章训诂、襞帧破碎之中。"他说的为学"知要"便是把学生的聪明才智引导到正确的方向，是很有见地的。

左宗棠自称"从学十年"，实际上他只从读了一年。无奈，因家境贫寒交不起学费，他在第二年被迫离开了城南书院，转入能供给膳食的公资书院，继续研读。道光十三年（1833），时任湖南巡抚的吴荣光，在岳麓书院内创办了"湘水校经堂"，并亲自讲授"经学"。左宗棠入试其中，一年"列第一着七次"，深受这位广东南海人的赞赏。由于学习成绩优异，因而获得"书院膏火以佐食"。这对自父亲死后"日食不给"的左宗棠来说，确实是一个很好的学习条件。左宗棠也正是在岳麓的城南书院和湘水校经堂度过了他的学生时代。

左宗棠虽然离开城南书院，却一直与贺熙龄保持着密切的联系，往返求教，书信不断。左宗棠不仅在治学、修身方面深受贺熙龄的影响，而且从与贺熙龄的密切联系中，及时了解到了国家内忧外患的形势，激发出了强烈的爱国感情。"从学十年"，本意在此。可见，贺氏兄弟二人都是左宗棠走"经世致用"道路而成才的良师益友。

贺氏兄弟都是支持林则徐禁烟的抵抗派。在鸦片战争中，贺熙龄同左宗棠频通书信，讨论抗英的战略战术问题。贺长龄在贵州任职九年，严禁种植鸦片。左宗棠经世致用思想的形成，以及发表了使林则徐为之倾倒的反对英国侵略的慷慨议论，都与贺氏兄弟对其的影响分不开。

道光十九年（1839）秋天，贺熙龄准备去北京。他的朋友、学生共十人汇集在长沙城南，饮酒话别。在座的除左宗棠、邓显鹤、罗研生、邹汉勋等人外，左宗植也来了。有一位汤山人蠼是位画家，即席画了一幅《城南饯别图》，大家都题了诗，罗研生和左宗植还给画和诗作了序。可惜画和诗没有流传下来。左宗棠和罗研生一起送贺熙龄到湘江岸边，看着老师乘坐的小舟顺流而下，孤帆远去，消失在碧空尽头。

贺熙龄到汉口后，转而沿长江东下，准备到南京转大运河北上。当他乘船到九江时，当夜明月如昼，他想起城南书院的往事和几天前湘江送行的情景，特别思念自己最得意的学生左宗棠，就写了一首《舟中怀左季高诗》：

> 九月湖湘水倍清，卷云亭上故交行。
>
> 六朝花月毫端扫，万里江山眼底横。
>
> 开口能谈天下事，读书深抱古人情。
>
> 而今迈步从头越，莫叹前程未可寻。

贺熙龄还在诗中加注说："季高近弃词章，为有用之学，谈天下形势，了如指掌。"这首诗里，不仅赞扬了左宗棠"开口能谈天下事，读书深抱古人情"的出类拔萃品性，而且希望他百尺竿头更进一步，"而今迈步从头越"，去争取不可限量的前程。宗棠读到诗后，十分感动。

道光二十六年 (1846) 十月，贺熙龄去世，享年 58 岁。左宗棠还写了一副情深意切的挽联：

> 宋儒学，汉人文，落落几知心，公自有书贻后世；
>
> 定王台，贾傅井，行行重回首，我从何处哭先生！

定王台在今长沙市城东芙蓉南路，贺长龄的住宅即在附近。左宗棠常和友人刘蓉 (字霞仙)、李续宜 (字希庵)、王鑫 (字璞山) 等在定王台会晤长龄、熙龄兄弟，就学请业。贾傅井在城南书院附近，左宗棠每每经过这些古迹，行行重回首，物是人非，感伤不已。

其实，在贺熙龄去世前还有一段佳话。1846 年，左宗棠的大儿子孝威出生，贺熙龄知道后非常高兴，说："这孩子该做我的女婿。"要把他的小女儿嫁给孝威。他去世后，同学罗研生等告知宗棠：老师遗命不可却。从此，贺熙龄和左宗棠由师生关系变为亲家了。贺氏兄弟对左宗棠这个穷书生的知遇，不仅令左宗棠感动万分，即使百载之后，也令人感叹不已。

贫寒之家出英才 入赘周家得贤妻

左宗棠

入赘周府，伉俪情深

湖南湘潭周家的深宅大院内，笼罩着悲哀凄凉的气氛，从卧室里不时传出老爷周衡的咳嗽声和呻吟声，夫人王氏满面愁容，只是在老爷面前强颜欢笑罢了。

"老爷，你再喝一口人参桂圆汤，调理一下会好起来的。"夫人王氏正端了一碗汤劝道。

"我已经不行啦，我若走了你们母女好生为之，"周衡吃力地说，"只是家里没有一个男人，让我放心不下呀！"

这周家本是湘潭辰山一户有名的书香门第，家族中祖传有大批田地、房宅等财产。周衡曾在岳麓书院与左观澜有同窗之谊，只惜在他40岁上下时夫人王氏才生了两个女孩，没有儿子。为了撑起门第，他很想找一位入赘女婿。刚巧，左观澜生了三男左宗棠，他与观澜曾提过亲事，观澜也已口头答应，但没有正式订亲，现在想起来实在是件憾事。

周衡又嘱咐夫人道："筠心已经大了，与左家的亲事你能否托托欧阳兆熊。这件事定下来后，我闭眼也无虑啦！"原来欧阳兆熊父辈与周家素有交情，欧阳兆熊又结交广泛，周老爷和夫人便将尽快办好这桩好事托付给了他。

欧阳兆熊（字晓岑）是湘潭有名的官宦世家子弟。但他自己无意于功名，喜欢舞刀弄枪的闲散生活，交游极广。由于长年习武，豹头环眼的他显得体格健壮，神采奕奕，而在飒爽之中又带着一丝文人的潇洒灵秀，实在是气度不凡。他当过左观澜的学生，与左宗棠和另一名书生张声玠（字奉兹，号玉夫）都是交往甚深的好友。左、张两人家境都较贫困，为生计所累，常接受欧阳兆熊的一些接济，他俩心中虽然羞愧，但也无可奈何。幸好欧阳这个人生性豁达爽朗，没有存半点施恩图报的心思，令两人深为感动。

欧阳兆熊是一个热心肠的人，碰到为好友做媒的好事，自然是不遗余力。受了周家之托后，他很快就去找左宗棠。

当欧阳兆熊把来意说明后，这突如其来的消息一下子听呆了左宗棠。他虽然已达弱冠之年，但家中无资，又功名未就，从来没有想过成家之事。猛然说起，心绪纷乱，因此脸上未露喜色。

见他沉思不语，欧阳兆熊又劝道："这周大小姐我以前也曾见过几面。的确是端庄娴静，幽雅贞丽，而且博通史书，长于吟咏，是位难得的好女子。你若能娶得她为妻，将来一定是个贤内助。"其实，欧阳兆熊还有一句话没说，但左宗棠心里必定也会明白，娶了周诒端，他以后的生活便不会如此窘迫了。

听了这番话，左宗棠对这位才貌双全而又贤德的周家大小姐已经有些动心，有些默许。至于"入赘"只是面子问题罢了。左宗棠父母双亡，长兄过早离世，二哥旅食他乡，湘阴老家已无谋生条件，自然无法在湘阴成亲，在湘潭周府寄居，也就成了必然。

但左宗棠还有顾虑，他对欧阳兆熊说道："我一介贫民，功名未就，拿什么娶妻？"

"你平日里常说，读书最为要事。所贵读书者，为能明白事理。学做圣贤，不在功名一路，凡品端学优之君子，即不得科第亦自尊贵。如今怎么又拿功名推辞起来了？"欧阳兆熊立刻抢白他。

左宗棠也不甘示弱，回答道："读书非为功名计，然非功名不能自养，则其为功名而读书，亦是人情。"一番话说得欧阳兆熊和在场的

贫寒之家出英才　入赘周家得贤妻

张声玠无言以对，室中一片沉默。

过了一会儿，突然响起了左宗棠诚恳的声音："晓岑兄，我相信你的眼光，况且我孤家寡人一个，是需要有个贤良能干的人扶持。只是明年就是乡试之期，我寒窗多年，总不能白白错过。请你代我转告周老爷：季高功名未就，不敢轻言婚娶之事。若周家愿意等一年，我明年乡试得中，必定上门提亲！"

欧阳兆熊觉得此言有理，便道："那就依你这一条吧。但是不管乡试中与不中，提亲大事都得'中'！"他见左宗棠不再异议，又转向张声玠，笑着说："说起这姐妹二人，妹妹倒是奉兹兄的旧时相识。"

"我的旧时相识？"张声玠自己都吃了一惊。左宗棠也饶有兴致地听着。

"是啊，周二小姐比她姐姐小两岁，名唤诒繁，字茹馨。"原来是她！张声玠恍然大悟，那已经是七八年前的事情了。当时的周茹馨还只是个 10 岁上下的小孩子。张声玠从长沙赶考回湘潭，路上走得乏了，见不远处有一片房舍，便走过去找了一个角门的台阶坐下歇脚。刚坐了一会儿，角门"吱"一声开了，一个眉清目秀、唇红齿白的小姑娘笑吟吟地站在门口，瞪着一双好奇的大眼睛看着他。张声玠对她笑了笑，那小姑娘不好意思地低下头，随即又抬头问："你要喝水么？"张声玠正有些口渴，高兴地点了点头。可还没等小姑娘再开口，一个奶妈模样的人从院子里风风火火地冲了出来，一把拉过她，关上角门走了，里面还传来一阵数落声："茹馨小姐，如今这世道，外面坏人多……"门外的张声玠居然呆呆地立了许久，那个叫茹馨的小姑娘让他怅然若失……

后来，他曾向欧阳兆熊提起过这件事，还被他当作笑柄说了几回。不过，这么多年来，他的确从未忘记过那一天的巧遇。

能说会道的欧阳兆熊比"红娘"还会做媒。他到周家说定了左宗棠明年乡试后便来提亲，顺便向看来不久于人世的周衡和精明通达的王夫人介绍了张声玠，说左、张是一对好兄弟、好朋友，声玠又与茹

左
宗
棠

馨小姐有过一面之交，这是有缘。周衡和王夫人便点头默许。

道光十二年 (1832)，左宗植和左宗棠一同参加乡试，试后尚未发榜，宗植就带着弟弟来到湘潭，为他提亲议婚。周家是有钱人家，宗棠是穷书生，他就招赘在周家。周大小姐名诒端，字筠心，和宗棠同年生。自古称"女子无才便是德"，一般家庭都不让女儿受教育，但诒端却读了很多书，又会作文写诗。她的居室取名为"慈云阁"，后来她的诗汇集成册，名为《慈云阁诗抄》。周二小姐也会作诗。姊妹二人自幼都由王太夫人教读。周夫人不仅能诗，而且性情贤淑，婚后伉俪情深。左宗棠因为贫穷，招赘岳家，在当时，对一个男子来说是件羞耻的事，因为表明他还不能自立，养不活妻子。在宗棠来说这是无可奈何的事，但是他夫人诒端和王太夫人丝毫也不轻视他。

婚后不久，乡试发榜，左宗棠中了举人。这又是一件大喜事。举人地位比秀才高了不少，在地方上就有点名气了，而且还可希望中进士。这年冬天，宗棠进京会试，那时结婚刚几个月。周夫人一面积极为他整治行装，鼓励他上京，盼望他高中，一方面也难舍难分。只可惜的是，此次左宗棠上京赶考却未能高中。

尽管周家不嫌弃这位穷女婿，可是长期依靠岳家，总不是件体面的事。何况左宗棠又是刚直高傲的人。隔了一年，他就向周家租了几间房子，在周家桂在堂西院，总算是独立门户了。其实，"入赘"周府的不只是一个左宗棠，还有他的连襟张声玠，用北方话讲，"倒插门"还找了个"一担挑"做伴，倒也热闹。张声玠和夫人茹馨也租住在周家西院，两家只隔一个院子。张声玠也是举人，考进士未中，和宗棠一般潦倒。他们二人为衣食所迫，终年谋食在外，到年底才回家度岁。那时他们就互相办点酒菜，在一起喝酒谈心。将一年来所作的诗文拿出来，互相评论，谈谈时事，发发牢骚，还说说笑话，每次都尽欢而散。这一段生活过得还算愉快。虽然穷愁潦倒，也算是黄连树下弹琴，苦中作乐吧!

左宗棠本来对八股文没有兴趣，两次会试未中，就更讲求实用的

贫寒之家出英才　入赘周家得贤妻

学问。

道光十六年 (1836)，左宗棠住在周家西院，专心研究地图。他计划根据古今书籍和手中有的几种地图，画出一幅全国地图，再画出分省、分府图，加以详细说明。另外又从今上溯到古，画出明、元、宋朝直至古代的地图。每次画好一张草图，就交给周夫人描绘，周夫人总是不厌其烦地协助他，经过年余，图画成了。

左宗棠在书房内读书写字，周夫人点一炉香，煮一壶茶，在一旁正襟危坐，拿一册史书默读。宗棠经常和她讨论历史，遇到有些不清楚的地方，需要查书时，周夫人就随手从书架上捡出第几函第几卷，十之八九，要找的答案就在那里。

左宗棠与张声玠相处得很融洽，两家夫妻也都十分恩

左宗棠 行书七言联

爱。但是，不同的是姐姐婚后连生二女；妹妹茹馨连生三子。左宗棠当时还没有儿子。有一次，左宗棠思子心切，抱着张声玠的第三个儿子感叹地自语："何不将他给我！"周夫人在一旁听了，很理解丈夫此时的心情。

为了让左宗棠心里宽慰些，更为了不让左家断了香火，思来想去，

周夫人决定把自己结婚时带来的一个陪嫁侍女张姑娘送给丈夫纳为妾室。周夫人仁慈宽厚，从不以婢仆待她，二人感情如同姊妹。何况，周夫人一直以来身体就不好，生的二女儿又有病，就劝宗棠收下这位侍女为妾。周夫人的母亲王太夫人据说善于"相面"，即俗话说的会看相识人。宗棠贫穷的时候，是王太夫人看中了他，认为他是非凡人才，所以富家收了穷女婿。让侍女陪嫁也是她的意思。她认为女儿将来子息艰难，这个侍女体格健壮，倒可能多生儿子。当时的封建社会普遍希望多生男孩。宗棠在妻子和岳母的劝告下，纳了侍女为妾，这就是后来的张夫人。当时家中称她为"姨"，多年后改称"老姨"。直到30余年后，周夫人去世，她才扶正为夫人。从前周夫人操劳家务，十分辛苦，张夫人给左宗棠做了妾室后，就将家中柴米油盐、浣洗、缝纫等所有家务都一手揽过来，让周夫人能多休息。道光十七年（1837）周夫人又生了一个女儿孝瑛 (字少华)，张夫人早一个月也生下一个女儿孝琳 (字湘)。又隔了9年，周夫人才生下第一个男孩孝威 (字子重)，这也是她的最后一个孩子。隔了8个月，张夫人也生了一个男孩孝宽 (字子厚)。周夫人体弱，没有奶水，两个男孩都由张夫人哺乳。每次她都先将孝威喂饱了，然后再喂孝宽。张夫人以后又生了孝勋 (字子建)、孝同 (字子异) 两个儿子，真是应验了王太夫人的人鉴。张夫人始终敬重、侍奉周夫人，周夫人也始终爱护这位老实贤惠的妹妹，她们的感情保持了一生。

　　道光二十年 (1840)，左宗棠29岁，已有了4个女儿。但为了生活，仍然终年奔波在外，那年开始到安化小淹陶家坐馆。生日前夕，他写了"二十九岁自题小像"八首诗。

　　其一云：

　　犹作儿童句读师，生平至此乍堪思。学之为利我何有？壮不如人他可知。蚕已过眠应作茧，鹊虽绕树未依枝。回头廿九年间事，零落而今又一时。

　　其六云：

九年寄眷住湘潭，庑下栖迟赘客惭。娇女七龄初学字，稚桑千本乍堪蚕。不嫌薄本妻能逸，随分斋盐婢尚谙。睹史敲诗多乐事，昭山何日共茅庵？

和他同辈的人，有的考中进士、点了翰林，飞黄腾达。他三试不第，仍是一个乡村教师，穷愁潦倒。赘居在岳家，确实是令人羞惭的。但他想起远在湘潭的贤惠的妻子和可爱的儿女，还是感到生活的幸福，他在诗末自注云："素爱昭山烟月之胜，拟买十笏地，它日挈笯老焉。"这个微小的志愿后来也没有办到。

周夫人读了他的诗后，写了一首诗相和：

清时贤俊无遗逸，此日溪山好退藏；

树艺养蚕皆远略，从来王道重农桑。

周夫人见他牢骚太多，安慰他暂时退藏。农桑之事自有乐趣，也是远略，人才总会有出头之日的。左宗棠看了妻子的诗，心中颇有所感。

第二章

科场失意行路难
参与湘幕涉政坛

左宗棠虽然是个少年英才，却时运不济，参加科举三次，都名落孙山。为此，左宗棠深感仕途之路异常艰难，就决定另辟蹊径，学一些经世致用之学。一次偶然机会，左宗棠巧遇陶澍，两人异常投机，相见恨晚。左宗棠就在陶家坐馆，并结为亲家。在陶家坐馆的左宗棠表面上是教书先生，可心里仍然关心国家大事。后来，左宗棠被众人请出山，自此开始步入政坛。

屡试不第，离经叛道

"求取功名成大业"是封建社会文人的终极目标。在左宗棠所生活的时代，科举取士仍然是无数学子改变命运、实现人生理想的重要手段。

随着清王朝的衰落，程朱理学日益暴露其空谈义理、迂阔空疏的流弊，严重脱离实际，无补时弊，在这样的情况下，经世致用的思潮逐步兴起。

左宗棠和当时的读书人一样，也曾一心企望能走科举登第之途，但他又和别的读书人不一样，因为当他科考失意之后，没有把全部心思都用在应科举、读四书、做八股的功夫上面，而是对经世致用之学产生了浓厚的兴趣。道光六年 (1826)，魏源编辑的《皇朝经世文编》成书，左宗棠获得该书后，认真阅读，勾画批点，开始接受经世思潮的影响。

道光九年 (1829)，17 岁的左宗棠在长沙书肆中偶然发现了一部顾祖禹的《读史方舆纪要》。他如获至宝，从中发现了一个与八股文截然不同的知识世界，对书中所载山川险要、战守机宜反复阅读，直到了如指掌。不久，他又读到了顾炎武的《天下郡国利病书》和齐召南的《水道提纲》，更加开阔了眼界，掌握了一些有用的知识。在阅读中，他不仅勤奋攻读不懈，而且对可用于实际的还一一记录下来。这可以说是左宗棠实际致力于经世致用之学的开始，也正是这些"离经背道"的学问为左宗棠日后的成功奠定了坚实的知识基础。

中举之后，左宗棠的下一个目标便是参加会试。

会试一般在乡试后的第二年春天在京城礼部举行，由于湖南离京城有数千里之遥，交通又极为不便，左宗棠便在这年冬天同二兄宗植一同北上。左宗棠没有上京的盘缠，周夫人就拿出自己的私房钱相助。这时，已经出嫁朱姓的姐姐也穷得衣食无着，左宗棠便将旅费全部送给了大姐。亲戚闻信之后，又为他凑足了百两银子，才使左宗棠得以成行。

道光十三年 (1833) 春，左宗棠来到京城参加了癸巳科会试。尽管左宗棠在三场考试中的四书文、八韵诗、五经文和策问文都写得不错，但还是名落孙山了。

左宗棠第一次赴京会试落榜之后，并没有因科场落第而耿耿于怀，反而是京城的阅历使他对经世之学有了新的认识和规划。

左宗棠这次赴京赶考，虽然名落孙山却有幸结识了同乡士子胡林翼。

胡林翼

胡林翼 (1812—1861)，字贶生，号润之，湖南益阳人。左宗棠与胡林翼既是同乡又是同年所生，而且二人的父亲还是岳麓书院的同窗好友。不仅如此，左宗棠与胡林翼二人还先后受教于贺熙龄，算是同出一个师门，深受经世致用思潮的影响，胡林翼也喜欢探究山川地理、关隘要塞与兵政枢机。因此，两人在北京第一次会面，即一见如故，相得甚欢。常常彻夜畅谈古今大政，论各朝各代的得失、原始要终，并引为知己。

道光十五年（1835），又到了会试的日子，左宗棠再次进京应试。这一次考试被初步选取为第十五名，但因湖南多中一名，揭榜时考官就将他的试卷撤下，仅给了他一个"誊录"的官职。誊录的职责就是缮写，相当于文书之类，虽然可以慢慢积累资历而晋升，但左宗棠不甘屈就，毅然返回湖南。这次应试失败，使左宗棠再也无心仕途，加之劳碌奔波，差点死去。

左宗棠第二次落第回家后，在周夫人的协助下，继续潜心求学，博览群书。他在自己的书房写下了这样一副联语：

身无半亩，心忧天下；读破万卷，神交古人。

这副联语，生动地反映了左宗棠当时赘居妻家的生活状况，他虽"身无半亩"，但面对国家日益衰败的局面，依然"心忧天下"，为国家的命运感到深切的忧虑；他"读破万卷"，"神交古人"，不是在逃避现实，而是为了求得有益于国计民生的学问，汲取安身立命的养料。

道光十六年（1836），左宗棠应湖南巡抚吴荣光的邀请，主讲醴陵渌江书院。这个书院当时有学生六十人，左宗棠在这里讲了两个学年。尽管待遇不怎么样，但他对学生仍然从严要求，认真执教。

正是在醴陵讲学期间，左宗棠结识了时任两江总督，后来成为亲家的陶澍。

陶澍（1778—1839），字子霖，号云汀，湖南安化人。道光时任两江总督达十年之久。左宗棠对陶澍甚为敬慕。左宗棠主讲醴陵渌江书院时，适逢陶澍巡阅江西，路上转道安化故里省墓，途经醴陵。醴陵县令在给陶澍准备行馆时，请左宗棠写了几副门联，其中有一副是：

春殿语从容，廿载家山印心石在；

大江流日夜，八州子弟翘首公归。

上联写的是道光十五年（1835）道光皇帝召见陶澍时，询问陶澍家事，知其少时侍父读书之所滨江，江中有石如印，矗巨流中，特为题赠"印心石屋"四字匾额的故事；下联则表达了湖南人民包括他自己对陶澍的颂扬和企仰之情。

陶澍看见这副对联，大为赏识，急忙询问此联的作者，经知县引见，身为醴陵渌江书院主讲的举人左宗棠，得以和大名鼎鼎的陶澍会面。会面后，陶大人注视着眼前的年轻后生，见其双目炯炯有神，生机勃勃，身材不算十分高大，但体魄健壮，举止得体，礼仪有度。左宗棠所论经邦济世的学问，绝非那些寻章摘句、唯务雕虫之辈可以比拟。陶澍非常欣赏左宗棠，而对陶澍仰慕已久的左宗棠，平日是一腔为国报效的想法无处倾诉、无人倾听，今日得此机会，便半是请教，半是显示地倒了出来。

漏尽更深，陶澍谈兴正浓，加之爱才心切，他感到从来没有这样畅快的与人叙谈过。这个年轻人上下古今，天文地理，衡文论事，无所不及，从盐政谈到海运，从学问谈到国事，特别是左宗棠关于外患的见解，更感到有振聋发聩的感觉。这一老一少，一直谈到东方天空泛白，雄鸡报晓。陶澍勉励他多学些经世致用学问，还嘱他下次赴京考试归时可到南京一游。

第二天，陶澍周游醴陵，察视民情，又携左宗棠同行，边游边谈，极为融洽。就因为结识了这样一位忘年交，陶澍还将回乡日期推迟了一天。陶澍认定：这位年轻人日后的前程定会超过自己，这是一匹千里马，我不做"伯乐"，谁来做"伯乐"呢！自此，左宗棠与陶家结下了不解之缘。

道光十八年 (1838)，27 岁的左宗棠在家乡过了春节，又动身经汉口赴北京会试，这是他第三次赴京参加会试。谁知，左宗棠又落第了，经这次失败，他从此再不打算参加科举考试了，专门研究经世之学，以备报国之用。左宗棠离京回湖南时，想起陶澍昔曾有约，便绕道由运河乘船到南京两江总督府。

陶澍妥善安排左宗棠住下，嘱咐下属好生招待这位贵客。开始几天，左宗棠尚觉得轻松、安逸、惬意，三五天过去了，他不知不觉；半月一月后，他觉得有点孤寂和无聊；日子一天天过去，快两个月了，陶澍竟没有再次召见左宗棠，一直把他"晾"在馆舍里。

不过，在这期间，左宗棠不是一天到晚"闷"在馆舍里，他也出来走走，在陶幕中结交一些朋友。

这样过了十多天，经过一番考察，陶澍对左宗棠颇器重，认为其前途不可限量，于是当面聘左宗棠的大女儿左孝渝给自己的儿子陶桄为妻，二人结为儿女亲家。

道光十九年（1839），左宗棠回到长沙，居住在次兄宗植的家中。兄弟二人常常切磋学问，左宗棠为了克服"气质粗驳"的缺点，开始从寡言和静养这两方面下工夫。

1839 年 7 月，陶澍病逝于两江总督任所，其唯一的儿子陶桄年方七岁，孤儿寡母，进退维艰。于是，贺熙龄提议，由左宗棠赴安化小淹陶澍家中，教育其孤子陶桄，并帮同料理家务。左宗棠与陶澍本有深厚的友谊，并曾议及将自己的大女儿许给陶桄为妻，于是接受了这一托付。

第三次科举失意后，左宗棠的兴趣开始全部转移到经世致用之学上，完全放弃了科考文章的研习。他开始对农书探讨更加勤奋，还在京城时，他就买了不少农书，打算回家后闭门伏读，实地考验，著为一书，以诏农圃。左宗棠如此执迷不悟，对于当时正统的知识分子来说，已经意味着有些"离经叛道"，起码是不务正业。他的举动也招致了一些士子们的明讽暗讥，可是，左宗棠并不为其所动。他从小就是一个个性很强的人，性情刚烈而自信。他崇拜诸葛亮，敬仰他横溢的才华。但他并不迷信，他更相信自己。当他给朋友们写信时，经常会毫不犹豫地署名"亮白"。

道光十九年，他在自己的家里种桑千株，令家人饲蚕、治丝。同时继续从事舆地学研究，并密切关注西方资本主义侵华形势的发展，研思其侵华的历史渊源。左宗棠的所作所为，与当时一般的沉醉于风花雪月或专习词章举业的士人学子简直是格格不入，但却得到了老师贺熙龄的赞誉，这位与他颇有知遇之恩的老师在诗文中这样写

科场失意行路难　参与湘幕涉政坛

道：

六朝花月毫端扫，万里江山眼底横。

开口能谈天下事，读书深抱古人情。

这首诗的字里行间，都充溢着恩师对左宗棠的赏识。

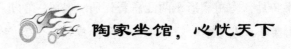
陶家坐馆，心忧天下

道光二十年 (1840)，发生了一件惊天动地的大事：中英鸦片战争爆发了。西方列强的炮声震惊了沉睡几千年的神州大地。泱泱之国的人民仍然是睡眼惺忪，惶惶不知所措。皇帝和王公大臣们更是惊慌万分。也有少数明智之士事先已预见到了"夷祸之可虑"，曾做过一点介绍"夷情""夷务"的工作。而今听到炮声，他们知道最令人担心的事还是发生了。左宗棠可算是后者之一，也是这些人中最年轻和默默无闻的一个。

道光皇帝和文武大臣被英国的军舰吓慌了，派了一个昏庸卖国的大臣琦善去和英国人交涉，初步结果是，英方答应将军舰撤出天津，而清朝廷却需将坚决禁烟的林则徐和邓廷桢扣上"误国病民"的罪名撤职查办。后来又将其流放到新疆，由卖国投降的琦善去广州接任两广总督，继续与英国人办理交涉。

当林则徐在虎门销毁鸦片时，举国上下欢欣鼓舞。但后来林则徐被撤职查问，大家的心都凉了，惶惶然不知今后将有何结局。左宗棠在小淹听到广州禁烟、英军挑衅时，已预感到西方列强的侵略已近在眼前。他对西方情况还不熟悉，就去详细查阅自汉唐以来有关外国的记载和历代对外交涉的书籍。好在陶家的藏书很多，他从文籍中了解到，英国当时是西方列强中最富强的国家，而且一贯四处掠夺，包藏祸心，为时已久，决不可轻视。但是，他认为只要全国军民一心，积极奋战，是可以击退敌人的。

这期间，左宗棠正在安化小淹设馆教授陶桄，成了一名偏处山乡的私塾教师，并帮助料理陶澍家事。左宗棠在陶家先后待了八年，陶家藏书至富，他也得以广搜博览，学业大有长进。在这段期间，左宗棠重新建立了自己的家业，购田置产，经营柳庄；与此同时，他还继续致力于"有用之学"，特别是外国史地和兵学，从而进一步增长了才干，扩大了影响。

在舆地学方面，左宗棠的视野逐渐由国内扩展到了国外，像林则徐、魏源一样，也睁眼看世界了。当英军犯浙江、陷定海、进逼天津海口等消息传到湖南后，左宗棠以朴素的爱国热忱，对战况表现出了极大的关注，数次与恩师贺熙龄讨论战守机宜。认为自开战以来，大小十数战，洋人尚知出奇制胜，屡次获胜，而我师不能战胜敌寇，实在令人痛心。

后来，左宗棠听到坚决抗战的林则徐被撤职，投降卖国的琦善反被重用，十分忧愤。接着又传来英军索取香港，并且攻占了沿海一些领土的消息，他感到事态严重。小淹是偏僻的乡村，消息闭塞。那时贺熙龄正从北京告假回长沙。贺熙龄也是一位爱国派，反对议和。长沙消息较灵通，他又与京师官员们有书信来往。因此左宗棠常写信给贺熙龄，请他将时局发展情况随时告知，他的一些牢骚和愤懑无处发泄，也就都向这位尊敬的老师倾诉，他还认真研究对付英军的战守机宜，写了六篇军事策略：

一、《料敌》。对敌人有全面、正确的了解：国力、军员、军械、运输、后备力量等。

二、《定策》。确定军事、外交策略。

三、《海屯》。沿海军舰、炮台、兵员等的配备。

四、《器械》。增强军舰、枪炮、弹药等力量。

五、《用间》。重视对敌人的情报、侦查工作，了解敌人虚实、动向。

六、《善后》。计划好战后事宜。

他还提出了一些具体的抗敌措施，如增设碉堡，简练兵卒，更造船炮等。并建议发动海上渔民、水勇，乘坐小艇，用木炮黑夜袭击英舰。他认为英国劳师远征，舰只、兵员不多，补给不足；我方只要严阵以待，是可以击退敌人的，决不可屈膝投降。他认为自己提的策略对战争有用，但却无处投诉，没有人会采纳他这样一个乡村穷教师的意见。他写信告知贺熙龄，贺熙龄很同情他，但自己是一个退休官员，也无能为力。

道光二十一年 (1841)，局势更加恶化。琦善的投降政策彻底失败，英军占领了香港，又向广州进逼，清军节节败退。道光皇帝于是又仓皇将琦善革职查问。左宗棠对投降派气恨极了，写信给贺熙龄说："琦善以奸谋误国，贻祸边疆，应当斩首军前。"他认为投降派的所作所为长了敌人志气，灭了自己威风。从此西方人更蔑视中国，中国将士丧失了信心，以后东南海隅可能会长期遭受敌人的侵略了。后来，左宗棠的这一判断果成事实。

左宗棠的友人黎光曙 (吉云) 任御史，是一位敢说话的官，对英军入侵一直很关心，上过几次奏疏。他比左宗棠年长许多，但很器重左宗棠，写信征求他的意见。左宗棠说："当前要务是严惩那些主和、投降的人，也要追究那些作战失误的将领。不这样办，人心就不能振作，国威也从此不振。"他也知道，世局已如此糜烂，黎光曙也不过是一名小官，人微言轻，朝廷哪能听得进去？

此时的左宗棠只不过是一个文人，对国家前途忧心忡忡，只能用诗文来抒发他心中的愤懑，他写了四首《感事诗》：

爱水昏波尘大化，积时污俗企还淳。兴周有谚构朋饮，策汉无谋徙厝薪。一怒永维天下祜，三年终靖鬼方人。和戎自昔非长算，为尔豺狼不可驯。（其一）

司马忧边白发生，岭南千里此长城。英雄驾驭归神武，时事艰辛仗老成。龙户舟横宵步水，虎关潮落晓归营。书生岂有封侯想，为播天威佐太平。（其二）

王土孰容营狡窟，岩疆何意失雄台。痴儿盍亦看蛙怒，愚鬼翻看导虎来。借剑愿先卿子贵，请缨长盼侍中才。群公自有安攘略，漫说忧时到草莱。（其三）

海邦形势略能言，巨浸浮天界汉蕃。西舶远逾狮子国，南溟雄倚虎头门。纵无墨守终惩险，况幸羊来自触藩。欲效边筹襄庙略，一尊山馆共谁论？（其四）

然而，让仁人志士忧心的时局并没有好转。不久，英军舰又驶往浙江沿海，相继占领了镇海、宁波。左宗棠在山村中听到了这些消息，越发忧虑。他写信给贺熙龄说："国家就败坏在几个庸臣、奸佞之手。竟没有一个敢说话的人。时局坏到这样，真是古今未有！"他还抱希望于林则徐，认为只有林则徐复出，收拾局面，还能固守东南半壁。但他也慨叹："恐怕遽翁是出不来了。"他还说："天下没有不能办好的事，没有不能战胜的敌人，也不是缺乏会办事、能克敌制胜的人物。"无疑，他认为西方列强是可以战胜的，他也有雄心为国驰驱，求长治久安之策。但他也认识到：目前局势败坏到这样，要改变朝廷中昏庸腐朽的现状，一时是不可能的。他只有慨叹"国家前途茫茫"，也渐渐由积极变为消极。

在鸦片战争时期，左宗棠只是一个二十几岁的乡村教师，"身无半亩"的平民，但也是"心忧天下"的爱国者，怀着满腔报国热情，积极地为抵抗外国侵略出谋划策，几乎达到了狂热的程度。

在这个时期，左宗棠除遍考往昔海防记载，探究西方资本主义国家的地理、历史情况及其侵华的渊源外，也开始留意西方先进的科学技术。这就是后来所说的"洋务"之学。左宗棠对舆地学的潜心研究，为他日后的军旅生涯打下了很重要的基础。天时、地利、人和，历来被视为兵家争胜的三大法宝。作为一个统帅，要想取得地利，首先就得掌握天下山川形势，只有这样，临战才能因势利导。

道光二十二年（1842），英国军舰由吴淞口沿长江长驱直入，开到南京城下。清朝廷在大炮口下与英国签订了丧权辱国的《江宁条约》，割让香港，赔偿鸦片烟款，五口通商，承认领事裁判权和内河航行权等。鸦片战争是西方帝国主义侵略中国的第一战。实际上清军并没有认真作战，只是被动挨打。《江宁条约》一经签订，从此我神州大好河山就陷入英、法、俄、日、德等帝国主义包围、瓜分的局面。

左宗棠这一年正值而立之年，他在小淹听到这一连串不幸的消息，既气愤又忧伤，他感到世事茫茫，前途黯淡，思想变得十分消沉，想找深山僻处，隐居下来。

道光二十三年（1843），左宗棠手中有了些积蓄。他在陶家坐馆，每年可得到二百两银子，省吃俭用，终于在湘阴东乡柳家冲买了70亩地。他自己设计、建造了一座小庄园。园内除了稻田外，还有坡地和水塘。他在屋门前题署了"柳庄"二字，自号"湘上农人"。他高兴地说："从此我才有个家了。"

道光二十四年（1844）秋后，左宗棠便将一家妻小（此时他已有四女）从湘潭迁往柳家冲。王太夫人疼爱女儿和外孙女，也带了孙女同来。左宗棠虽然仍在安化教书，但也经常回家，一家人热热闹闹地过日子。

当然，左宗棠耕田种地也颇讲究科学技术，将自己所学得的古区田法用于实际耕种。这时商品经济也逐渐有所发展，在湘北地区，主要是谷米、土布、茶叶、竹木等业。左宗棠注意到了这种形势和发展趋势，他从安化引进茶种，开园种茶。他的儿子左孝同就曾写道："府君于柳庄艺茶、种树，期尽地利。湘阴产茶，府君实为之倡。"

在柳庄建立起自己的家业以后，左宗棠一方面在庄园里将古区田法付诸实践，实地考验，一方面为著述做准备：道光二十五年 (1845)，他在博览群书的基础上，开始分类编纂农书，得十数篇。次年，又得数篇，于是分门别类，纂辑成编，命名为《朴存阁农书》。此书最后编成的时间已经无法考证，因为书稿未能流传下来。

左宗棠和夫人在柳庄度过了一段短暂的幸福生活，可是也有不尽如人意的事。那几年天气异常，年成不好，先是一连几年干旱，到了道光二十八年 (1848)，又阴雨连绵，发生洪水。柳庄的田禾都被淹没，家中储存的一点谷子也都发了芽。一家人常常吃不饱。由于洪水泛滥，疾疫流行，家人全得了病。左宗棠这时又常上当铺去，家中稍值钱的东西都拿去典卖。回到家中，妻子儿女愁容满面，有的还躺在床上呻吟。他还苦中作乐，将杜甫的《同谷歌》念给周夫人听："此时与子同归来，男呻女吟四壁静。"他幽默地说："我想把'静'字改为'空'字，'男呻女吟四壁空'，这就更符合我们目前的景况了。"

这是他一生中最苦的一段经历。虽然全家饿病，四壁空空，但他仍出来为救灾奔忙，和同邑一些志同道合的人士一起找有钱的人劝捐，并在族里积谷备荒。第二年又发大水，他将积谷分济给左家族人和柳庄邻里。柳庄距湘江仅十里，是来往要道。灾民们从洞庭湖和湘江沿岸纷纷逃来，往内地就食。扶老携幼，每天总有上千人经过柳庄，一路上饿死、病死的不少。左宗棠将仓中谷子全部拿出来，每天煮几大锅稀饭，施舍给过路饥民。他懂些医道，自己配了一个治时疫的药方，在家中熬制成丸药，免费给患病的灾民服用，救活了不少人。他和周、张两位夫人率同仆妇，亲自在柳庄门前照顾过往的灾民，分发食物和药品。那几年不是闹水灾，就是闹旱灾，他们全家经常节衣缩食，省下钱积些谷子备荒救灾。周夫人陪嫁的首饰也典卖光了。道光三十年 (1850)，左宗棠在族中建立了"仁风团义仓"，他买了 400 石谷捐入义仓，找了几位公正人士管理，他和周夫人又卖掉了家中许多物件，经他们惨淡经营，这个义仓维持了许多年，救活了不少人。

科场坎坷、时运不济使左宗棠不能按正常的途径步入官场，经世

致用之学的积累却使他受到许多
达官贵人的赏识。这两者都对左
宗棠以后的生活道路产生着重大
的影响。这年冬天，林则徐由云
南辞官回乡，路过湖南时，就特
约左宗棠一晤。

林则徐 (1785—1850)，字元
抚，又字少穆，福建侯官（今福
州市）人。早年曾任东河河道总
督、江苏巡抚，为陶澍所赏拔。
1837 年至 1838 年任湖广总督，
因严禁鸦片成效卓著，继以钦差
大臣赴广东禁烟。后来受投降派
诬害，充军伊犁。在新疆期间，

林则徐

他兴水利，辟屯田，屯垦戍边。1846 年重被起用，历任署陕甘总督、
陕西巡抚、云贵总督等职。左宗棠对林则徐的为人、事功，早就有所
了解，并极为敬仰。早在道光二十八年 (1848)，林则徐在云贵总督任
内，因胡林翼的推荐，曾邀左宗棠去他的幕府。

道光三十年十一月二十一日 (1850 年 12 月 24 日)，神交已久的二
人终于在长沙湘江的一艘船中见面了。当时左宗棠在夜里急匆匆前去
拜见，结果由于心情激动，一脚踏空，落入水中。见面后，林则徐笑
道："这就是你的见面礼？"

林则徐与左宗棠长谈，并将自己在新疆整理的资料和绘制的地图
全部交给他。林则徐说："吾老矣，空有御俄之志，终无成就之日。
数年来留心人才，欲将此重任托付！"他还说："将来东南洋夷，能御
之者或有人；西定新疆，舍君莫属。以吾数年心血，献给足下，或许
将来治疆用得着。"

这是左宗棠与林则徐仅有的一次会面，却是一次不平常的会面，

对左宗棠的生平事业产生了深刻的影响。在这次会面中，二人不分尊卑，同桌共饮，古今中外，无所不及。临别之时，林则徐还在舟中手书一联赠给左宗棠：

苟利国家生死以，岂因祸福避趋之。

此后，左宗棠常以此联激励自己。他说："每遇艰危困难之日，时或一萌退意，实在愧对知己。"

不久，左宗棠返回柳庄，过了一段短暂的宁静生活。左宗棠安家柳庄前后十四个年头，直至咸丰七年 (1857)，骆秉章与胡林翼为他买得长沙司马桥宅，他才自柳庄移家省城。他经营柳庄的活动，学用结合，使他对农学颇多体验，为他以后重农的思想与活动奠定了基础。

林则徐回到福建后身染重病，知道来日不多，命次子林聪彝代写遗书，向咸丰皇帝一再推荐左宗棠，称其为"绝世奇才""非凡之才"。此后，咸丰皇帝开始关注左宗棠。

林则徐是道光三十年十月十九日（1850 年 11 月 22 日）在广东省普宁县去世的。临死前，曾嘱托人送给左宗棠一个缎子盒。不过，左宗棠收到这个盒子时，已经是一个月后了。

左宗棠沉痛地接过缎子盒，打开一看：果然是那把折扇。上面书有"林则徐录以自勉"，读第一句"嗟哉时事难，志士力须努"时，左宗棠已经泣不成声，泪水满面。

可见，"心忧天下"的左宗棠，一方面痛感社会危机与民族危机的紧迫，力图有所作为；另一方面广泛阅读当时所得到的有利实用的书籍，并同许多经世致用学者有着密切的交往和友谊，深受他们的影响。

正是由于左宗棠"心忧天下"，讲求"实学"，注重经世致用，左宗棠没有像当时众多的青年士子一样，一味醉心于辞章举业，而是把主要的时间和精力，用在攻读有益国计民生的"有用之书"和探讨"经世之学"上，度过了漫长而忧心的岁月。

宗棠出山，参与湘幕

左宗棠对时事非常敏感，他对大规模的农民起义早有预感。早在鸦片战争初期，他就预感到外患必然加剧内乱，形势的发展更加难以收拾。为此，左宗棠百忧交集，夜不能寐，因为报国无门、空有壮志而一度打算当个买山而隐的"山隐翁"，不再过问世事。当然，左宗棠的买山而隐，决不能做寻常的消极避世论。在当时的时局下，他这是一种应变措施。他曾多次说："天下无不了之事，无不办之寇，亦未尝无了事办寇之人。"显然，他自己就是以这种"了事办寇之人"自期的。他坚韧不拔地求经世致用之学，特别是究心于地学、兵学和洋务之学，时刻关注国内外形势，就是为了有朝一日，担大任、办大事。他既然早年便自比诸葛亮，对诸葛亮隐居隆中，散闲卧龙岗，躬耕陇亩，等待刘备三顾茅庐的做法，是有心仿效的。他屈居山乡，避隐白水洞，密切观察形势，也是为了待机出山。

道光三十年 (1850)，左宗棠邀郭嵩焘等人一起考察湘阴东山（即青山），他择定了白水洞，而郭氏兄弟则选中了附近的周礤岭。两家共为山居结邻，并于 1852 年秋天，一同迁移于此，伐茅筑屋，开始营建避险之处。

当他从好友胡林翼那里得知太平军已经进占广西永安（今蒙山）时，立刻就如何对付太平军发表了一通议论。他说，自古兵法有言，

"谋定而后战"，"善用兵者致人而不致于人"。由于清军目前的统帅的确不懂得这个道理，在作战中处处被动，经常挨打。他主张清军应该在太平军的营地附近广筑碉堡，步步为营，渐逼渐进，迫使太平军离开营垒，改守为攻，这样一来，清军则可以反客为主，由被动变为主动。

左宗棠的这番话，表明他对镇压农民起义之事具有很高的热情，同时也说明他有较好的兵法素养，知道两军对阵的首要问题是争取主动权。他所提倡的筑碉堡以合围的"铁桶战术"，对初起于广西山区的太平军的确具有一定的效用，这在中国军事史上也是首次出现。

胡林翼听了左宗棠的这番议论，觉得应该设法起用这位时运不济的"姻丈"，让他发挥其军事专长。于是，他多方荐举，希望能引起当权者的重视。

胡林翼，号润之，湖南益阳人，道光十六年（1836）进士。陶澍素有知人之明，看中了微时的胡林翼，招为女婿。陶任两江总督时，年轻的胡林翼住在岳父的督署内。林则徐任江苏布政使，是陶的下属。胡林翼比林则徐小二十余岁，但过从甚密。他极钦佩林则徐的人品学问，在岳父面前竭力推荐，林则徐很快由布政使升任江苏巡抚。后来陶澍又奏保他才力能胜任两江总督。陶去世不久，林则徐调任湖广总督，因而点燃了鸦片战争之火，揭开了近代史上悲壮的一页。

胡林翼和左宗棠相交颇深。他们是世交、同学、好友，又兼亲戚。而最重要的还是二人志同道合，意气相投。胡林翼的父亲云阁公（讳达源）与春航公同读书于长沙岳麓书院，感情执笃。嘉庆十七年（1812）六月胡林翼出生，四个月后，左宗棠出生。两位父亲异常高兴，买酒对饮，互相庆贺。胡林翼和左宗棠都是贺熙龄的学生。左宗棠和陶澍结成亲家后，和胡林翼也成了亲戚，胡林翼倒比左宗棠小了一辈。咸丰六年（1856），胡林翼妹同芝又嫁给左宗棠侄儿左隤（癸叟），即宗植的长子。左宗棠告诫子侄们，决不可与胡林翼以平辈相待，应尊之曰先生。胡林翼信中称左宗棠为"丈"，左宗棠称他为"兄"，彼此十分敬重。

1850 年，道光皇帝驾崩，咸丰皇帝即位，亦年改元为咸丰元年 (1851)。此时的左宗棠已经将近 40 岁。皇帝新即位，特颁恩诏开孝廉方正科，以搜集乡野遗才。郭嵩焘和湘阴县士绅都推荐左宗棠应举。左宗棠早已打算做一辈子"农夫"，准备隐居深山逃避战乱，暂不愿进入仕途，因此谢绝了乡里友人的推荐。

咸丰元年冬天，湖广总督程矞采接到胡林翼的荐书后，不敢怠慢，立即修书一封派人送往湘阴，请左宗棠出山。但左宗棠在家中读了这封聘函后却直摇脑袋，一向恃才傲物的他，是不会轻易为人所用的。以诸葛亮自诩的他希望程矞采能够屈尊，诚恳地"三顾茅庐"，然后他再做决定。可惜的是这个程矞采远没有当年刘备的诚心，而且他不久便被革职发配，也就没有机会再来延请左宗棠给他当军师了。

咸丰二年（1852），太平军从永安突围北上，一路夺城闯关，兵锋直指湖南长沙。不仅朝廷震惊，湘中官绅们也都惊恐不安。6 月中旬，太平军从广西挺进湖南，加剧了清朝统治者的惶悚不安。6 月 21 日，清廷将原云南巡抚张亮基调补湖南巡抚，命其迅速赴湘就任，抵御太平军。

张亮基（1807—1871），字采臣，号石卿，江苏铜山人。原是林则徐的属吏，与胡林翼关系甚佳。他在云南，早就听林则徐盛赞左宗棠为"负经世才"，因而将有关左宗棠的材料一直储存着。胡林翼也曾多次向他函荐左宗棠才堪大用，希望召之出山。

因此，在 8 月 22 日，当张亮基经由贵州进入湘境，到达常德时，就在途中聘请左宗棠，力请出山共谋大局。但考虑道路难行，同一天又派专人带上大礼去请。又驰书胡林翼，征询湘省人才和御敌之方。

这时的左宗棠在过完中秋节后，就忙着将自己的全家移居到了湘阴东山白水洞，其中有他的哥哥宗植一家及妻妹全家。郭嵩焘兄弟等人也迁居东山邻近白水洞的周礤岭。

胡林翼收到张亮基的信后，再次向张亮基极力推荐左宗棠。

张亮基读过胡林翼信后，再次派专人往请。但左宗棠依然一脸傲气，托辞推谢。其实，此时的左宗棠只是出于对张亮基还不了解，不愿意将自己的命运草率地同一个自己并不了解的人捆绑在一起。

10月6日，张亮基抵达长沙附近的乔口，连夜驰书胡林翼，请他尽快想办法请出左宗棠，望即出山相助。胡林翼见此情景，便反过来做左宗棠的说服工作，立即写信给左宗棠，敦促其急速出山。

张亮基除托胡林翼外，还驰书已尾追太平军到达长沙的江忠源，托他写信劝说。

江忠源（1812—1854），字常孺，号岷樵，湖南新宁人，道光十七年（1837）举人。1844年，在籍办团练，灌输忠孝礼义，教兵法技勇。1847年，率团丁配合清军镇压雷再浩会党起义，升署浙江秀水知县。咸丰元年（1851），太平天国金田起义后，奉命赴钦差大臣赛尚阿广西军营。随后在籍募勇五百赶赴广西，号"楚勇"，为湘军之雏形。

咸丰二年（1852），江忠源所部扩至1500人。5月，在全州以北的蓑衣渡伏击太平军，夺其船只辎重，打破了其沿湘江北攻长沙的计划。这时，江忠源正率部尾追太平军入湖南，驰援长沙。江忠源也是左宗棠的好友，而且也向张亮基举荐过左宗棠。

张亮基也请江忠源写信敦促左宗棠出山，这里还有一个故事。在长沙被围的紧急时刻，江忠源为张亮基献上一计：长沙现有兵力4000人，当率1000人出城，还有3000千人分别扎营东门、西门和北门，他亲率五百楚勇和部分绿营军正面挡敌。这一筹划，得到张亮基的极大赞赏："将军调迁兵力，着眼全局，实在高明，若古之诸葛亮在世，亦不过如此。"

江忠源道："大人言重了。卑职乃平庸之人，岂敢与诸葛相比。不过大人一提，卑职倒想起有人跟我说过，湖南有三亮，得一亮，湖南可治。"

张亮基眼睛一亮，忙说："哪三亮，请将军明言。亮基虽比不得当年刘备，但亦愿效法前贤，重金相聘。"

"三亮即'老亮''小亮'和'今亮'。'老亮'者，罗泽南也，他目前正在湘乡练勇。'小亮'者，刘蓉也，此人对经济之学钻研甚深。'今亮'者，湘阴左宗棠也。"江忠源接着道："卑职对'老亮''小亮'虽然佩服，但觉得终究不能与'今亮'相比。唯有'今亮'敬佩至极，此人真乃人中之杰，诸葛再世也。"

"这样看来，左宗棠确有真才实学，但不知比起将军来相差几多？"

"卑职怎敢与左宗棠相比？如果套用徐庶的一句现成话，就是以驽马比骥骥、寒鸦匹鸾凤耳！"

听了江忠源的这番话，张亮基对左宗棠是个"绝世奇才"，更是深信不疑，故在"火烧眉毛"之时，请江忠源再送一信催促左宗棠前来。

其实，左宗棠虽然已经避居白水洞，但他也并非真的想做隐士，他本来就视农民起义为"盗寇"，期望能做"办寇之人"；加上张亮基再三再四的礼聘托请，胡林翼、江忠源的盛言举荐敦促，使他心动；与左宗棠同时避乱山中的郭嵩焘、郭昆焘兄弟以及他的二兄左宗植等人，也劝其应聘，齐说："公卿不下士久矣，张公此举，宜有以成其美。"于是，徙居白水洞还不到十天的左宗棠，就在湖南巡抚张亮基的再三礼请下，为了封建地主阶级的利益和个人的功名利禄，终于答应应聘出山了。

10月7日傍晚，张亮基"率卫卒亲秉炬梯北门"进入早已被太平军重兵逼围的长沙。第二天，左宗棠也从湘阴白水洞赶到了长沙，"缒城而入"，诣抚署谒张亮基。张亮基"握手如旧，留居幕府，悉以兵事任之，至情推倚，情同骨肉"。从此左宗棠便开始了历时八年的幕府生涯。

左宗棠出山之后，在张亮基的手下做起了幕僚。这既符合他此前的布衣身份，也为日后步入政坛积累了宝贵的经验。

在众多亲友邀劝之下，左宗棠终于为"保卫桑梓"而出山。即使出山后，他仍然想抽身引退，匿迹荒山，在同时人中是仅见，也可见

左
宗
棠

他思想深处自有想法。在邀劝推荐他的众多亲友和官员中，有其二哥宗植、友人胡林翼、曾国藩、江忠源、罗泽南、王柏心，地方大员张亮基、骆秉章，京官宗稷辰、潘祖荫等，他终于出山，真有"斯人不出，如苍生何"的光景。

移幕入鄂，镇压义军

1852 年 10 月，当左宗棠入居湖南巡抚张亮基幕府时，守城的清军已经和太平军战斗了二十多天，长沙城的守备已处于十分危急的阶段。

原来，早在 9 月 11 日，太平军的前锋部队就开始了对长沙城的围攻。

10 月 13 日，天王洪秀全、东王杨秀清率太平军主力抵达长沙，大举攻城，长沙城岌岌可危。在这危急关头，左宗棠被委以军事重任，部署作战。长沙城内城外，经过左宗棠、江忠源等人的重新部署，防守也更加严密。

太平军士气高涨，在与清军肉搏之际，有一条地道正在紧张地堆放炸药和地雷。这条地道，不仅穿过城墙，而且已经达到城内天妃宫边。

突然，一声巨响，城墙被炸开一个大缺口，清兵慌了神，纷纷往城里溃逃。左宗棠骑马过来，呵令清兵返回堵住，逃兵根本不予理会。左宗棠命令亲兵将逃在最前面的斩首，才阻止了溃退。

左宗棠命清兵把火药桶、油桶往缺口抛掷，然后点火，并令清兵赶紧用石块填缺口。

天心阁下，西王萧朝贵冒着火石，跨马挥刀向前冲。忽然，一颗炮子射过来，他从马上栽下。亲兵们急忙围上来，但见他满头是血，受了重伤，不久牺牲。

太平军正在进攻的各队将士，一听西王阵亡，便乱了军心。石达开见状，急令鸣金收兵。

此后，清军逐步调兵遣将，加强防备，战事处于相持阶段。

保卫长沙之战，初步获得了胜利，张亮基对左宗棠更为信任。张亮基对左宗棠的信任，使左宗棠感到欢欣鼓舞，信心倍增，办事的积极性也日益高涨，昼夜协调军事，修治文书，毫不怠慢。

清军在加强城内守备的同时，鉴于太平军重兵屯城南，背水面城，清军援师集中在东北，敌军很难突破，只有河西防备薄弱，如果太平军连战不能取胜，很有可能西渡湘江的情势，左宗棠建议先以一支队伍西渡，抢在太平军的前面占领湘江西岸，特别是控制住龙回潭这个地方，以防备其逃窜，再待以时机将太平军一鼓而歼。这一建议立即获得了张亮基与江忠源的赞同。

张亮基接受左宗棠的建议，先后调遣总兵常存、马龙以所部西渡，但是他们都因畏惧而不敢渡江。后来，张亮基通过钦差大臣赛尚阿派遣向荣赴西路督战，向荣在钦差大臣的调遣下，虽然渡江了，但是仍然拖延不前。

这时，刚好新任钦差大臣徐广缙已经到达衡州，他派提督福兴至湘潭。于是左宗棠又向张亮基提议，上书徐广缙，调福兴所部疾速西渡湘江，扼驻龙回潭，但徐广缙却没有同意这个建议。张亮基气愤至极想亲自督兵西渡，太平军却开始接二连三地掘地轰炸城墙：11月10日，太平军轰开南门魁星楼侧城墙四丈余；11月13日，南月城金鸡桥太平军所埋地雷爆炸；11月29日，又炸裂南门城墙八丈余。太平军这几次的进攻虽都被清军及时堵御，未能突进城内，但张亮基的西渡计划也未能成行。太平军围攻长沙 80 余日，三次挖地道轰城都功败垂成，于是在清军互相扯皮推诿的时候，乘风雨大作，暗渡湘江，占据了有利地势，改变了不利的态势；11 月 30 日，太平军下令撤离长沙，经由龙回潭而去；12 月 2 日，太平军迅速攻占益阳。然后大军迅速渡越洞庭湖，于 12 月 13 日占领湘北重镇岳阳。接着乘胜北上，挺进湖北。到此为止，长沙城的围困得以解除，但对于左宗棠而言，他希图将太平军聚歼于长沙近郊的计划却破灭了。所以，太平军撤围北上后，徐广缙、向荣等"始悔不用河西合围之策，向军门来信亦然，然已无及矣"。

　　太平军撤离长沙之后，左宗棠很快就把精力转移到了镇压湖南的各路会党势力方面。在太平天国起义的影响下，湖南境内的人民起义风起云涌，各种会党也相继而起。

　　为此，太平军出境后，左宗棠就开始协助张亮基，以操练乡兵、整治土匪为急务，通令各州县查办会匪、盗贼、痞棍。州县不能自治的，则委派官员治之。认为这样官绅士民联为一气，自可办理妥当。

　　一番密谋商议后，他们决定首先拿"征义堂"开刀。"征义堂"设在浏阳下东乡，浏阳邻近长沙，地势险要。起先，"征义堂"也只是乡团组织，首领周国虞、曾世珍等，聚众达 4000 余人。由于主持和参与者良莠不齐，又混进了土匪、痞棍，霸于地方，形成一种"黑社会"组织，它本身并没有明确的政治纲领，只具有破坏性。他们看到太平军声势浩大，也想投奔过去。太平军围攻长沙时，周国虞等曾经与太平军联络，意图响应。

　　此事被一个叫王应苹的廪生察觉后，周国虞、曾世珍为了封锁消息派人杀了王应苹，并封存地方粮仓，强令富户出钱添置武器，开始积极准备起义。长沙解围后，官方商议征讨"征义堂"，虽然意见不一，但张亮基还是决定采用左宗棠的计策，于 1853 年 1 月密派江忠源自岳阳偷偷移师浏阳，征讨"征义堂"。

　　左宗棠建议江忠源采取分化瓦解的攻心策略，到浏阳后先到处张

科场失意行路难　参与湘幕涉政坛

贴告示，说明此来奉抚部院札谕，不问征义堂与非征义堂，但问为匪
与不为匪；并遣人招降周国虞，以分化瓦解敌人；联络四乡各团，使
他俩并力齐进，以促军威而震慑贼胆。在军事上，左宗棠对江忠源强
调一个"快"字，提出"进兵宜神速，令其不测"，达到以快制胜。

　　1853 年 1 月 22 日，江忠源率部经由平江小路进驻浏阳城东冯家
山，加紧部署。1 月 26 日，周国虞断然率众起义，缝制白旗，大书
"官逼民反"四字，兵分三路进攻官军，但出师不利，大败而退。1 月
31 日，江忠源率部攻占古港，曾世珍率部退守三平洞。至 2 月 7 日，
前后仅十多天起义军就被消灭殆尽，曾世珍被捕杀，周国虞虽逃脱，
但后来还是被害。此次征讨前后只用了 12 天时间，就把"征义堂"
暴动镇压下去了，"斩首七百，解散万人"。左宗棠对这次出兵谋划
颇为得意，他在家信中说："我与中丞密谋办之，通省司道以下无一
知者。"

　　左宗棠为张亮基出谋划策，如此效劳，张亮基自然也不会亏待他，
上奏朝廷，说左宗棠协守湖南有功。朝廷接到张亮基的奏报后，认为
左宗棠是个人才，就下令以知县用。知县虽然不是什么大官，但初出
茅庐的左宗棠仍然感到了皇恩的浩荡，抑制不住内心的激动，因为这
毕竟是他第一次出任为官。

　　但是，长沙守备战和清剿会党的胜利，并没有让朝廷欣喜多久。
因为太平军进入湖北后，犹如猛虎归山，一路势如破竹，进展神速。
1852 年 12 月 23 日，太平军力克汉阳，围攻武昌，仅仅 6 天就占领了
汉口。半月后，1853 年 1 月 12 日，又攻克武昌，占据武汉，这是太平
军起义后攻占的第一座省城。武汉三镇的相继失守，使清廷为之大震。
这样的局势，进一步证明了当初左宗棠要聚歼太平军于长沙近郊策略
的正确，但是为时已晚。2 月 3 日，清政府解除钦差大臣兼湖广总督徐
广缙的职务，擢张亮基为湖广总督。2 月 11 日，张亮基接到调任谕旨，
19 日即交卸湘抚篆务，启程赴鄂。左宗棠随张亮基一同离开长沙，前
往武昌，从而结束了他历时四个多月的第一次幕湘生涯。3 月 1 日，左

宗棠同张亮基、江忠源等抵达武昌，进入督署，自此又开始了他的幕鄂之路。

当左宗棠进入鄂幕之时，太平军早已于2月9日主动撤离武昌，大军顺江东下了。他们的船行抵武昌城下，走进城门时，首先映入他们眼帘的是一片瓦砾和废墟。居民们神色慌张，他们刚刚送走了太平军，还没有从太平军带来的惊悸中缓过来，不清楚这新来的清军人马对他们是福还是祸。目睹此情此景，左宗棠也不免生出几分伤感。

左宗棠进驻湖广总督府后，虽然不用像在长沙那样和太平军浴血奋战，但湖北所面临的形势与任务也让他丝毫不敢懈怠。湖北所面临的形势与任务，一是武汉等地收复后的修复抚恤事宜；二是防范、镇压各地人民起义；三是支援东下尾追太平军的官军，并抵御再次入境的太平军。在这些方面，左宗棠都竭诚辅佐张亮基，出谋划策，不遗余力。而张亮基也对左宗棠予以高度信任，放手任用。张亮基的诚心相待，使左宗棠深受感动。

左宗棠进入湖广督署后，首先协助张亮基抓紧办理兵燹后的修复与抚恤事宜。为了尽快恢复经济，他们广发告示，远布秦、豫、川各省，并规定自旧历二月十五日至四月十五日，凡商品入境一律免纳两个月的关税，严禁官兵借差强封商船，敲诈勒索。随着这些措施的落实，迅速地稳定了市面秩序，对恢复经济、安定民生起到了一定作用。在抚恤难民方面，他们强调"变通办理"，改变"向来办理赈务，分别次贫、极贫，酌量发给银米，其编审之法，总以平素家计生业为断"的惯例，在抚恤中重点照顾遭太平军强索破产的官僚、地主和绅商，以稳定封建经济，保护地主阶级利益。

太平军顺江东下后，一路势如破竹，于2月18日克九江，2月24日取安庆，3月8日兵临南京城下。

1853年3月19日，太平军攻克南京，定为首都，改名天京，建立了与清王朝分庭抗礼的农民政权。

4月，通城爆发以刘立简为首的农民起义，他们以抗粮为号召，

"戕官毁署，劫狱焚掠"：嘉鱼的熊开宇等人也纠集会党数千人，焚署劫狱以响应。这时，左宗棠商请张亮基，派江忠源前往镇压。

5月，广济也爆发了方四象、宋关枯领导的抗粮斗争，聚众数万人，黄州知府邵纶、黄梅知县鲍开运都被起义军击毙。这时，左宗棠建议张亮基，让江忠源在过蕲州时，便道登陆前往镇压，方四象、宋关枯的起义也随之失败。

太平军定都天京后，又分别派遣大军进行北伐和西征，以图将胜利推向全国。

这时的左宗棠既十分关心湖北的防务，又密切注视全国形势的发展。在太平天国定都天京后不久，他就建议扼守梁山，以防护长江中上游地区。

太平西征军则舟载陆行，迅速西上，席卷安徽、江西。此时，左宗棠又建议制备战船，武装水师，控驭长江。稍后，江忠源（由郭嵩焘具疏）正式以"请置战舰，练水师"的奏章上奏清廷，提出了"宜饬四川、湖北、湖南各督抚制备战船百余只，一以广东拖罟为式，每船计可载兵五十名；饬广东督抚购备夷炮五百斤、三百斤者合千余尊"的具体方案。这份奏折很快得以允行，于是，张亮基遵令在湖北根据此数造船二十号；曾国藩则赶赴衡州，以造备水军自任，湘军水师自此建立。

左
宗
棠

6月，太平天国西征军占领安徽安庆，进围江西南昌，湖北的形势再度紧张起来。左宗棠协助张亮基，积极筹划抵御。除急派黄金甲、戴文澜等率兵驰赴江西外，左宗棠与张亮基一起来到黄州，设防田家镇，试图守住湖北的东大门，防止太平军由江西溯长江进入湖北。

7月底8月初，太平天国北伐军由河南分支南下湖北黄安、麻城一带，武汉震惊。左宗棠料其将溯江而上，攻取武汉，于是一面调兵赴黄安、麻城等地拒剿，一面调派省城兵勇三千多人，力扼团风镇。经过8日的激战，终于将太平军驱逐出境。

9月，当太平军占领江西九江，继续西进时，左宗棠又敦促张亮基调兵遣将，进一步加强田家镇的防守。清军在田家镇编造巨筏，横列长江江面，筏上安置大炮，分派部队日夜驻守。

遗憾的是，左宗棠还没有来得及亲眼看到田家镇的战斗，便怏怏离开湖北回湖南湘阴去了。

1853年9月13日，朝廷谕令张亮基出任山东巡抚，原闽浙总督吴文镕出任湖广总督。10月17日，张亮基解署湖广总督任，于次日晚渡江驰赴山东。"一朝天子一朝臣"，这是中国封建官场的老规矩。吴文镕平庸无能，又和左宗棠没有任何交情。张亮基一走，左宗棠失去了依托，但他没有到山东去，因为山东没有建功立业的机会。他思前想后，决定回湖南湘阴老家过他的田园生活。于是，在张亮基离任前10日，即10月6日，左宗棠辞归湖南，从而结束了他为时约七个半月的幕鄂活动。

总计他在湖广总督幕府，时间总计整整一年。这也是他初展身手的一年。一年来的幕府生涯，既是他早期所获学识的初步运用，也为他以后的作为积累了经验，增长了信心，还进一步扩大了他的影响力。

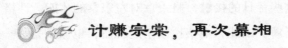 计赚宗棠，再次幕湘

1853年（咸丰三年）10月，就在左宗棠离开张亮基幕府的同时，太平军北伐部队已经进抵离保定60里的张登镇，10月底又占领天津静海县。

1854 年（咸丰四年）2 月，太平军西征部队大败清军于黄州，刚刚任湖广总督不久的吴文镕畏罪投水自尽……一时之间，举国震动，人心惶惶。

仅仅四天之后，在太平军第三次占领汉口和汉阳之后，湖北按察使唐树义也因兵败而死。太平军又乘胜南下湖南。

太平军势如破竹，接连夺下了岳州、湘阴、靖港、宁乡等地，长沙又岌岌可危。许多人都在盼望左宗棠第二次出山，因为他们还清楚地记得一年多前，就是这位四十多岁的"湘上农人"，曾重创太平军于长沙和湘江之间的狭长地带，并解了长沙之围。

左宗棠是 1853 年 10 月 6 日由鄂幕辞归的。与其一同辞归的还有湖北监利的王柏心。王柏心，字子寿，道光二十四年 (1844) 进士，是一位既有计谋、又很有远见的人。他们同在张亮基的幕府，又一同辞归，左宗棠就趁此机会顺路到王柏心的监利故居稍做逗留，直到 10 月 24 日才抵达湘阴县城，次日归家，回到了湘东的白水洞。

回到白水洞的左宗棠并没有就此清闲下来。回家不久，升为安徽巡抚的江忠源和湘军统帅曾国藩就先后致信礼聘。新任湖南巡抚骆秉章，得知左宗棠又回到了湘阴老家，几次派人送书信和路费请他出山，但左宗棠都没有答应。

骆秉章 (1793—1867)，字吁门，广东花县人。道光十二年（1832）进士，选庶吉士，授编修，曾被道光皇帝称为"持正无私"之人。

有过这些昔日的接触，骆秉章对左宗棠的才能、性格和为人，有了较深的了解。因此，他实授湖南巡抚后，也像张亮基一样，多次派人持信携礼入山敦请左宗棠。

第一次派来请左宗棠的是骆秉章幕中一位姓郑的司马。左宗棠收下书信，退回了钱财和礼物。左宗棠送郑司马出山口，托郑在巡抚面前转达他不敢应命，请多多包涵。但骆秉章并没有死心，第二次便以湖南巡抚与布政使联名，带重金去聘，左宗棠仍然推辞，坚持不再出山。

左宗棠一再声称要"自此匿迹销声，转徙荒谷，不敢复以姓字通于尘宇"，"自是匿居深山，誓不与闻时事"。这时，同从鄂幕辞归的好友王柏心寄诗给他，诗中这样写道：

> 武库森然郁在胸，归来云壑暂从容。
>
> 人从方外称司马，我道山中有伏龙。
>
> 多垒尚须三辅戍，解严初罢九门烽。
>
> 何当投袂平袄乱，始效留侯访赤松。

王柏心的这首诗是劝说左宗棠待时出山，建功立业，功成再身退，也正道出了被称为"伏龙"的左宗棠的心境。左宗棠在白水洞的日子看似清闲，但他的心中并不平静，他仍密切地关注着时局的发展。

1854年（咸丰四年）3月，曾国藩亲率水陆大军六万人从衡阳出发，镇压各路太平军时，给左宗棠写信，邀请他再次出山。在这种扑朔迷离的局势下，曾国藩的邀请使左宗棠处在了"进退两难"的境地：清军一败涂地的烂摊子如何才能力挽狂澜？他左宗棠既然已为太平军所忌恨，如果太平军将来真的得了天下，他又将落得如何的下场？在这个时刻贸然出山，显然是不明智的。因此，左宗棠最后选择了回书婉拒。

直到太平军攻下湘阴，派轻骑到梓木洞搜索捉拿，左宗棠闻讯后才觉得在白水洞再也待不下去了，于是去了长沙。

骆秉章没有得到左宗棠，于心不甘，现在听说左宗棠到了长沙，于是就想出了一计。他知道左宗棠对陶桄最为疼爱，一天，便发请柬请陶桄到巡抚衙门做客。陶桄不知是计，欣然前往，骆秉章却乘机将他留住在了后花园，不让出门。同时，又派人在外四处扬言，说巡抚勒索公子捐资巨万，以助军饷，否则将论罪处罚。

咸丰四年三月初八（1854年4月5日）上午，左宗棠在山上一块高地上打完一套拳后，汗水淋淋，头冒热气，同昨日前来做客的欧阳兆熊一起从野外回来，刚进屋梳洗换衣，张氏夫人便来告知，说长沙陶公馆来人了。

左宗棠穿好衣服后出来，只见陶府家人陶恭面带愁容、一身汗水地站在门前，着实使他吃了一惊。左宗棠迎他进客厅，陶恭还没有坐下，便急不可待地掏出夫人孝瑜的一封亲笔信，举双手交给左宗棠。

左宗棠见到信封上"父母亲大人亲启"是女儿熟悉的字迹，右上角一个"急"字还加了一个圈。左宗棠立即展开信笺默读：

父母亲大人

膝下敬禀者：

双亲上山已逾半年，思念甚切。时势兵荒马乱，但阖家尚平安。岂料近日灾祸突降，衙门摊派捐输，谓陶家乃官宦大户、殷富之家，要在三日内捐输一万两银子，逾期严办。陶府向来清廉，先祖未留遗财，如此巨款，如何筹措？第四日上午，衙门公差多人来公馆，竟不分青红皂白，将陶桃抓走，如今安危不明、生死未卜，女儿心急如焚，终日以泪洗面，恳求大人设法营救之……

弱女孝瑜泣血叩上

左宗棠还没有读完全信，便拍了一下桌子，发出一声怒吼："这骆秉章真是混账透顶，欺人太甚！"

左宗棠平时说话就声音洪亮，底气很足，在愤怒之时吼叫，更是声震屋宇。吓得周氏和张氏急忙从内室出来，问个究竟。

周氏从左宗棠手中接过信看着，张氏扶左宗棠坐下，又把茶杯端来。陶桃的妻子孝瑜是周氏所生，她看完信后也潸然泪下，喃喃地说："这如何是好呢？"顺手把信递给了欧阳兆熊。

"想欺侮陶府无人吗？纵然陶文毅公不在了，陶桃年轻，还有我哩！有理走遍天下，无理寸步难行，朝野上下谁人不晓，陶文毅公为官清廉，两袖清风，哪里能拿得出这样的巨款，这分明是勒索！"

左宗棠越说越气，把袖子一挥，高声喊道："备马，我即刻到长沙去找他们评理！"并对欧阳说："晓岑兄，仁兄光临寒舍，未暇久叙，不幸家遭厄运，只好失陪。我左某为人处世崇尚不亢不卑，与人为善，但绝不忍气吞声，逆来顺受。你在山上多住几天，待我回来后再奉陪你。"

"你放心去，不要着急，先把事情弄清楚。"欧阳说，"我正要到笱仙家去一趟，我在他家等你。"

"也好，我打发人送你到梓木洞去。"随即吩咐了左乔。

左宗棠和欧阳兆熊拱手作别，便和陶恭各骑一匹快马，径直奔往长沙。进了长沙城，先到陶公馆，见女儿抱着外孙，面颊泪痕尚湿，顿觉一阵心酸，赶忙说道："孩儿且宽心，有老爹在，天塌不下来！"说完还亲了一下小外孙的脸蛋。

左宗棠安慰女儿之后，便策马来到巡抚衙门，旁若无人、怒气冲冲地往里面闯。正要进去，从签押房里走出一个背略驼、面容清癯的老人来，他笑容可掬地对左宗棠拱手道："真不容易呀，左先生终于光临了，鄙人在此恭候已久。"此人正是骆秉章。

左宗棠正想对骆秉章发火。可是，伸手不打笑脸人。只见骆秉章笑容可掬地说："左先生息怒。我昨天请公子来舍下留宿一夜，是与其亲和叙谈的。秉章一向仰慕陶文毅公的高风亮节，也喜左先生的豪放倜傥。昨夜听公子闲谈陶公和先生的往事，更是钦佩不已。公子在此，秉章奉为上宾，做了精心安置，现正在后花园赏花呢！"骆秉章说完，便陪同左宗棠来到后花园。左宗棠见爱婿无恙，后花园"栋宇辉煌，供张极盛，如礼上宾"，这才明白过来，这一切都是骆秉章请他出山的良苦用心。左宗棠因此而被其诚心感动，应允出佐戎幕。骆秉章见左宗棠首肯，便向陶桃道歉，并以仪仗送其回陶府。

就这样，左宗棠终于第二次进入了湖南巡抚幕府，他自己还是说"不得已""勉强去一趟"。不过这次他不是"临时打工"，凑合应付，而是一干六年多，成就卓著。

实际上，左宗棠第二次走入幕湘后，一开始与骆秉章的配合并不怎么默契，也曾经发生过一些小的芥蒂。但由于他所表现的才能和施展的作为，越来越受到骆秉章的信任和倚重，他肯办事的热情也让骆秉章渐渐放心。大约一年之后，骆秉章便已经对左宗棠言听计从了。

科场失意行路难　参与湘幕涉政坛

再往后，骆秉章干脆当上了甩手掌柜，左宗棠则成了不是巡抚的巡抚。他甚至可以不经过骆秉章的批准便以湖南巡抚的名义给皇帝上奏。

　　左宗棠凭着自己卓越的学识才能，又由于骆秉章的高度信任，放手使用，加上任职时间较长，左宗棠在这次幕湘期间，确实有了一番作为，大显了一回身手。

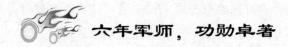

六年军师，功勋卓著

　　咸丰四年（1854）4月，左宗棠再度进入湘幕，此时正值长沙危急。左宗棠惦念家人，就亲自带领100名楚勇回到湘阴，将家人护送出山。后太平军派了30余人到梓木洞搜寻，但是左宗棠和家人已先走一步。他自己已经回长沙，家眷由勇丁送到湘潭，27日晨到达县城，因太平军已逼近湘潭，他们立即转到辰山周氏家中暂住。当他们离开湘潭县城不到一个时辰，太平军就蜂拥而至，翌日攻占了县城。

　　那时长沙上下数十里都是太平军，长沙处于包围之中。守城部队主力是新建的湘军，统帅是在籍侍郎曾国藩。

　　曾国藩字涤生，湖南湘乡人。嘉庆十六年（1811）生，家中世代务农为生。从祖父玉屏公开始读书，父亲麟书公是一名秀才。曾国藩于道光十八年（1838）中进士，道光二十三年（1843）任检讨，典试四川，后转为侍读，迁内阁学士，不久任礼部侍郎，署兵部侍郎，可谓官运亨通。他是一位博学多才的人。在京师时与倭仁、何桂珍等师事大学者唐鉴，治义理之学；又与友人梅曾亮等为辞章考据。他文学优长，师宗桐城派古文家方苞、姚鼐，在当时朝野已十分有名。咸丰二年（1852）因母去世"丁忧"回家，恰逢太平军从广西进入湖南，旋又攻占武昌。清朝廷派去镇压的满人将领钦差大臣赛尚阿和副都统乌兰泰等屡战屡败，于是想起了起用汉人。他们第一个选择了在籍侍郎曾国藩，因为正规军八旗和绿营已失去战斗力，湖南兵单势危，咸丰二年年底清廷命曾国藩帮办团防。曾国藩欣然接旨，他认为现任营官不可用，便起用了一批书生，大多是秀才或童生，如罗泽南、罗信南、王鑫、彭玉麟、杨载福等。最初从农民和市井中招募了500名勇丁，经过一年多的训练和实战，人员不断补充，他办的团练已逐渐壮大，成为一支能与太平军抗衡的力量。这就是近代史中著名的湘军。

咸丰四年（1854）初，湘军总兵力已达万余人：陆军13营，约5000余人；水师10营，约5000人；战船240艘，坐船230艘。曾国藩原在衡州练兵，长沙危急，他率领水陆各军万余人驰援长沙。陆军由塔齐布和罗泽南率领，水军由彭玉麟、杨载福等率领。

湖南地处长江中游，与太平天国的军政中心天京有三省之隔，在一般的情况下，长沙不会成为与太平军作战的主战场。但这一时期的湘军正转战于江西、湖北、安徽，湖南的稳定对支持湘军、稳定军心具有十分重要的作用。左宗棠作为湖南巡抚的军师，对湖南的这种战略地位有一个比较清醒的认识，并基于这种认识制定了一套对抗太平军的正确的战略方针。这套方针的核心就是以攻为守，积极组织出省作战，将太平军拒之于湖南省境外。即使太平军已经攻进湖南，也要以积极的进攻来迫使它撤出。左宗棠制定这种方针，首先是替湖南地方利益着想，同时它也有利于清政府对太平军作战的大局。因为牢牢地控制住了湖南，也就稳住了湘军的战略后方基地，这对于主战场战局的发展是非常重要的。正因为如此，左宗棠的这种主张不仅得到了湘军大员曾国藩的认可，也得到了清朝统治阶级的赞许。

1854年4月24日，太平军占领湘潭后，曾国藩由岳州前线回到

科场失意行路难 参与湘幕涉政坛

长沙，召集各级将领讨论用兵方略，这时，很多人都主张要先夺回靖江，而左宗棠却独自主张救援湘潭。最后，曾国藩采纳了左宗棠的意见，派遣塔齐布率陆军4000人驰赴湘潭，杨载福、彭玉麟率水师五营增援；同时，自己也亲率战船40只，兵丁800人，进攻靖港。

4月28日，靖港之役结束，曾国藩惨败之后率领余部退回长沙。在经过铜官时，曾国藩羞愤难当，竟两次投水自尽，都被部下救起。抵达长沙之后，左宗棠一大早就来到湘江船上看望曾国藩，见曾国藩十分狼狈颓唐，衣服上还沾染泥沙痕迹。左宗棠责备他说："现在大事尚可为，不应该为一次挫败就寻死。"曾国藩睁大了眼睛，一言不发，只叫从人将纸笔拿来，将所存的火药、子弹、军械数目详细写下，嘱左宗棠代为保管。那时他的意志还没有完全恢复过来。

其实这个时候，湘潭的捷报已经传到长沙。5月1日，塔齐布、杨载福、彭玉麟等统率的湘军主力，在经过8天的苦战后攻占湘潭。太平军受到重挫，被迫北撤，解除了太平军对长沙的威胁。这是湘军出师以来的第一次大捷，对于稳定刚刚经历了靖港惨败的湘军和巩固清王朝在湖南的统治无疑是一剂强心针，也使得颓靡不振的曾国藩得以复苏。

曾国藩初次领兵，还缺乏经验，手下人才又不多，这次战败后，深受教训，认为兵不在多而在精。于是他裁撤了部队中老弱无用者，只留下精壮5000余人，并上奏自请处分。布政使徐有壬和按察使陶恩培本来就讨厌曾国藩，也趁机要求骆秉章奏劾他，并遣散湘军，但是骆秉章没有同意。朝廷因湘潭大捷，不仅没有责备曾国藩，还提升塔齐布为湖南提督。

靖港的太平军得知湘潭大败，就退回岳州，不久又攻陷常德。陆路的太平军绕过江西的萍乡、万载与湖北通城的军队会合，准备再度南下。左宗棠建议骆秉章，奏调胡林翼督赵启玉各军进击常德；江忠源军由平江挺进通城；塔齐布和罗泽南二军在新墙会合，待机北上。曾国藩也率领湘军水师和两广增援的水师由长沙驶抵岳州。不想水师遭到太平军的伏击，打了一次败仗。广东水师统领陈辉龙、湘军水师营官褚汝航等阵亡。但是塔齐布和罗泽南的陆军打了胜仗，太平军秋官又正丞相曾天养阵亡，韦志俊等率余部退回武昌。岳州为清军收复，不久，江忠源军又收复通城。这样，太平军已全部退出湖南，他们攻占湖南的计划再次受到挫败。

左宗棠看到家乡已平靖，"保卫桑梓"的任务已告一段落，就向骆秉章提出辞呈，仍要回乡隐居。骆秉章不允许他辞职，曾国藩也再三慰留。可见，他的隐居初衷到这时还没有绝念。

7月后，湘军进至岳州与太平军相对峙。8月，太平军因与湘军连战不利，退出湖南，回守武汉。

湘军的胜利，证实了左宗棠以攻为守的方针的正确性，也增强了他对曾国藩及其湘军的信心。此后，左宗棠坐驻长沙，忙于为湘军增造战船，补充给养，为湘军出省作战提供后勤保障。

1858年8月至1859年年初，在左宗棠的策划下，经过一系列军事行动，湖南境内基本上没有了太平军主力的活动，但各属会党起义却此起彼伏。特别是毗连两广的湘南一带，两广会党与湘南人民起义相结合，声势更大。每一股多则或数千，或万余，少则也以千数百计，而都以应援江南大股太平军为名，红衣黄巾、效其装束，同时并起，十分猖獗。

面对这种局势，左宗棠又协助骆秉章，依靠王鑫、刘长佑、江忠济等所部湘勇、楚勇，以及以陈士杰为代表的各州县团练，对各地会党和人民起义进行了严酷的镇压。事后，左宗棠自己也曾说，他自咸丰二年（1852）入湘幕起，八九年来，所诛斩的真匪有3000余，很少冤滥。而一向勾连黔粤的烟、盐各枭雄，及会匪、斋匪，有名迹者，也很少有漏网的，由此可见，其镇压是何等的残酷和彻底。

1859年3月，石达开带领的太平军由江西大举入湘，接连攻下宜章、兴宁（今资兴）、郴州、桂阳州等州县，"人马行六昼夜不绝，湖南大震"。这时，骆秉章将战守事宜委托给左宗棠，"宗棠调兵遣将，急于星火，一月内成军 4 万人，湘防得以巩固"。5 月 7 日，石达开攻打宝庆（今邵阳市），6 月大合围，连营百里，号称 30 万大军。军事形势非常危急。

左宗棠自出幕以来，都是作为军师在调兵遣将，似乎觉得他不能直接带兵，亲临前线打仗。在石达开率大军围攻宝庆、军情危急的时刻，他要求亲临前线协调指挥，这种勇气是值得赞许的。骆秉章以左右无人，坚决不让他远去。刚好这时胡林翼从湖北遣李续宜率 5000 人回湘救援。于是议定由李续宜赴前线督率各军。李续宜与骆秉章、左宗棠等共商进兵方略。左宗棠先期获得赵焕联从宝庆围城中递出的敌我兵势地形详图，根据实际形势分析，主张由北路突破。7 月下旬，双方展开多次激战，太平军伤亡万余人，西、北两路阵地全失。8 月 13 日，清军分三路大举出击。14 日，石达开军分两路撤围南下，经东安进入广西境内，宝庆得以解围。

至此，左宗棠"内清四境"的先期目的算是达到了，但是，他二度出山，并不仅以保护"桑梓"为满足。从做张亮基幕僚开始，他就以剿灭贼匪为己任，把镇压以太平天国为中心的人民起义看成自己的神圣职责。进入骆秉章幕后，随着太平军的东下和四邻会党的活动，他又与郭昆焘等"力定越境剿贼之计"。在他们的筹划之下，湖南除大力支援曾国藩率领"东征"的江南大军之外，又屡兴援鄂、援赣、援桂、援粤、援黔之师，不断援助这五省的剿匪大业。

太平天国定都天京后，江西成为两方争夺的主要战场之一。1855 年 11 月，太平天国西征军连克瑞州、临江、袁州，进围吉安，江西形势紧急万分。左宗棠得到骆秉章的同意后，大举援赣。清政府仅令湖南筹拨兵勇 2000 人赴援，左宗棠恐未能取胜，令增募兵勇至 5000 人。1856 年 3 月，援赣大军在刘长佑、萧启江率领下，分由醴陵、浏阳进萍乡、万载。以后又多次派兵增援：5 月，刘腾鸿军由湖北援瑞州；7 月，曾国荃、周凤山军自湘南取道安福趋吉安；次年 5 月，更调王鑫、江忠义所部大军赴援临江等地。直至 1858 年 9 月，攻取太平军在江西

的最后一个据点吉安。总计，援赣各军陆续增加，水陆勇丁增至 19000 多人，三年以来，湖南援赣的军饷及协济江西之饷银已达二百九十一万五千六百余两。先后攻陷萍乡、万载、袁州、临江、瑞州、建昌、上犹、永新、吉安等 20 多个府、州、县城。在这个过程中，左宗棠运筹帷幄，费尽心机。

广西是太平天国起义的策源地。太平军主力出境后，广西会党起义仍连绵不断，声势浩大。1857 年 5 月，会党起义军攻占柳州，进围桂林。左宗棠认为：广西起义军人数甚众，而该省无力对付，拖延一定的时日后，势必影响湖南。因而与骆秉章确定援广西之策，令蒋益澧募练乡勇 1500 人，隶以段莹器所部 1000 人及江忠源所部 1200 人，开赴广西。同年 8 月，复遣黄辅鼎、萧荣芳率 800 人出恭城增援。先后攻陷全州、兴安、平乐。骆秉章并奏准月助蒋军饷银两万两，增造战船，募水师，自长沙造船 60 余艘，火药 7 万余斤，以益其军。1858 年，蒋益澧率军入屯桂林，攻占柳州。1859 年 8 月，石达开大军由湖南入广西，复围桂林。广西巡抚曹钟澍向湖南求援。骆秉章与左宗棠遣刘长佑、萧启江率大军往援。10 月，解桂林之围。

1854 年 10 月，广东连州、韶州红巾军逼近广州。清政府诏骆秉章于辰沅兵丁内抽调 1000 名赴援。11 月，骆秉章、左宗棠令龙金源管带辰沅兵 1000 名，由长沙启程，驰赴韶州。1856 年 7 月，又遣李辅朝带勇入连州会剿。1859 年 10 月，张运兰、王文瑞、魏喻义等军复自宜章入连州，镇压当地会党起义。

1855 年，贵州苗民大举起义。次年 1 月，起义军进入湖南西境，攻镇箪，占晃州、麻阳。骆秉章、左宗棠调田兴恕率镇箪兵 1500 人由长沙赴援。1857 年，起义军进入靖州境，湖南防军击退入境之敌后，进军黎平，攻占永从。1858 年，起义军攻黎平，骆秉章、左宗棠遣田兴恕大军赴援。1860 年，田兴恕任贵州提督，增军满两万，饷械全由湖南供支。

从总体上来说，左宗棠第二次幕湘期间，湖南外援五省，有目共

科场失意行路难 参与湘幕涉政坛

睹。骆秉章在奏稿中说："但有湖南兵勇出境援剿各省之事，从无各省兵勇出境援剿湖南之事。"左宗棠在书信中也说：湖南以一省兵力对付五省之寇，境外皆贼，防不胜防。唯有根据缓急不同，从容应对。所苦的是军饷耗费过高，实在难以支持。由此，"湖南名闻天下，天下皆以为强国"。

但是，辉煌战功的背后，湖南人民却为此付出了惨重的代价。仅据骆秉章对朝廷的奏报，七八年中，统计湖南勇丁、长夫出境从征者，常不下十余万人，而将领、营官、弁目以阵亡蒙恩赐恤者且数千计，勇丁、长夫之阵亡物故者奚止数万。

咸丰四年至咸丰九年（1854—1859）的湖南是比较安定的，虽然太平军西征部队和石达开的远征部队数度介入，但都未能站稳脚跟。湖南能够有此安宁，原因很多，曾国藩湘军的兴起是一大关键，而左宗棠坐镇长沙，亦有很大的"功劳"。他调兵遣将，筹划战守，外援五省，已经给人留下了较深的印象。除此以外，他对湘军军饷的筹措，也完全可以称得上是呕心沥血，而且成效卓著。

当时的湖南既不大又不富，赋税收入有限，但却要承担湖南自身的防务开支，并负担湘军东征的费用，财政极为困难。

实际情况是：邻省广东、广西、湖北、江西各路仍处处告警。湖南良将精兵多随大军东征，所有粮饷、军械、船舶等都需仰仗湖南供给。左宗棠协助骆秉章内谋守御、外筹军备，费了不少心血。一方面要将此前各路失守的负责官军予以甄别整肃；另一方面要充实军饷军械，制造船炮，补充水师。那时，在经济上因军事支出浩繁，清政府只得铸大钱和发钞票来应付，就是现在所说的通货膨胀。要改变这种局面，必须开辟财源，增加收入。

在筹饷方面，左宗棠更是煞费苦心，多方张罗。

劝捐输是较早推行的一项筹饷措施，咸丰二年（1852）即已开始实行。其时在长沙设有捐输局，为办理全省捐务的总汇。续后，又有船炮局所劝之捐，城工局所劝之捐。此外还有曾国藩给札委劝之捐、胡

文韬武略

左宗棠

林翼指地委劝之捐、广西所劝之捐、江西所劝之捐，等等。名目繁多，不相统属。

但捐输固可动员一部分中小地主和商人的资金，却很难加之于达官豪绅之家。如曾国藩初治湘军，曾下檄安化，令故总督陶澍家倡捐万金，但陶子（桄）诉之于巡抚骆秉章，竟引起"官士大哗，遂以得免"。布政使李榕倡言米捐当先大户，而"是时曾国荃号有百顷田，于法当上户，榕不能问也"。所以王闿运评论说："故凡捐输，徒以虐良善，肥不肖，行之愈久愈不效。"尽管如此，自咸丰元年以来，用这个办法，所得到的饷银也不下千万计。

靠捐输毕竟是解决财政来源的权宜之计。1855 年 5 月，根据当时的财政支出情况，左宗棠决定开征厘金按百分之二取。关卡不用私人，招请廉洁朴实的士绅来管理，废除衙署关务的一切旧规章，并由民兵和水军船只来卫护商旅。各关卡厘税收支情况，按月张榜公告，由省厘金局总其成，每年共得厘金 80 万至 120 万两，专以充实军饷，保障湘军后勤供给。有记载说：咸丰六年至八年（1856—1858），湖南协济江西的饷银有 291 万多两。

继厘金局之后，1856 年 4 月，湖南又设立盐茶局，根据变化了的情况，调整盐茶引地，于湘南抽收盐茶税。

与此同时，左宗棠又协助骆秉章办理减漕，废除向农民征缴漕粮的一切陋规，制定章程，不仅增加了军饷，而且努力根除官吏中饱私囊和积弊。

除此之外，还以巡抚骆秉章名义多次奏准，借动了咸丰四年至八年（1854—1858）粮道库征存漕折等银，充作军饷。由于采取了上述种种措施，本来极度匮乏而紧迫的军饷问题，得到了较好的解决。

在筹办军械方面，左宗棠在进入骆秉章幕府之后，继续致力于制备船炮。1854 年 8 月，长沙由在籍绅士丁善庆、陈本钦、唐际盛、李概等设立船炮局，自行捐资制造船炮。该局名为绅办，实为绅办官助，并由左宗棠"亲董其成"。12 月，特委黄冕监造抱位。左宗棠"命制劈

科场失意行路难　参与湘幕涉政坛

山（炮）百尊，勒限一月成立"。

其实，左宗棠在参与镇压以太平天国为中心的农民起义的过程中，比一般昏庸顽劣的官僚们高明和有远见的地方在于，他认为在湖南，为首的要务应是整饬吏治。他的见解是，"地方安危，全在守令"。假如守令不得其人，则"有事之处不能无事，无事之处且将有事"，这必然导致永远不得安宁。

第二次幕湘时期，左宗棠在协助骆秉章整饬吏治方面主要采取了以下三项措施。

1. 注重用人，赏罚分明。

左宗棠认为："国家治乱之原，视乎用人、行政，而用人尤为行政之本。"他善于从本质上看人，肯定其基本方面，不求全责备。左宗棠在骆秉章幕府期间，被劾奏的官员面很宽、数量很多。左宗棠对官员的罢免与重用掀起了轩然大波。什么反应？可想而知。那些评价差的、被罢免的人骂声四起，愤恨不已，竭力攻击，大造舆论，认为左宗棠几乎成了把持湘抚衙署的人物，以致许多逸闻和时人的撰述、笔记都对此做了形象的描述。当时湖南即有"文武官绅非得左欢心者，不能得意；而得左欢心者，无不得意"和"巡抚专听左宗棠，宗棠以此权重，司、道、州、县承风如不及矣"等说法。"独断专行"，"性情跋扈"，"任意横恣"，"顺他者昌，逆他者亡"，他的一句话就决定你的命运，可恶极了；反之，受褒奖和晋升者，觉得"苍天有眼"，无上光荣，更加勤勉有为，律己尽职。

2. 罢大钱，废部钞。

1854年2月，清政府通令各省铸造当十、当五十、当百大钱。同年7月，湖南由长沙宝南局开炉鼓铸，并由长沙府发布告示，令市面流通，大钱与制钱各半。制钱每文标准重一钱二分，而新铸大钱当十者约重五六钱，当五十者约重一两一二钱，当百者约重一两四五钱，成色竟分别减重50%，80%至88%左右！大钱面值与实值相差太大，引起物价上涨，市场混乱；更促使官吏舞弊，私铸成风。他们还将私铸的大钱照面值减半抛售。这样，"钱店皆买私铸之大钱，而不买商店之大钱，以致商店之大钱无处销售；兵民以大钱赎当，当店收得大钱亦堆积不能流通。旬日之间，省城贸易歇业者不知凡几！即省城雇工之人，支得一半大钱回家，亦不能用"。至"冬月秒（末），省城民情汹汹，几至罢市"！

骆秉章、左宗棠见事态紧急，即断然发出告示：停用当五十、当百大钱，当十者仍听民便；以八成制钱收缴大钱一千，派员分县分段清缴。数日之内，查出长沙城厢内外当五十、当百大钱 16 万余贯，而当局发出者仅 9 万余串，私铸额几乎达到官铸数的 80%！于是将长沙府仓守撤任，管局委员革职，绞决长沙府家丁和炉头各一人，其余分别流遣，始将风潮平息下去。若干年后，骆秉章在追述此事时，还心有余悸地说："此次不将大钱收缴，是年度岁，长沙省城不知是何景象矣！"

罢大钱后不久，清户部又发放钞纸 8 万两到湘搭放兵饷。布政使问如何办法？骆秉章回答："当百大钱尚有铜一两四五钱，且不能用；以尺幅之纸，当银三两，其能用耶?！此钞存库可也。"下令封存，而以"湖南无官钱铺，不能用钞"为由，附片上报了事。

这是很有魄力的为民着想的举措，即将清廷户部发放的钞纸 8 万当做"废纸"库存，不在市面上流通。

3. 剔除漕粮积弊。

漕粮是旧时田赋的一种，按例须缴纳白米转运进京，后因长途运输所费浩繁，改用银钱折价征收。清政府原规定，漕米折银，每石为一两三钱。但湖南漕粮浮收的情况极为严重，每石竟高达银六两之多。官私从中取给，殊不一致，积弊难除。加之当时谷价贱，银价贵，农民负担不起，欠缴钱银越来越多，加重了财政上的困难。

地丁漕粮是清政府财赋的正宗来源。当时湖南漕粮积弊甚深。钱漕征收，名目繁多，一听户粮书吏科算科征，包征包解，任意勒索。完纳银米，奇零均加作整数，名曰"收尾"，小户穷民尤受其累。未完之先，有"由单"费；既完之后，有"串票"费；完纳较迟，有所谓"借垫"，计息取偿，多至数倍。百姓不堪重负，怨声载道。

骆秉章、左宗棠心甚忧虑，反复筹议，因饬有漕州县裁汰陋规，许地方士绅条陈钱漕积弊和整顿之方。不久，有湘潭举人周焕南呈请：地丁自愿每两加四钱，漕米折色照章每石纳银一两三钱外，再加一两三钱帮军需，四钱助县用，而尽除一切浮收。左宗棠肯定了这一条陈，报请骆秉章批准实行。不少官吏纷起反对。但骆秉章用左宗棠议，首减湘潭浮折漕粮，定军需、公费。

如此，漕粮征收之数，每石不超过银三两，减轻了农民的负担，同时充实了军饷，各县开支也得到一些补充，一扫以前漫无标准、浮收滥取、官吏中饱私囊的弊病。这样全省每年可增加税收 20 余万两白银，而农民反比从前少交赋税上百万两。结果，财政困境有所缓解，农民负担也有所减轻。随后，各州县纷纷仿行，改革漕粮征收章程。左宗棠在经济上的两大措施（抽厘、减漕）收到明显成效，使骆秉章督抚湖南支援邻省得似应付自如。而左宗棠主持有功，声名就日渐传开了。

罢大钱、剔漕弊，这在当时湖南整饬吏治、筹集军饷中，确实起了一定的作用，同时也稍稍减轻了商民的负担。

左宗棠的名声越来越大，清廷对他也越来越重视，咸丰六年（1856），提升他为兵部郎中，并赏戴花翎。与此同时，清政府中的一些高级官员也不断向朝廷举荐。御史宗稷辰在奏报中说，湖南有个左宗棠，通权达变，才气很足，为湘省巡抚所赏识和倚重。要是让他领导一省，或是统率一军，独当一面，其功业必不下于胡林翼、罗泽南等人。

接着，湖北巡抚胡林翼又上一奏，向咸丰皇帝极力推荐。胡林翼在奏折中说左宗棠"才学过人，于兵政机宜、山川险要，尤所究心"，是个济世奇才。

咸丰九年（1859）年初，左宗棠的好友、翰林院编修郭嵩焘奉召晋见咸丰皇帝。皇帝问郭嵩焘："左宗棠才干如何?"郭嵩焘答："左宗棠才能很大，没有他办不了的事。人品尤其端正，湖南人都佩服他。"皇帝说："你写信给左宗棠，告诉他，我有意请他为朝廷办大事。"

左宗棠的仕途是否从此一帆风顺了呢?

抗击英法，宗棠献策

在湘幕 6 年中，左宗棠还协助骆秉章办理了一件重大外事，提出了抵抗西方列强侵略的方案。虽然没有得到清廷的采纳，但充分显示了他对付帝国主义侵略的勇气和才干。

1856 年 10 月，即《南京条约》签订后 14 年，左宗棠正在湘幕，在广东发生了所谓"亚罗号事件"，英国借口这一件小事，突然发动对广州的攻击。亚罗号是一只海盗船，船主是中国人，雇用了一名英国船长，悬挂英国国旗作掩护，在沿海劫掠客商。中国当局抓了 12 名中国水手。英国帕麦斯顿政府正准备对中国发动一场新的侵略，因此小题大做，气势汹汹。法国皇帝拿破仑三世也借口有一名法国传教士在广西西林被杀害 (西林知县否认有此事)，即所谓"马神甫事件"，也决定参加战争。昏庸无能的两广总督叶名琛，竟然"不战不守不和，不死不降不走"，结果，广州城被英法联军攻陷，叶名琛也成了俘虏，后客死印度加尔各答；广州将军穆克德讷、广东巡抚柏贵等投降，侵略者在广州组成了中国近代史上第一个傀儡政权。继后，英法联军于

1858 年 4 月乘轮北上，5 月，攻陷大沽炮台。俄、美两国则充当"调人"，从中要挟。6 月，清政府被迫先后与四国签订《天津条约》。次年 6 月，侵略者以北上"换约"为名，突袭大沽炮台。守军奋起迎击，英、法舰队受创撤退。1860 年，英、法联军继续扩大战争，4 月占领舟山，8 月占领天津，进逼北京。9 月 22 日，咸丰皇帝逃往热河。10 月 13 日，北京被侵略军占领，随之圆明园也被侵略军焚毁。侵略军在分别迫使清政府签订《北京条约》，掠得大量权益后始陆续撤离北京，战争结束。这就是历史上所称的"第二次鸦片战争"，或称"英法联军之役"。

在第二次鸦片战争的过程中，作为湖南巡抚部院幕僚的左宗棠，他的身份已与在第一次鸦片战争期间有很大的不同，不再是空怀忧国之志的私塾教师了。他不仅继续关注时局的发展，筹划战守机宜，而且可以将这种关注和筹划，向巡抚和同僚们施加影响，甚至还可能利用草拟公牍的机会，将自己的筹划形诸奏折了。

咸丰八年（1858）年初，广州已沦入敌手，叶名琛被俘，已成为侵略军傀儡的穆克德讷、柏贵等则讳莫如深，以致清政府对此危急局势迟迟茫无所知。直至一个多月后，才通过骆秉章的奏章了解到一些情况。骆的第一道奏章发于咸丰七年十二月二十六日，这道奏章，实际上已将广州陷落，叶名琛被俘，穆克德讷、柏贵等沦为侵略者傀儡的情况和盘报告了清政府，材料的来源包括听取传闻，探访粤人和查阅过境文报等，表明了对国家民族命运的深切关心。

3 月 5 日，骆秉章又向清政府发出第二通奏章。奏章揭露：叶名琛昏庸已极，面对强敌压境的危急局势，竟然故作"渊默镇静"，"毫无布置，唯日事扶鸾海乩，冀得神佑"；对爱国军民的请求备战，则一概拒绝，并下令"敌船入内，不可放炮还击"。指出"广东省城之祸，由于叶名琛平日不能固结民心，临时不能豫为戒备，非由夷人狡悍难防所致"，而是"夷人因其忘备，始肆跳梁，亦非尽由叶名琛坚持定议所致也"。接着，奏章提出了抗敌计划的完整建议：

……似宜从新布置，与为更始。或请敕下新放钦差犬臣、两广总督，择地暂安，并颁给新关防，令其一面办理夷务，一面办理团练，选调水陆兵勇，预备以待。其将军、抚臣，应请特简贤能，颁给关防，分驻各处。

这是针对叶名琛被俘，穆克德讷、柏贵等已成为侵略者玩弄于股掌的傀儡，所采取的对策。

香山、东莞、新安三属，民气最强，但得一二好州县暗为布置，许以重赏，令其密相纠约，勿漏风声，飙忽而来，趁夷兵赴省之时，乘虚捣其巢穴，夺其辎重炮械，则逆夷回顾不惶，安能久踞省城，肆其要挟？亦未尝非制夷之一奇也。

这是袭取香港，声东击西，收复广州之策。

逆夷诡谋，动以分犯闽浙、江南、山东相恫喝。似宜预令沿海各省，密陈水陆久战劲勇于内河，相机要击。而天津一处，更须选久经战阵之将，带马步劲旅，先为筹备。天津内河水面窄狭，非夷船之利。诚能制之于陆，一再痛创，亦当不敢妄萌要挟之心。

总之，制夷宜于内河，宜于陆战，不宜与之角逐海口。

这是防护沿海各省与天津之策，以及总体的战略战术原则。

可见，左宗棠在对付西方资本主义国家侵略方面所表现的深识卓见未为清廷所知，更未被清廷所采用。

签订《南京条约》

尽管左宗棠所预料的侵略军北犯闽浙、江南、山东、天津等地已为历史所证实，而左宗棠所担心的"勋旧诸公……参异论以惑视听"的事也终于发生了。由于清政府屈服于敌人的压力，采取妥协求和的方针，又由于投降派的卖国，骆秉章、左宗棠等所建议的抗敌计划基本上没有被采纳。而这时身为官府幕僚的左宗棠，他的主要精力已投入到镇压太平天国起义中去，因此对于抗击英法联军的侵略，也就没有更多的论述。直至咸丰十年（1860），战争最终失败，丧权辱国的《北京条约》签订，他只能发表感慨说："銮舆返宫，根本幸尚无恙，然辱甚矣！"

左宗棠的这些主张都说明：国内的安定、统一固然十分重要，但当外患严重时，决不能以内部问题为借口，向敌人屈膝求和，而应根据当时当地的具体情况，分出缓急轻重，恰当地抽调一部分精锐力量，抗拒外侮，这是必须也完全可以做到的。他的意见虽然没有被清廷采纳，但是对当时的社会却产生了一定影响，使人民认识到英法侵略者的野心，痛恨清政府的妥协投降政策，激发了爱国主义思潮的兴起。这次是左宗棠在湖南幕府中参与的最后一项重要决策。当英法联军攻进北京城时，他已经离开湖南了。

樊燮讦控，险遭不测

左宗棠第二次幕湘期间，由于依靠骆秉章的专任，大权独揽，难免也会出现刚愎自用，对下属以至品秩较高的文武大员常常不假颜色的情况。这就会招致一些人的忌恨和不满，由忌恨不满进而发展到毁谤构陷。

咸丰九年（1859）是左宗棠入湘幕的第六个年头，发生了震动一时的"樊燮事件"，也称为"官樊构陷事件"，促使左宗棠的命运和事业起了一个急遽的变化。致使左宗棠险遭不测，并因此于咸丰十年（1860）年初不得不离开骆秉章幕府，结束他历时8年的幕府生涯。

樊燮，湖北恩施人。1856年9月起任湖南永州镇总兵，在职数年，声名极坏，仗着自己是湖广总督官文五姨太的娘家亲戚而有恃无恐，同城的文武官员及兵丁无不怨恨。湖南巡抚衙门接到过不少参劾他的信函，巡抚骆秉章不愿得罪官文，于是压着这些信没有理睬，师爷左宗棠也碍着骆秉章的面子，不便处理。

樊总兵治军甚严，有违犯军令者，一概军棍从事；而部下多在其家当差，不免偶触家法，也是军棍从事。樊家演戏，某千总迟到，违反了参加活动不应中途进场的社交礼仪，棍责数十；管理厨房的某外委千总烧煤过多，不能厉行节约，棍责数十；管理轿务的兵丁，因轿房灯具失修，棍责数十，等等，不一而足。

樊燮在永州总兵任上，官声极坏，其主要劣迹，一在贪，一在纵。贪者，贪污也。永州地区防兵共 2000 余人，常驻城内约 300 人；日常在总兵官署当差的，却有 160 人。樊家的厨夫、水夫、花匠、点心匠、剃头匠等额，都由兵丁充任，薪水则从军费中支取。不仅如此，举凡日用绸缎、房屋装修，也都挪用军费。因此，樊总兵排场虽大，用费却极俭省，全拜贪污所赐。纵者，纵肆也。不按军法，更没有"纪律条令"，动辄对下属和兵丁"棍责"，实际上根本谈不上"治军甚严"、按军法办事，而是私立家法，肆意妄为，霸道至极。还有，樊燮"违例乘坐肩舆，私役弁兵"。这就是说，他本来不够资格乘坐"肩舆"（按：人抬轿子），可是他认为武职官员可以搞特殊，私配弁兵抬轿。

1858 年秋，湖南提督、湘军名将塔齐布在军中病逝，提督出缺，于是官文奏请让樊燮来署理，并且还奏清新授云南临元镇总兵栗襄署理永州镇缺。

可是，樊燮的这些"劣迹"都被反映到省里，"总管"一省军务史事的左师爷闻之大怒，立即建议骆秉章参劾樊燮。正直无私的骆秉章当然是欣然同意。于是，官文的荐折递到北京还没几天，骆秉章就在该年冬赴京陛见时，具折参劾了樊燮。

湖广总督官文上折保奏樊燮为湖南提督，而湖南巡抚骆秉章上折参劾他的罪行，咸丰皇帝看到两份内容完全相反的奏折，不免有些困惑，十分生气，就下达谕旨："樊燮着兵部从严议处，即行开缺。"

但是，1859 年 4 月初，骆秉章又一次具折参劾樊燮，称其项各项劣迹均有实据，并有侵亏营饷的重要素情。请求将樊燮拿问，以便提同人证，严审究办。奏折上呈朝廷后不久，清政府就发布谕旨："樊燮着即行拿问，交骆秉章提同人证，严审究办。并着湖北督抚饬查该革员现在行抵何处，即日委员押解湖南，听候查办。"

不久，樊燮就被革了官职，这时他不得不赶紧奔往长沙，向巡抚交代问题。但骆秉章把他推给了左宗棠，让他先跟左师爷去沟通，看左宗棠的意见如何，再做定夺。

樊燮便去见左宗棠。按说，找左宗棠是为了让他帮忙、说情，应该对他恭谦才是，但是，樊燮也是个刚愎自用之人，平常作威作福惯了，对左宗棠这样一个屡试不第的老举人，他根本没有放在眼里。

左宗棠接到公差禀报，说革职总兵樊燮求见。他为人一向心直口快，疾恶如仇，恃才傲物，不屑和人家虚与委蛇。何况对这位樊总兵的坏名声和劣迹不仅早有所闻，而且早有几分成见和厌恶。今天听说他上门前来，就决定非要当面严厉教训他一番不可。

樊燮到了左公馆，见到左宗棠，虽作揖行礼，但行为举止依然掩饰不住内心的傲慢。左宗棠看到眼前这个其貌不扬之人，竟做了那么多坏事，如今到了此地，还态度傲慢，便厉声喝道："武官见我，无论大小皆要请安，汝何木然？快请安！"

樊燮向来是个傲慢的人，一看这个架势，早把自己此番前来的目的和目前的身份抛到了九霄云外，忘了自己是前来求情的，反唇相讥道："朝廷体制，未定武官见师爷需请安。武官虽轻，我亦朝廷二品官也。"

按说樊燮的话也没错，按朝廷体制来说，他虽解职，但毕竟曾授朝廷二品官，戴上了红顶子，而左宗棠本来只是一个落第的举人，后来骆秉章奏他"筹办船炮，选将练勇"有功，才授了个四品，与樊燮相比，还差两个档次。

左宗棠被樊燮依礼驳斥得哑口无言，不由恼羞成怒，随口就大骂一句："滚出去！"并且随即再次奏劾樊燮。

不过，事情至此并未了结。对待樊燮，总督要保，要重用；而巡抚要参，要惩办，官文心里自然是极不舒服。现在明知樊燮是官文的人，左宗棠不但不化刚为柔，反而侮辱了樊燮一番，这不是火上浇油吗？

樊燮遭到辱骂且被参革后，对左宗棠更是怀恨于心，千方百计地想要进行报复。

科场失意行路难　参与湘幕涉政坛

骆秉章参革樊燮后不久，便有人唆使樊燮在湖广上诉，又在都察院呈控永州府黄文琛商同侯光裕，通知在院襄办军务绅士左某，以图陷害。至此，骆秉章参劾樊燮案一下子就转为樊燮呈控案，樊燮反成了遭陷害者，由被告变成了原告，而被告则成了骆秉章的心腹幕僚左宗棠！并且，形势发展得很快、也很险恶。官文亲自具折参劾左宗棠，很快奉到谕旨，令官文与湖北正考官钱宝青查办左宗棠，并有密谕称："左某如果有不法情事，即行就地正法！"

面对这样的局势，左宗棠"忧谗畏讥"，不得已于1860年1月辞去了骆秉章幕府的职务，荐刘蓉自代，请咨赴北京参加会试。1月12日正式离开幕府，从而结束了他历时8年的幕府生涯。

樊燮与满族官僚控告左宗棠并要将他治罪，主要利用了清政府《钦定六部处分》中关于不许纵容幕友专权的一些规定，在这份朝廷的则例中有如下条款：

一、官吏纵容幕宾出署结交者，照纵容亲友招摇例革职；

二、督抚藩臬接用旧任幕友，令其始终踞一衙门者，照纵容幕友例议处；

三、督抚于幕友，务宜关防局钥，不得任其出署，往来交结，若不遵功令致被参劾，或因事败露，将纵容之督抚治罪。

不过，这只是法律上的条款而已，如果从更深层次上看，所谓樊燮呈控案，就不仅仅是樊燮一人因不服劾罢而进行的反扑，其后还大有人在。骆秉章就认为，是有人唆使樊燮呈控。王闿运也说："布政使文格也忌恨宗棠，暗中帮助樊燮。当然其中最关键的人物还是湖广总督官文！是他直接具疏向清廷弹劾左宗棠，又是他奉命与钱宝青查办此案。因此，才使得樊燮的呈控迅速得逞，案件急剧发展，而左宗棠性命岌岌可危！

官文是何许人也？

官文 (1798—1871)，字秀峰，王佳氏，满洲正白旗人。先隶内务府正白旗汉军。由拜唐阿补蓝翎侍卫，依次升为头等侍卫。道光二十

一年 (1841)，出任广州汉军副都统。后调荆州左翼副都统。咸丰四年 (1854) 升任荆州将军。六月，太平军攻占武昌后，清廷命官文统筹全局，光复武昌。官文配合曾国藩的湘军与太平军战于江上。曾国藩再陷武昌、汉阳，官文也受到清廷的优叙嘉奖。此后，官文屡因湘军的军功而受奖擢升。这其中的奥妙就是因为官文是满族官员，能得到朝廷的信任，曾国藩等人虽与他矛盾很深，但为了自己的前途命运，只能大力拉拢他。湘军每有克捷，必以官文为首功。就这样，官文就成了名副其实的"福将"，论功行赏的现成好事都会从天而降到他的头上。直到同治三年 (1864) 湘军攻陷天京（今南京），曾国藩在奏捷时，仍将官文列名疏首。清廷下诏嘉奖官文征兵筹饷、推贤让能、接济东征、不分畛域，特赐一等伯爵，号果威，世袭罔替，升入正白旗满洲，赐双眼花翎。

由于官文出身于满洲贵族家庭，长期在昏庸糜烂的八旗军中供职，对民情、吏治、军事是一窍不通，更没有什么治国安邦的经验可言。他从未认真研究过兵法，没有什指挥才能，面对敌情，毫无定见，只知哪里告警，就往哪里派兵，头痛医头，脚痛医脚。

官文的大小事务全由幕友、家丁包揽办理。他自己不但于政事不闻不问，而且生活奢侈无度。胡林翼忍无可忍，与幕友商议弹劾官文。官文三次登门拜访，均为胡所谢绝。但幕僚阎敬铭对胡"进言献计"，说了三层意思：一是"本朝不轻以汉大臣专兵权"，如今满汉并用，湖北居天下要冲，能不派"亲信大臣临之?"二是"督抚相劾，无论未必胜，即胜，能保后来者必贤耶?"三是他"私费奢豪，诚于事有济，岁糜十万金供之，未为失计。"（意为满足他的私欲，有事可以利用他。）胡林翼大悟，立即前往拜见官文，每月奉送白银三千两，并结为异姓兄弟。这也是胡林翼"喜任术，善牢笼"的一个典型表现。

咸丰十年（1860）正月，左宗棠离开骆秉章的幕府，说是准备北上参加会试的时候，参劾"劣幕"左宗棠的案件也正在秘密地进行中。由于此案来头很大，查办之人对左宗棠极为不利，所以，除了胡林翼

科场失意行路难 参与湘幕涉政坛

凭着与官文是异姓兄弟，能为之斡旋外，其他人等一概都不敢表态。

清政府令官文、钱宝青查办左宗棠的消息，最早是由权势显赫、而又"推服楚贤"的户部尚书肃顺透露给其幕客高心夔的，高心夔得知这个消息后，立即转告其同僚王闿运，王闿运又转告时任翰林院编修的郭嵩焘。郭嵩焘闻讯大惊，因自己与左宗棠是同乡、好友，不便出面讲话，就让王闿运求救于肃顺。肃顺则表示：必须待内外臣工有疏保荐，自己方能启齿。

这个时候，恰好郭嵩焘与潘祖荫同值南书房，有同事之谊。于是力请潘祖荫疏荐左宗棠。

潘祖荫，江苏吴县人，咸丰二年（1852）壬子科"探花"，才华横溢，时任南书房侍读学士。他毕生有两个爱好，一是收藏书画古玩，二是结交才人名士。其癖好与光绪帝师翁同龢略同，因此后人常合称其为"翁潘"。

郭嵩焘、胡林翼不能出面保左宗棠，否则有庇护同乡、戚友的嫌疑。郭嵩焘说服潘祖荫之后，由潘祖荫出面，奏保左宗棠，则是大公无私，"有不得不为国家惜者"。于是潘祖荫"力辩其诬，三疏荐之"。

咸丰十年年初，潘祖荫在奏疏中说的大概意思是：楚南之军很得力，所向克敌，似乎是骆秉章调度有方，实际上是由于左宗棠在运筹决胜，这已经为天下所共见，也在我圣明皇上的洞鉴之中。上年"贼酋"数十万之众窜湖南，在左宗棠的规划之下，以本省之饷、本省之兵，几个月便将四境肃清。要是换个别的地方，那早就溃裂而不可收拾了。

其实，在营救左宗棠的过程中，骆秉章、胡林翼也在积极活动。骆秉章在闻知查办左宗棠的消息后不久，即于当年八月二十五日（9月21日）将樊燮妄控一事的原委奏明，并将委员查获的有关账簿、公禀、樊燮的亲供等文件，咨送军机处备查；胡林翼则凭借自己与官文的关系，多方向官文进行疏通。

此后，胡林翼见事有转圜，便乘机又上了一个《敬举贤才力图补救疏》，不仅极力保荐左宗棠，而且还提出了起用的具体方案。在奏折中，胡林翼对左宗棠的评价极高：

> 精熟方舆，晓畅兵略。在湖南赞助军事，遂以克复江西、贵州、广西各府州县之地。名满天下，谤亦随之。其刚直激烈，诚不免汲黯大戆、宽饶少和之讥。要其筹兵筹饷，专精殚思，过或可宥，心固无他。……以上二员（另一人为刘蓉），应请天恩，酌量器使，并请旨饬下湖南抚臣，令其速在湖南各募勇六千人，以救江西、浙江、皖南之疆土，必能补救于万一。

时任军机大臣的肃顺深得咸丰帝的信任，也深知大局危殆，不重用汉人，不能纾大难。他见时机成熟，便在咸丰十年（1860）春与咸丰皇帝的对答中也称赞了左宗棠"赞画军谋，迭著成效"，"人才难得，自当爱惜"。

后来，咸丰帝从镇压太平天国起义的大局出发，采纳了潘祖荫和肃顺等人的意见。

官文也知道了朝廷欲用左宗棠，于是见风转舵，与僚属私下议商，具奏结案，从而结束了喧闹一时的樊燮呈控案。

左宗棠在经过一场虚惊之后，因祸得福。咸丰十年四月一日（1860 年 5 月 21 日），皇帝发了一封谕旨：

> 左宗棠熟悉湖南形势，战胜攻取，调度有方。……应否令左宗棠仍在湖南本地裏办团练等事，抑或调赴该侍郎军营，俾得尽其所长，以收得人之效？

左宗棠受到皇上垂青，自然更加兢兢业业于军事策划，更加效忠朝廷。

从此以后，左宗棠便开始了他在政治舞台上叱咤风云的新时期。

第三章

自建楚军初领兵
增援皖南镇义军

太平天国起义的势头迅猛异常，致使清政府不得不派重兵镇压。这时候，因为樊燮事件辞职回乡的左宗棠又被朝廷重用。于是，左宗棠就自己在家乡招募兵将，组成了楚军。由于左宗棠治兵有方，楚军英勇善战，锐不可当。后来，左宗棠被朝廷派往皖南镇压起义军。

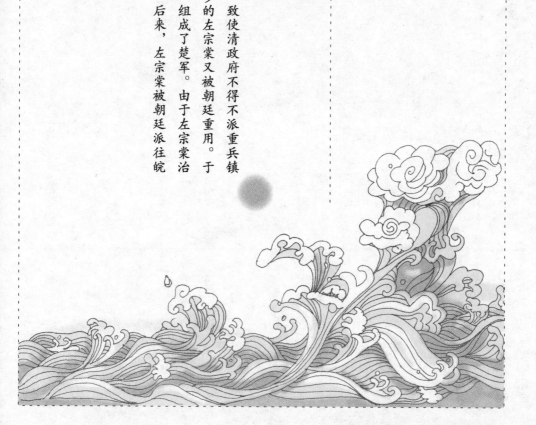

募练楚军，治兵有方

1860年1月，左宗棠快快地离开了湖南巡抚衙门。这突如其来的风波，尤其是樊燮、官文之流对他肆无忌惮的攻击，使他强烈地意识到，生活在这个时代还得走科举考试的路子。如果当初考上了进士，自己现在可能就是湖南巡抚，而非湖南巡抚的幕友。尽管他此时已年届半百，但仍然产生了重回考场，蟾宫折桂，然后由正途入仕的强烈意愿。

这一年，恰好是咸丰皇帝的三十大寿，朝廷照例特开恩科。左宗棠于1860年2月19日由长沙启程北上，准备参加当年的恩科会试。3月24日抵达湖北襄阳。在这里，左宗棠接到了胡林翼托人转交的密信。胡林翼在信中告诫左宗棠：官文等人并未善罢甘休，正在为你设置陷阱，现在北京关于你的流言蜚语很多，你到北京等于是自投罗网。

左宗棠得信，十分寒心，感到厕身天地，四顾苍茫。与此同时，好友王柏心的一封书信给左宗棠指明了另一条路。王柏心在信中说：

自古以来，功高总有人妒，不应当因微言而消极退隐。为了实现自己的志愿，还是去投奔胡林翼或曾国藩，赞划兵谋，等到将来克敌成功，再告归乡里，以正海内外视听，那就和现在退隐大不相同了。

左宗棠看了这封信，尽管对仕途深感寒心，但在进退两难的情况下，还是采纳了王柏心的建议，开始考虑栖身军旅，先到湘军中去当个小营官，驰骋疆场，杀敌建功。

于是，左宗棠改变计划，折转东下。

此时，湘军将领们正在规划攻取长江中游的战略要地安庆。曾国藩的大营扎在宿松，胡林翼则驻军英山，李续宜屯守青草塥。

左宗棠怀着颓丧的心情从襄阳乘船顺汉水而下，不久到达英山，入胡林翼营中，5月14日辞离英山，于5月17日来到了安徽宿松曾国藩的湘军大营。曾国藩非常高兴地接待了他，并将他留在自己的大营内。他在曾国藩的大营住了二十多天，与曾国藩等朝夕纵谈东南大局，谋划所有补救的办法。而在此时，曾国藩也得到了咸丰皇帝有意起用左宗棠的谕旨。

5月21日，清政府传谕曾国藩：

有人奏左宗棠熟悉形势，运筹决策，所向克敌。惟秉性刚直，疾恶如仇，以致谣诼沸腾，官文亦惑于浮言，未免有指摘瑕疵之处，左宗棠奉身引退。现在贼势猖獗，东南蹂躏，请酌量任用……左宗棠熟悉湖南形势，战胜攻取，调度有方。目下贼氛甚炽，应否令左宗棠仍在湖南本地裹办团练等事，抑或调赴该侍郎军营，并着曾国藩酌量办理。

1860年6月2日，曾国藩便上奏清廷，恳请重用左宗棠。

当左宗棠惶惶然奔波于胡林翼和曾国藩的军营之时，国内的军事形势也发生了重大的变化。

太平天国在1856年发生内讧 (即杨韦事变)，1857年又发生石达开率大军出走事件，致使元气大伤；而清军则抓住机遇重建江南、江北大营，加紧围攻天京的准备工作，并陆续夺取了长江中上游的战略要地武汉、九江。1859年，太平天国在屡遭重挫之后，重建了新的领导核心，以图力挽衰败局面。1860年3月19日，李秀成攻占杭州，待清军分兵救援之时，又迅速回师北上，会同各军，于5月6日攻破江南大营；随后，太平军乘胜东进，连克丹阳、常州、无锡等地，并于6月2日攻占苏州，建立苏福省，开辟了新的根据地。然而，就在太平军的声势日益大振之时，清王朝的八旗和绿营兵却日渐显现其腐败无能。清政府不得不把镇压太平天国起义的主要希望寄托在湘军身上。

在这种新的形势下，出征六七年仍只是兵部侍郎的曾国藩，终于在1860年6月8日等来了御赐的兵部尚书衔，署两江总督。也正是在这种新形势下，樊燮呈控案也发生了戏剧性的转折，左宗棠由被控查办的对象一变而成了清政府欲加重用的人才。

而此时的左宗棠还并不知道朝廷的意图，原本还打算去青草塥访晤李续宜的，却突然听到儿子孝威病重的消息，于是急忙在6月9日离开宿松兵营，返回了湖南。

6月9日，清政府发布了谕旨："命兵部郎中左宗棠以四品京堂候补，襄办署两江总督曾国藩军务。"

此时的左宗棠正在返湘的路上。6月16日，他回到岳州。23日抵达长沙。这时，他已经获悉了曾国藩署两江总督的消息。6月26日，左宗棠接到了清廷让他以四品京堂候补，随同曾国藩襄办军务的谕旨。一夜之间官升数级，又有统兵之权，着实让左宗棠喜出望外。

7月，左宗棠开始在湖南组建他的部队。首先是选聘营官，制定营制，挑募营勇。

在营官的选用方面，曾国藩主张"带勇之人第一要才堪治民"，即选"文员""儒生"领军，左宗棠则强调"营官多用武人"，"止取其能拌命打硬仗耳"。这是曾、左选将的区别之处。

这一次，左宗棠是直接统军，当然更注意按他的标准"选将"与"用将"。他于所知湘勇、楚勇旧将弁中，先后选聘了崔大光、李世颜、罗近秋、黄有功、戴国泰、黄少春、张志超、朱明亮、张声恒9人，皆百战之才，让他们招募营勇。

左宗棠在创立这支军队时不用湘军之名而称"楚军"，表明他的意向在于独树一帜，自辟蹊径。左宗棠没有曾国藩那样太多的瞻前顾后，他定名"楚军"底气十足，毫不羞羞答答，这是因为他早就想好了：长毛称太平"军"，而清"军"八旗、绿营又溃不成"军"，既然皇帝下诏让我去招兵，总不能以民团的游"勇"去对抗并战胜敌人几十万之"军"？不称"军"，便是长敌方的志气，灭自己的威风。还有一个意图便是，他不愿长期受曾国藩制约，他领的军队从名称到内部结构、招募对象以及实际战斗力上都要有别于湘军。

在招勇方面，不像曾国藩那样主要招收湘乡籍兵勇，而是主张在湖南各府县招募"骁士"，以朴实勇敢为主。其兵源来自长沙、湘乡、郴州、沅州、湘阴等县。以避免曾部湘军"尽用湘乡勇丁，无论一县难供数省之用，且一处有挫，士气均衰"的弊端。

在军队的编制方面，他采用王鑫之法，不照搬湘军 360 人为一营。

左宗棠的楚军编制，前、右、左、后营每营 500 人，而中营前、左、右、后哨，每总哨 320 人，而老湘营则仍按王鑫之法，设前、左、右、后旗，每旗 360 人。

楚军营制，500 人之营，坐粮每月 2500 百余，行粮每月 2800；散勇每名每月四两二钱（火勇一钱，长夫一钱）；招募成军，每日口食钱每名百文。招募经费、军装以及一月坐粮、一月行粮总计约需六七万两，均由湖南巡抚饷局给领。

他计划"一月余成军，一月余训练"，然后率师出征。至 7 月 19 日，所募营勇已到 2300 余人。8 月 10 日，所选募官兵陆续到齐，包括火勇、长夫等，共 5804 人。于是"由校场移驻金盆岭，晨夕训练，渐有头绪"。全军建制，分 4 营，每营 500 人；4 总哨，每总哨 320 人；王鑫旧部老湘营 4 旗，每旗 360 人；亲兵 8 队，每队 25 人；外加火勇、长夫等。他聘请王鑫的弟弟王开化（字梅林）总理营务，刘典（字克庵，湖南宁乡人）、杨昌濬（字石泉，湖南湘乡人）副之，并以王鑫的另一个弟弟王开琳（字毅卿）统领老湘营，楚军组建告竣。左宗棠筹建楚军所依赖的大将，正是王鑫的两个弟弟王开琳、王开化。王氏兄弟对大哥在曾国藩那里所受到的冷遇深为不满，早就倾慕与大哥性格相近的左宗棠，遂愿为左宗棠尽忠竭力。

左宗棠是以治心之学来治兵的，他虽然没有作出完整的回答，不过从其言行来看，至少以下三个方面他是特别注意的。

其一是练兵首重"练心""练胆"。左宗棠提出："练兵之要，首练心，次练胆，而力与技其下焉者也。"

以此作为"养气"强兵的重要一环。因为"打仗以胆气为贵"，而"胆气"从根本上说则根源于"练心"。即使以后洋枪、洋炮等热兵器逐步取代了冷兵器，左宗棠仍然将"练心""练胆"视为练兵的基本一环。他说，战争毕竟要靠"人力"来进行，如果不注重练心、练胆之术，只求"修器之精、技之长、阵之整"，到了紧要关头，有时便会"穷矣"。这是很有见地的军事思想，非常难能可贵。

左宗棠这种练兵重在练心的思想自然也带有明显的阶级属性；但如果撇开"忠义""爱民""敬上"等练心的具体内容和特定含义，作为一般的练兵原则，那也不乏合理成分。正因为他注意从"练心"入手，激发弁兵的主动性和自觉性，使他们心甘情愿地在国内战争中为维护封建统治，在反侵略战争中为保卫国家、民族而战斗，所以湘、楚军队就成为所谓"有思想"的武装，因而特别强悍耐战。

其二是要重视纪律，使弁兵"习劳作苦"。左宗棠于"楚军"建成之初，即详定"营规"，每天都以此教育和警戒各营，没有一天不以此为课程。他自诩："吾军在楚人中最晚出，最讲营规。"

在重视纪律、严守营规方面，他显然是学习和吸收了王鑫训练楚勇之法。王鑫是罗泽南的学生，中过秀才，传说他是湘乡首先建议办团练的人。在最先成立的三营之中，他是左营的营官，罗泽南是中营的营官，另一个邹寿磷是右营的营官。

王鑫确是一个将才，驭下极严，严而有恩。兵士滥取民间一物立斩，军官执行命令超过时限也斩。官兵的大部分薪饷与赏金，由部队直接送往其家，不许官兵随身携带太多银钱，身携银两过十两者斩。左宗棠认为他与古代名将相比毫不逊色。

左宗棠崇尚"精兵悍将"，欣赏"以少击众"的战法。这就必须使这支军队纪律森严，令行禁止，能以一当十。他后来到了西北，又向各军颁发《行军必禁》。特别是在进军新疆征讨阿古柏匪帮的过程中，他不仅从策略、从眼前的军事上，而且从战略、从长远的政治，特别是边防需要上看待这个问题，反复叮嘱将士们不得扰害而须保护人民，使新疆人民"去虎口而投慈母之怀，不但此时易以成功，即此后长治久安亦基于此"。这是十分正确和高明的，实际上已经上升到了维护祖国统一和中华民族大家庭的团结，必须实行正确的民族政策这一高度了。

左宗棠的军队遵此而行，果然"师行顺迅"，新疆各族人民"箪食壶浆，以迎王师"，不到两年，就使各族人民摆脱了阿古柏的残暴统治而回归祖国怀抱，这与左宗棠的严于治军是分不开的。

此外，左宗棠还有意识地安排士兵们只要军情允许就从事农业和其他各种劳动生产。前期在浙江就已开始，后期在西北更大力倡导。左宗棠这种治军思想无疑是应该称道的，实践上也收到良好的效果。

其三是将领要严于律己，做到"公""诚""廉"。左宗棠在这方面就率先示范。

（1）任人唯贤、唯能而不能唯亲。左宗棠吸取向荣统率江南大营"忌克而不爱惜人才"而招致失败的教训。他在湖南掌理军政时"未曾引用一私人"。在西北他还谆谆函嘱杨昌濬说：凡是我的族戚中有滞留在你那里要求收录者，决不宜用，这样也可以省你一累，不必为这些事耗费精力。这样决不"唯亲"的用人准则，至今，也可堪称楷模。虽然，左宗棠也喜欢任用同乡、故旧、学生，如刘典、杨昌濬、周开锡等，但是这些同乡、故旧都是与左宗棠"皆平时道义切劘，清洁自矢，堪共患难之人"。毫无出于私利重用亲信的动机，委以重任是合理的，确实也是比较称职的。

（1）秉公论功、议罚。左宗棠说"明赏罚，别功罚，一号令"乃是一个统帅的主要职责，否则就会导致"士心"解体。左宗棠在向朝廷奏奖和参劾有关将领时，总是检验复检验，尽可能允当无误。发现有谎报军情、骗取军功者，立即从严惩处。因为这些人营求私利事小，

左宗棠

但"兵事之贻误者大也"。

（3）诚以待下。左宗棠曾批评李鸿章说："淮军以诈力相高，合肥（按：指李鸿章）又以牢笼驾驭为事，其意在取济一时，正虑流毒无底。"他鄙弃这种做法。这也是他终生与李鸿章合不来、老是"顶牛"的原因之一。他坚定地以"所持者诚信不欺，丝毫不苟，不敢以一时爱憎稍做威福，致失人心"。因此左宗棠在军中就有较高的威信。虽远征新疆，将士们也都"自请随征出塞"。历年"虽欠饷积多，尚无异说"（同上书）。这在此前西征诸雇佣军中是不可能做到的。

（4）廉以率属。左宗棠一向将"廉"视为"士节"的重要一项。统将如果贪财好利，那么平时营伍就难以足额，军民就会交困，战时就会虚冒战功，误人误己。左宗棠自己身为统帅，一直比较注意严于律己，而且能够与士卒同甘苦。

将帅不仅廉洁不贪，还拿出百分之九十五以上的俸禄，发放、奖励给出力的将士及亲故之贫者，致使自己的家里穷得需要救济。这恐怕在中国封建社会将帅中不是独一无二，也是凤毛麟角。

左宗棠是"廉生威"的典范，他这样做，"故其下吏化之，不至于奸"。他所部各军之所以能成"节制之师"，在镇压太平军、捻军、回民起义军之后又能"戡定西域"，并不是偶然的，这也留给后人以多方面的智慧启迪。

　楚军善战，再唱空城

　　"身无半亩"的湘上农人左宗棠，自从组建了楚军之后，如今总算有了一笔不大不小的"本钱"，他确实是一位善于经营的精明之人。过去多是"纸上谈兵"，今后可以"沙场点兵"了。

　　其实，早在左宗棠募练楚军之际，太平军石达开所部的余明富、余诚义、曾广依等数万人由广西北上贵州，1860 年 6 月中下旬先后攻克永宁、广顺、归化等地。清廷揣测石达开有可能亲率大军由贵州进入四川，于是开始紧张地筹议四川防务。

　　1860 年 6 月 29 日，清廷发布谕旨，拟派左宗棠入川督办四川军务，为此特地征询曾国藩和胡林翼等人的意见。曾国藩与胡林翼都先后将谕旨的内容转告了左宗棠。左宗棠如果要留在曾国藩军所在的两江地区，则仅为襄办，而如果入蜀则有督办之名，因此，他们都以为左宗棠可能会为了这个"督办"之名而入蜀。然而，左宗棠权衡利弊之后，对督办四川军务没有把握，同时也不愿意把自己刚刚组建起来的楚军就此转送他人，因此，他最终决定愿随曾国藩"东征"，而不愿入川。

　　至于"襄办"与"督办"的名分，他认为：

　　襄与督虽同有事而无权，而能办与不能办实不争此一字之轻重。襄涤军事或能办者，以彼此相知有素，可稍行其志；督蜀军事必不能办者，以彼此不相习，君子不能无疑我之心，小人且将百端以陷我也。

很明显，他对督办四川军务根本没有把握，不愿意把刚刚组建的楚军就此葬送掉，同时，在刚刚经历了樊燮呈控案之后，他对独入蜀中也仍然心有余悸。因而表示："我志在平吴，不在入蜀矣！"

左宗棠随后在给曾国藩的信中，也表示了同样的意思。刚刚担负署两江总督重任的曾国藩，当然不希望左宗棠离他而去。于是在8月2日与胡林翼等人联名上奏，提出："今若改东师以西行，则臣国藩顿少一支劲旅，恐不足当皖南之逆氛；而左宗棠独往川省，亦恐人地生疏，或致呼应不灵。"且吴、蜀"事势既分难易，情形亦有轻重"。请求"俯念臣国藩襄助需人，仍令左宗棠督勇来皖"。

清政府接受了曾国藩等人的意见，于8月18日改派骆秉章督办四川军务，左宗棠则仍留下襄助曾国藩。

1860年9月22日，左宗棠带领的楚军在长沙集中训练了两个月之后，开始接受作战任务。左宗棠率领他们从长沙出发，经醴陵进入江西，开赴皖南，增援曾国藩。对于这次出湘作战，左宗棠可谓是踌躇满志，表示此去要尽平生之心，轰轰烈烈地做一番事业。

此时，在太平军方面，新的军事统帅李秀成、陈玉成等人正是血气方刚。他们在接连打了几个大胜仗，解除了清军对都城天京的威胁，之后就决定派重兵进行第二次西征，兵分两路夹长江南北并进。太平军一路声势浩大，在摧毁江南大营后，又接着挥师东向，企图消除湘军对天京上游军事要地安庆的围困。北路军由陈玉成统率，9月底自天京渡江北上，西趋武汉；南路军由两部分组成：李秀成率主力沿长江南岸向西挺进，计划与陈玉成部会师武汉，李世贤、杨辅清等部向皖南和赣东北推移，以牵制曾国藩的湘军。

9月26日，李世贤、杨辅清部攻克宁国府城，击毙清朝提督周天受，全歼其所部两万余人。

接着，南路军侍王李世贤部又在10月上旬连克徽州、休宁、绩溪，直接威胁到了曾国藩的祁门大营。这时，曾国藩所部湘军仅一万

自建楚军初领兵　增援皖南镇义军

余人，因此，他一面飞调鲍超、张运兰两军回援，一面迭次函催左宗棠率部由江西南昌兼程驰援。

接到曾国藩的催调函后，左宗棠率领楚军于 10 月 10 日抵达南昌，之后又立即经安仁（今余江）北上。10 月 29 日抵达乐平。11 月 2 日进抵江西东北重镇景德镇。11 月 11 日，鲍、张两军在攻克休宁中获胜，太平军由严州进入浙江，皖南的危机局势暂时得以缓和。

几乎同时，广东会党起义军却由韶州北入江西，建昌、安仁先后告警。曾国藩按照"安庆决计不撤围，江西决计宜保守"的既定方针，函嘱左宗棠扎屯景德镇一带，相机进取，以保护曾国藩湘军主力的饷道，并兼防太平军由皖南进入江西。

11 月 29 日，左宗棠获悉贵溪、安仁警报，立即派遣王开琳率老湘营四旗前往迎战。12 月 4 日，王开琳部与广东会党起义军在贵溪周坊遭遇，会党军败走弋阳，撤往德兴。王开琳乘胜尾追。左宗棠又灏遣王开化、杨昌濬率四营出香墩邀击。

12 月 12 日，两军合势，一举攻占德兴城。会党军北上，攻占安徽婺源。左宗棠令各军星夜追剿。

12 月 14 日，夺取婺源。其间，左宗棠于 12 月 8 日专程赶往祁门，与曾国藩共商军事大计，在祁门居留七日，后因挂牵前线胜负，才于 12 月 15 日启行赶回景德镇驻守。迎击广东会党起义军，这是楚军自建成出师以来的初次战斗，他在家书中写道："此次新军甫试战事，而十日间连获三捷，克两城，未亡一卒，则训练之效也。将士勇气百倍，若慎以用之，尚有数好仗可打。"从这句话不难看出，楚军旗开得胜，不仅使左宗棠感到十分高兴，同时也增强了他以后的战斗信心。

广东会党起义军出境后，太平军又紧接着在皖南和赣东北地区发动了第二次进攻。左路军的主将刘官芳、定南主将黄文金、侍王李世贤等分别从南、北、东三面合围进攻祁门。12 月 15 日攻下建德、东流。

12 月 20 日，攻克彭泽，继围湖口，进取都昌、鄱阳。

12 月 23 日，占领了景德镇东北的浮梁，切断了祁门大营的粮道、文报。曾国藩再一次陷入困境，急令彭玉麟以水师守湖口，进攻都昌、鄱阳；杨载福规取东流、彭泽。左宗棠则悉调各军回防景德镇，景德镇当"江省前门""祁门后户"，曾国藩祁门大营在被太平军三面围困的形势下，独恃景德镇为后援，关系至为紧要。左宗棠惨淡经营，周密部署。

12 月 25 日，太平军分道来攻，左宗棠军出击获胜，并乘势攻陷浮梁县城。

左宗棠分兵守婺源、浮梁，亲自督军驻守景德镇。

太平军忠王李秀成率领一万五千人马从天京出发，经江西准备攻取武昌。他本不想与左宗棠的楚军交锋，但当他得知守石门镇的是绿营参将全克刚后，便临时改变主意，想速战速决、攻城以夺取粮草。

李秀成向石门猛攻，采用的是太平军的惯常战术，数千面战旗遍地挥舞，几百面锣鼓同时敲响，伴随着枪炮声与呐喊声，气势十分雄伟。全克刚登上城头，眼见太平军如此浩大凌厉的攻势，一面布置死守，一面飞马向景德镇告急，请左宗棠派兵救援。

此时，左宗棠正要寻找机会与李秀成决战，以展楚军威风。当他得知这一情况后，便立即派王开琳、王开化率领景德镇的五千楚军，兼程向石门奔去。这时，幕僚杨昌濬提醒左宗棠："季帅，楚军倾城而出，倘若李逆乘虚转攻景德镇，将如何是好？"

"不要紧"，左宗棠胸有成竹地说，"李秀成目前正全力攻打石门，不可能分兵；再说，他如何知道景德镇的兵力全部出动了！"

"尽管如此，还是要做些布置，迷惑长毛为好。"杨昌濬对守空城总有点不放心。

"好吧，你就去传达我的命令：城墙上遍插旌旗刀矛，留城的三百老弱病残，只要能走得动的，都上城头，披挂整齐，日夜巡逻。"

王开琳兄弟率领五千楚军出城的第二天，留在景德镇城内的 2 个太平军侦探，便把城里的一切都探听得清楚了。他们暗自高兴，立即派出一个人，将这一重要军情告诉李秀成，并建议分兵攻打景德镇。李秀成接到谍报后喜出望外，命他的养子李容发带3000人间道奔赴景德镇，临行时郑重叮嘱道："左宗棠老奸巨猾，诡计多端，你到景德镇城下后，要实地仔细观察，千万不可莽撞行事。"李容发点头记住了。

当李容发率部来到离景德镇50里外的两路口时，城内已得知这一意外的军情，杨昌濬急得团团转，口里不停地念道："这如何是好！调兵都来不及了。"

左宗棠心里也很着急，表面上却仍镇定如常。他有点担忧地说："看来城里一定藏有李逆的细作，不然，何以王开琳他们一走，李逆便派人来打景德镇呢？何况派的是他年纪轻轻的养子，带的只有3000人，这不明明欺负我们是一座空城吗？"

空城！"今亮"立刻想起"古亮"唱的那一曲千古传颂的空城计。不过，人们都说，空城计是绝唱，只能唱一次，不能唱第二次。左宗棠想到这里，不免沮丧起来。但是，难道就这样束手就擒吗？事情已到这等地步，也只得重唱一次了。只要不照搬古人的故事，出点新意，兴许可以骗过眼前这个20岁的娃娃将领。既然他的细作在城内，我不妨把戏演得更像样一点。左宗棠打定了主意。他一面火速派人传令王开琳，立即带领3000人星夜回景德镇救援，一面在城内唱起他的空城计来。

一时间，景德镇城内沸沸扬扬，都说王开琳率部在石门城外马到成功，大败太平军，活捉了李秀成。楚军总部衙门张灯结彩，放起鞭炮，厨房里传出阵阵浓烈的酒肉香味。城内文武官员、各大商号老板以及社会名流，纷纷骑马坐轿，穿戴一新，来到总部衙门。左宗棠穿起四品朝服，在大门外笑容满面地迎接各方宾客。

这些情况，都被留在城里的太平军侦探看在眼里，于是慌忙溜出城门，向正在行军的李容发报告。

李容发一听到这个不幸的消息，义愤填膺，心急火燎，立即下令全军掉头往回走。然而，到了傍晚，李容发又杀回来了，这是与"古亮"退敌司马懿"一去不返"有所不同的情势。

左宗棠亲自披挂上城墙指挥。城外的李容发见黑夜之中城楼上号令严肃，井然有序，不敢马上进攻，只是命令向城楼射箭放炮，吩咐部下绑扎云梯，准备在天亮时猛攻，定要活捉"左妖头"，以雪误中诡计之耻！

第二天清晨，就在李容发准备吹号攻城时，却不料左宗棠擂起战鼓，呐喊声震天。原来是王开琳率部已经赶来了，太平军遭到了前后夹攻，阵脚大乱，李容发急忙率部冲出包围，向石门镇奔去。

诚然，娃娃将难以取胜"老妖头"，于是李秀成便命大将黄文金前来挑战。

1861年1月4日，太平军黄文金部大军数万继至，意在一举切断祁门湘军的这条生命线。

太平军定南主将黄文金乃广西博白人，早年参加金田起义，南征北战，屡经血与火的洗礼，是太平军中的一员骁将，"髭长而疏，耳后有一黑痣"，绰号"黄老虎"。

左宗棠经历了一次"弄险"后，用兵更加谨慎。他经过周密布置，使楚军无懈可击。经过激烈战斗，于次日将黄文金部大军击败。太平军退守鄱阳、建德一线。

事后，曾国藩专折为左宗棠请功，称其"初立新军，骤当大敌，昼而跃马入阵，暮而治事达旦，实属勤劳异常"，"调度神速，将士用命。"半个月后，咸丰十年十二月十七日（1861年1月27日），清政府发布谕旨，着左宗棠以三品京堂候补。

黄文金部自景德镇撤退后，仍活动于鄱阳、建德交界的石门、洋塘一带。曾国藩派"游击之师"鲍超部从皖南入援江西景德镇，与左宗棠合师进击，增强了左军的防守力量。

鲍超，字春霆，四川奉节人，自小父母双亡，帮人拾粪放牛糊口。15岁时，经人介绍到峨眉山清虚观混口饭吃。鲍超力大有劲，做事勤快，虽性情暴烈，但为人爽直，得观主清安道长的喜爱。后来，他与人发生口角，挥拳把人打得口吐鲜血，道长大怒，将其撺下山去。鲍超下山到成都投军，干了几年，没捞到一官半职，穷困潦倒，颇为灰心。一次与曾国藩邂逅，曾见他身材高大，熊腰虎背，且一脸浓黑的络腮胡子，便收留了他，逐步委以重任，让他自率一军，并以其字"春霆"命军，称之"霆军"。由于鲍超之军东征西伐，屡建战功，于是又称"游击之师"。

左宗棠的楚军由右路进扼梅源桥，鲍超由左路进扼洋塘。咸丰十一年正月初九日（1861年2月18日），黄文金部分三路由谢家滩渡河，左、鲍分兵三路发起攻击，太平军也三路相迎，双方激战4小时之久，黄文金部伤亡惨重，分走青阳、彭泽，被迫退守建德。鲍军跟踪追击，左宗棠亦派4营由右路驰追，本人仍还驻景德镇。3月7日，鲍超商令皖南镇总兵陈大富列队建德外围，牵制城中的太平军，而自率大队和左部4营驰至黄麦铺，三路齐进，击败太平军，乘胜追击，攻陷建德。至是，西路饶州、九江等属太平军被全部驱逐出境。

左宗棠在保卫湘军生命线的作战中取得了第一阶段的胜利。

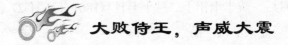

大败侍王，声威大震

1861年3月上旬，正当黄文金部在西路败退之际，东路的李秀成大军则自广信进攻抚州、建昌，深入到了江西腹地；太平军侍王李世贤部于 3 月 12 日从皖南休宁出发，占领婺源，准备绕道江西，与左宗棠军再次争夺祁门这条湘军的生命线，并伺机回攻祁门。于是，左宗棠一面派王开琳、罗近秋率部迎击，而自统大军赶赴婺源。途中听说李部已由中云进入乐平，急忙于 3 月 22 日回至景德镇。同日，王开琳、罗近秋中伏败归。

李世贤是李秀成族弟，身材高大魁梧，脸膛棱角分明，初为太平军裨将，"累岁不得迁"，到了陈玉成掌管军事，拔为总制，独领一军，隶属李秀成。咸丰八年（1858 年），湘军名将李续宾陷桐城，太平军弃舒城退走三河。李续宾分三路攻击之。李世贤以三河为屯粮地，纠合张洛行陈玉成军，自庐郡至金牛镇，连营数十里，抄清军后路。那几天，恰逢大雾，迷不见人。李世贤道："李续宾善战，今大雾，天助我也。"他来不及约等陈玉成部，便率部进攻。清军左路先溃，中右两路复被袭，将士死者大半。这时，陈玉成军至，复以断其归路，这样一来，李续宾之军溃败不可止。续宾叹曰："今败矣！"于月夜率数百骑突围，被太平军所杀。李续宾，大小六百余战，无不胜，太平军过去都很怕他。此次败亡，李世贤之名大振，天王洪秀全奖其功，封为侍王。

左宗棠闻讯后，立即派部前往婺源迎堵，被太平军击败。太平军乘胜攻击，1861 年 4 月 9 日，李世贤大军由乐平奇袭景德镇，城破，总兵陈大富投水死。李世贤留李尚扬驻守景德镇，而自引军还攻祁门，将其四面包围。此战，左宗棠也领教了李世贤的厉害。落败之后，左宗棠只得急急忙忙地于 4 月 10 日率部从金鱼桥退守乐平。

景德镇失守，祁门湘军的生命线被切断，曾国藩所部的 3 万人候粮 30 日不得，军心动摇，随时都可能出现哗变，形势非常危急。这一次，曾国藩在绝境中又想到了自杀。他自认为无计逃脱，慌忙写了一篇遗嘱：

此次之险，倍于上次李秀成过祁门而不敢攻祁门之险。此次在祁门军中，李世贤勇猛日逼，局势甚危，又断我粮道，将祁门之军尽困

自建楚军初领兵　增援皖南镇义军

孤城之中，我已决计与祁门将士一同去死，死在一起乃终生大幸……

曾国藩在遗书中，他竭尽讨好部下、同僚将领，以拉拢收买人心。遗嘱写好后，他不便直接拿给左右人看，于是又写下书函一封，递于在祁门城楼上指挥抵御的幕僚欧阳兆熊。这欧阳兆熊一见同一城之中还以书信叙述，当下便打开来看，只见书信全是纵论生死之道的话。欧阳兆熊顿时吓得脸色灰白，这信告诉他"曾帅要自杀了！"欧阳兆熊立即抓过一匹快马，策马赶到曾国藩的官邸。他不顾一切冲进去，不见曾国藩在房内，于是大声呼叫，左右上百人慌忙满院子去找。终于在庭院的一个拐角处，看到曾国藩已在一段树枝上挂了白布一条，且结已打好。见有人脚步响，曾国藩正踩着板凳往上爬呢！欧阳兆熊大哭大叫着跑上前去，拦腰把曾国藩抱定，然后命令左右抬至房中。曾国藩假装哭叫，定要去死，否则无颜面对朝廷。众人上去劝说，才逐渐平静下来。欧阳兆熊又想起遗书的事，在曾国藩帐中到处翻找，终于找出来了。他当众向将士一读，许多人感动得流下泪来，纷纷表示：坚决保卫大帅！坚决保卫湘军！坚决保卫朝廷！

但是，太平军侍王李世贤可没有理会曾国藩的自杀事件，他在截断祁门大军的生命线之后，一面派李尚扬驻守景德镇，而自己则一面率军进攻祁门。左宗棠听说景德镇失守，急忙于4月10日从金鱼桥退守乐平。

4月14日，李尚扬进攻乐平。为了保住湘军祁门大营，左宗棠果断下令对李世贤部的太平军实施"牵制"作战，以减轻祁门湘军的压力。左宗棠军主动迎战，败李尚扬部于马家桥、桃岭。李世贤闻讯之后，果然放弃了对祁门的攻势，大举南下。左宗棠则率军节节阻击，逐渐后退。4月21日，李世贤大军攻抵乐平城下。左宗棠一面凭借深壕高垒坚守乐平，伺机反攻；一面又从长畈引水塞堰，形成大片沼泽，以限制太平军的骑兵行动。

4月22日，双方展开激烈的战斗。太平军逼近壕墙，左宗棠指挥楚军发射排枪，以密集的火力阻挡太平军前进。太平军屡却屡前，奋勇环攻，左军也拼死抵抗，毫不退却。次日，太平军调整部署，继续攻击。

当年，李世贤大胜李续宾，是利用了大雾天"迷不见人"；22日夜间，天气骤变，左宗棠在帐前彻夜不眠，思虑再三，决定"以其人之道，还治其人之身"，利用风雨交加的恶劣天气，虚张声势，以攻为守，以少胜多，出奇制胜。

4月23日，待李世贤中伏后，左宗棠督王开化、刘典、王开琳等三路越壕并出，鼓噪冲击。时值风狂雨急，畈水骤涨。李世贤军由于没有准备，

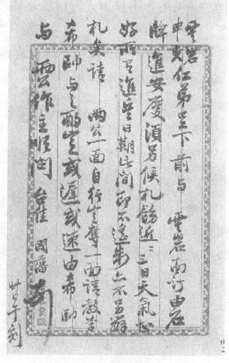

曾国藩手札

仓皇迎敌，被楚军打得大败狂奔，人马自相践踏，被击杀及溺死、踏亡着达五千多人。败军向东溃退，楚军奋力追击。

"这个骑黄骠马的头领便是李世贤，赶快追！"王开化命令部下。

李世贤狠狠策马飞奔，到一个山岭的拐弯处，硬将一员小个子士卒的衣服剥下来披上，丢掉头盔，继续狂奔，终于逃脱。他这次易服而逃的狼狈相远超过曹操割须弃袍。

祁门恶战之际，鲍超的援军亦至，楚军声威更大，驻守景德镇的太平军也急忙溃退，该要地重新落入楚军之手。

左宗棠率军追击，李世贤由德兴直入广信（今上饶），纠合各镇兵折入浙西。

左宗棠乐平保卫战的胜利，稳定了赣东北的局势，巩固了曾国藩祁门大营的后路，使曾得以拔营移驻东流，增援安庆。

1861 年 5 月 11 日，曾国藩上奏清廷，请将左宗棠改为帮办军务，在奏稿中，曾国藩用了一句"以数千新集之众，破十倍凶悍之贼"，并指出了在运筹指挥方面的"因地利以审敌情，蓄机势以作士气"是"深明将略"，已经高出了"时贤"——当代英雄豪杰，即比他与胡林翼都高明。

清廷接受了曾国藩的建议，于 5 月 26 日发布谕旨：

命候补三品京堂左宗棠帮办两江总督曾国藩军务。6 月又授太常寺卿。

之后，左军继续驻防景德镇。至 7 月上旬，他自率 4000 人移驻皖南婺源。11 月初，又称屯赣东广信。他的部队到这时已经扩充至 7000 余人，成为镇压太平天国革命的一支举足轻重的军事力量。

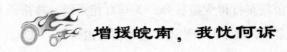

增援皖南，我忧何诉

1861 年 5 月 24 日，皖南太平军右军主将刘官芳部由池州攻占建德，分军入江西鄱阳境枧田街，距景德镇 60 里。左宗棠闻警，于 6 月初急从广信回军驰援。6 月 14 日返抵景德镇。太平军撤退，左宗棠遣王开琳等率老湘营并左、右两营由桃树店横出截击。6 月 24 日邀击于桐树岭，大败太平军。乘胜追击入皖，29 日占领建德。张运兰军也先后攻陷黟县、徽州。曾国藩考虑到后路空虚，又鉴于婺源为皖、浙、赣三省要冲，于是咨商左宗棠分军移驻婺源，以便一面与张运兰等约会夹击正由福建汀州北上的太平军赖裕新部，一面谋划保徽州兼保婺源、饶、景的策略。

7月8~9日，左宗棠饬王开琳老湘营2500人及守备方雪昌新募500人留守景德镇，而自己亲率五营，四总哨及桂勇、马队等营4000人移驻婺源。这时，浙江形势日趋紧急。5月初，太平军李世贤部由江西广信东入浙江，克常山、江山、寿昌，并于5月25、27、28三日连下龙游、汤溪及金华府县三城，宁波、绍兴告急。

清政府于6月25日发布谕旨，要调左宗棠军克日启程，应援浙江。曾国藩接旨后，即奏称：左宗棠业已移驻婺源，"臣暂驻江滨照料北岸，其徽岭内外及饶州、广信各属战守事宜，均赖左宗棠就近维持"；且"自鲍超北渡之后，南岸仅恃左宗棠一军纵横策应七百余里，若并无此支活兵，则张运兰等孤悬岭内，粮路仍有必断之日，徽郡终无能守之理"。

因此，"欲求保徽之方，更无援浙之力"。请求等待湖北、江西攻剿得手，或安庆克复之后，有兵可分时，再与左宗棠一起援浙。清廷权衡形势轻重，只得同意曾国藩的请求。

左宗棠驻军婺源，历时近3个月之久。时值酷暑炎蒸，疾疫繁兴，战事频繁，困苦难言。

当时，军中的士卒、长夫，患疟疾的人几乎过半，因此死亡的人数也很多。左宗棠本人在这段时间里也曾染病，"贱躯忽寒热混杂，头痛身热，殆不可支"。于是在婺源一面休整队伍，增补营员；一面筹备战守，迎击来攻的太平军。7月30日，太平军赖裕新部由浙江常山挺进江西德兴的白沙关；次日，前队入驻德兴的九都新建地方，距婺源仅40里；8月1日，后队复大至。左宗棠派王开化、崔大光、张声恒等率2500人迎战。8月2日，在新建击败太平军，乘胜直捣白沙关。太平军伤亡千余人，余部折回浙江开化。继后，李秀成部又由抚州攻扑广信府及玉山、广丰县城。鲍超率军尾追，左宗棠亦由婺源南下德兴。李秀成部分两路撤入浙江境内，9月25日，一路由玉山占领常山，

自建楚军初领兵 增援皖南镇义军

一路出广丰入江山。10 月 2 日，左宗棠进驻广信，策应各方。此后，江西、皖南转趋平静，战事主要在两个方面进行：在北面，主要集中在天京外围，包括太平天国的苏福省；在南面，则逐步转入浙江境内。

战争之最深厚伟力存在于民众之中。凡是得到人民群众拥护的队伍，就有了胜利之本。且看左宗棠在家书中所反映出来的受民众爱戴的情况：

到婺源半月打一胜仗。此间士民感服不已，以十年来未睹官军之威也。婺源为朱子（按：朱熹）阙里，本朝名儒江慎修先生永、汪双池先生绂均守朱子之学者，故家遗俗风流未歇，士秀民愿，与他处异，唯文弱殊甚。

婺源士民送万民伞与旗牌者纷至沓来，今乘杨麓生彤寿归家之便付回。

正当左宗棠在婺源处于水深火热之中时，国内也发生了几件大事。使这位久经沙场的硬汉子五内俱焚。

咸丰十一年七月十五日（1861 年 8 月 22 日），咸丰帝病逝于承德行宫。他是于前一年英法联军侵入北京之前，逃往承德的。他死后由年仅 6 岁的载淳即位，改元同治，慈安、慈禧两宫太后垂帘听政，实际则由同治帝生母慈禧掌权。11 月 2 日，载淳的生母慈禧太后就联络恭亲王奕䜣等人，发动了一次宫廷政变：由于以肃顺为首的八位"赞襄政务王大臣"反对太后听政，分别被处死、流放、免职，而由道光帝第六子恭亲王奕䜣当政。自此，慈禧太后执掌清王朝最高统治权 40 余年。

1861 年 9 月 5 日，长期被包围的安庆终于被曾国藩军攻下，这是湘军的一次重大胜利，太平军的重大挫折。太平军西上武汉的通道受阻，曾军解除了后顾之忧，又能抽出包围安庆的军力，增援对天京的进攻。从此，太平军形势日蹙一日，开始走下坡路了。

1861 年 9 月 30 日，左宗棠的"一生知己"胡林翼在武昌病逝。他病危时致信左宗棠，与他诀别，勉励他和曾国藩继续未竟的事业。左宗棠得信后，急忙派人专程去看望，并送药物给他。使者看到胡林翼"血尽嗽急，肤削骨峙"，应是患了肺痨，这在当时是不治之症。胡林翼是湘军三统帅之一，足智多谋，富有政治头脑。他的死是湘军集团的重大损失，对左宗棠也是一个重大打击。他在军中，不能前去吊丧，写了一篇情真意挚的祭文。

祭文开头谈到两家交情，而后谈到在京师初遇，以及多年来的交往情形。现在人已仙逝，我不能随你而去，以头触床，哭干眼泪。我失去了一生真知己，也失去了事业上的一个最忠实的伙伴，只有长叹涕零。祭文结尾说：

悠悠我思，不宁惟是，交公弱年，哭公暮齿。自公元亡，无与为善，孰拯我穷？孰救我偏？我忧何诉？我喜何告？我苦何怜？我死何吊？追维畴昔，历三十年，一言一笑，愈思愈研……有酒如兹，有泪如丝，尽此一哀，公其鉴兹。

的确，30年的交情萦怀于心，如今挚友永逝，左宗棠似乎更觉得孤独寂寞了。他在是年《与李希庵书》云："祭润公文一首附览，不自知其词之哀也。"曾国藩对这篇祭润帅文百读不厌，愈读愈妙，在复左宗棠的信札中谓"哀婉之情，雄深之气，而达以恢宏之气。"可见，曾国藩对胡林翼的死也是不胜伤感的。

第四章

闽浙总督显才干
经世之才终得展

左宗棠被朝廷任命为闽浙总督后，恪尽职守，充分显示了他的经世之才：面对楚军断粮、短饷的局势，左宗棠想到了官商相协的好办法；在浙江当巡抚时，左宗棠带兵有方，统筹全局，终于将杭州攻陷；太平军的余部出逃后，左宗棠又进行追剿，独当一面。

楚军断粮，官商相协

1861 年 9 月，太平军李世贤、李秀成等部大军在浙江境内势如破竹：李世贤部继攻取龙游、汤溪和金华等府县之后，又于 9 月底 10 月初连下浦江、义乌、东阳，10 月 20 日占领严州，此后分为两支，26 日占领萧山，29 日攻克诸暨，11 月 1 日攻取绍兴；李秀成部大军则于 10 月 5 日围衢州，11 日撤围赴汤溪，14 日下新城，16 日克临安，20 日占领余杭，随即进攻杭州。

11 月中旬，杭州将军瑞昌、浙江巡抚王有龄上奏清廷，报称形势危急，请朝廷谕令左宗棠督办浙江军务。

11 月 20 日，清政府发布谕旨，令钦差大臣、两江总督曾国藩统辖江苏、安徽、江西三省并浙江全省军务，所有四省巡抚、提督以下各官员全都归其节制，并着速派太常寺卿左宗棠驰赴浙江，剿办贼匪，浙省提镇以下各官，均归左宗棠调遣。同日，又根据瑞昌、王有龄的奏请，下达谕旨，任命左宗棠"督办浙江军务"，要曾国藩"即饬左宗棠带领所部，兼程赴浙，督办军务"。至 12 月 17 日，曾国藩又会同江西巡抚毓科，上奏清廷，请以左宗棠一军援浙。由于草拟奏折时，他们尚未收到清政府关于任命左宗棠督办浙江军务的谕旨，因而在奏折中也极力地要求左宗棠援剿浙江。

清廷在收阅曾国藩等人的奏折后，于 1862 年 1 月 7 日下达谕旨，指出曾国藩等所提出的建议，与前降谕旨甚为相符，要求深协机宜。而此时局势更加恶化，浙西唯存杭州、湖州两处城池。因此，清廷另着曾国藩催令左宗棠统领所部，迅速前进。其皋司张运兰等水陆各军，均照议全归左宗棠调遣。一切军情，即着左宗棠自行奏报。并务须急速进剿，设法驰救杭州，再图收复各城。左宗棠所部的军饷，仍着毓科源源接济，不许迟误。

清政府 1861 年 11 月 20 日令左宗棠督办浙江军务的谕旨，12 月 16 日才传到曾国藩手里，再由曾国藩咨会左宗棠，已是 12 月 27 日。左宗棠这时正在广信军营，接获谕旨之后，立即宣示各营，严装以待。就在这时，又连获紧密联系的两件消息：一是 12 月 30 日夜，接徽州防军驰报，太平军杨辅清部正由浙西遂安、开化回攻徽州境，这是杨辅清为掩护李秀成、李世贤等部大军攻取杭州，牵制左宗棠等援浙之军而采取的军事行动；二是继后又接金衢严道江永康禀报，杭州已于 12 月 29 日被太平军攻克。

1862 年 1 月，浙江巡抚王有龄因丧失城池而自缢身亡。经曾国藩保荐，左宗棠继任浙江巡抚一职。左宗棠所部从安徽到浙江"饷项已欠逾五个月，饿死及战死者众多"。粮饷短缺等问题长期困扰着左宗棠，令他苦恼无比。恰好，急于找到新靠山的胡雪岩紧紧地抓住了这次机会。

一天上午，左宗棠的部将蒋益澧身后跟着一个 40 岁模样的男子来谒见左大帅。此人中等身材，额头宽阔，鼻梁挺直，浓眉下长着一对金鱼眼，有"慈眉善目"相。他"自报家门"：姓胡，名光墉，字雪岩，自开钱庄，向来好急人之难，此次特地前来拜谒，愿为大帅效"犬马之劳"。

仿佛在危难之中来了一个救星，左宗棠试探地对他说："敝军缺饷缺粮，处于极其艰难之境，急中之急，又是米粮，胡君能在 10 天之内筹米 10 万石乎？"

在 10 天之内筹米 10 万石，这本来是够困难的了，而胡雪岩显得比左宗棠还焦急，他说："大军待饷十日，奈枵腹何？"

这句话说得挺有意思的。"枵"，空虚之意，故有"枵肠辘辘"之成语。左宗棠本来期望他在 10 天之内筹到粮，胡雪岩却说：大军等候粮饷 10 天，官兵"空虚之腹"咋办？

左宗棠感到惊奇，便问："能更早乎？"

胡答："此事筹之已久，若待公言，已无及矣。现虽无款，某熟诸米商，公如急需，十万石三日可至。"

要在 3 天内筹齐 10 万石粮，在战争环境下简直有点异想天开。然而，胡雪岩办到了，而且干得很出色，这不是他能变戏法，估计这批粮是此前从上海运来，因杭州被太平军攻占而隐匿别处的。胡雪岩在左宗棠面前成功地展示了自己的能量，左宗棠喜出望外之余，命胡"总办粮台如故，而益加委任"。

胡雪岩接着又将囤积的 20 万石谷献给左军，当粮食源源不断运进军营时，左宗棠高兴得如孩子一般，他高声朗诵起苏东坡《念奴娇·赤壁怀古》："大江东去，浪淘尽，千古风流人物。故垒西边，人道是，三国周郎赤壁。乱石穿空，惊涛拍岸，卷起千堆雪。江山如画，一时多少豪杰！"

在念到此句时，他走过来拍着胡雪岩的肩膀说："东坡公云'江山如画，一时多少豪杰'，我改一句，'江山破碎，亦出一时豪杰'。胡君，你真不愧是'一时豪杰'呀！"

从这之后，胡雪岩被誉为"一时豪杰"，且渐渐传播开来。

为了褒奖胡雪岩的功绩，左宗棠几次上折请功授爵，使他终成赫赫有名的"红顶商人"。

左军在军心动摇的时刻得到胡雪岩的及时接济，士气大振，接连打了几个胜仗。

胡雪岩（1823—1885），祖籍安徽绩溪，后移居杭州。幼时家境贫寒，为了养家糊口，作为长子的他经亲戚推荐，进钱庄当学徒，从扫地、倒尿壶等杂活干起，3 年师满后，因勤劳、踏实成了钱庄的正式伙计。

　　胡雪岩在钱庄干了几年后，有一天，忽然来了一个身穿戎装的人，自称湘军营官，因军中断粮，想借 2000 元，鼓鼓士气。那天碰巧店中主事的人都外出了，胡雪岩自作主张"轻诺之"借给了他。老板回来后大怒，将胡赶出店门，单据虽留着，但总觉得这笔钱如泥牛入海了。不久，营官来还钱，问"以前慨然借钱的少年怎么不在?"老板谎称其病了。

　　实际上，胡雪岩被斥退后，穷无所归。有一次踽踽独行湖边，正好被营官撞见，营官惊问："你为什么这样憔悴?"胡雪岩说："为借钱给你，我被赶了出来，失业已好久了。"那位营官怅叹自己连累了胡雪岩，于是，他把胡雪岩请到军营里去，换衣进餐，并把在作战中"暴得"的 10 万资财借给胡雪岩，叫他自己开店。

　　俗话说"时势造英雄"，胡雪岩生长的时代正是清廷内忧外患、国库空虚，急需商人扶危救国之时。

　　正是在这一时期，胡雪岩靠患难之交王有龄的帮助，一跃而成为杭州一富。

　　王有龄（1810—1861），字雪轩，福建侯官人。在道光年间，王有龄虽已捐了浙江盐运使，但无钱进京。后来胡雪岩慧眼识珠，认定其前途不凡，便资助了王有龄 500 两银子，叫王有龄速速进京谋个官职。后来王有龄在天津遇到故交侍郎何桂清，经其推荐到浙江巡抚门下，当了粮台总办。王有龄发迹后并未忘记当年胡雪岩知遇之恩，于是资助胡雪岩开钱庄，号为"阜康"。之后，随着王有龄的不断高升，胡雪岩的生意也越做越大，除钱庄外，还开了许多的店铺。

　　在王有龄的荫庇下，胡雪岩不再做钱庄的"小伙计"，而是自立门户，贩运粮食。他在官与商之间如鱼得水，游刃有余，依仗官势，他走上了从商的坦途，事业日渐发达。积蓄也逐渐增多，羽翼渐丰。

　　庚申之变成为胡雪岩大发展的起点。在庚申之变中，胡雪岩处变不惊，暗中与军界搭上了钩，大量的募兵经费存于胡雪岩的钱庄中，后又被王有龄委以"办粮械""综理漕运"等重任，几乎掌握了浙江一半以上的战时财经，为以后的发展奠定了良好的基础。

胡雪岩之所以可以迅速崛起，除了得益于王有龄之外，另一个人也起到了重要的作用，这个人就是左宗棠。

杭州被围时，有候补道王某曾托胡雪岩为其存放 10 万两白银。胡眼看干戈满地，想到怀此重资，弄不好会招杀身之祸。他探知衢州府谷价低贱，就用这笔银款买谷 20 万石，各存其地。闻讯左宗棠急需军粮，"罄所买谷以献"。他雪中送炭，得到了左宗棠的高度赏识并被委以重任。

此后，胡雪岩常以亦官亦商的身份往来于宁波、上海等洋人聚集的通商口岸。他在经办粮台转运、接济军需物资之余，还紧紧抓住与外国人交往的机会，勾结外国军官，训练了一支约有千余人、全部用洋枪洋炮装备的"常捷军"。这支军队曾经与清军联合进攻过宁波、奉化、绍兴等地。

胡雪岩是一位商人，商人自然把利益放在第一位。在左宗棠任职期间，胡雪岩管理赈抚局事务。他做过许多义举，设立粥厂、善堂、义塾；修复名寺古刹，收殓了数十万具暴骸；恢复了因战乱而一度中止的牛车，方便了百姓；向官绅大户"劝捐"，以解决战后财政危机，等等。

胡雪岩因此名声大振，信誉度也大大提高。这样，财源滚滚来也就不在话下了。自清军攻取浙江后，大小将官将所掠之物不论大小，全数存在胡雪岩的钱庄中。胡雪岩以此为资本，从事贸易活动，在各市镇设立商号，利润颇丰，短短几年，家产已超过千万。当然，在胡雪岩遇到困难时，左宗棠也是倾力相助。

巡抚浙江，攻陷杭州

杭州被太平军攻克后，左宗棠决定暂缓入浙，一方面派军援救徽州，一方面规划复浙全局。

1862 年 1 月初，左宗棠派刘典督带九营驰赴婺源，会同原留防婺源的四营，迎击入境的太平军。当时，太平军兵分两路：一路由屯溪、岩寺等地攻扑徽州府城；一路出马金街直指婺源，合计人数不下 10 万。左宗棠担心婺源之兵寡不敌众，而且婺源地势重要，势在必得。于是在 1 月 18 日亲率留驻广信的亲兵营、老湘营拔营续进。行至德兴，分拨老湘七营赴防白沙关，而自率亲兵营 500 人赴婺源。1 月 25 日，刘典率各营由江湾越大庸岭，袭击开化的张村、中村等处太平军营盘，获得胜利；同日，徽州府城防军也击败了岩寺等地的太平军。杨辅清见左宗棠的援军陆续来到，便于 1 月 28 日晚率部撤回浙江。

左宗棠奏请调广西臬司蒋益澧就所部募勇数千来浙，以当一路；令前处州镇总兵刘培元回湘募勇 3000 来衢州，即署理衢州镇总兵，兼筹练衢州水师；请贵州、湖北、四川等省巡抚各精选一两营，贵州提督田兴恕拨勇 1000 名援浙；并请各省协济援浙军饷。

早年左宗棠就饱读兵书，精于舆地，洞悉敌己双方形势，又深思熟虑，瞻前顾后。他对援浙的种种准备和规划是具有战略眼光的，也为后来实践所证明是行之有效的。在军事策略方面，他在奏折中做了初步说明：

由江西入浙之道，遍地贼氛。逆贼每陷一城，即分党据守，并盘踞村庄，设立卡隘。势非节节攻剿，不能深入。节节攻剿，又恐旷日持久，饷竭兵疲，先已自困，势非乘虚蹈瑕，诱贼野战不可。……以江、浙现在局势言之，皖南守徽、池以攻宁郡、广德，浙江守衢州以规严州，闽军严遏其由浙窜闽以绕犯江西之路，然后饷道疏通，米粮、军火接济无误，诸路互相知照，一意进剿，得尺则尺，虽程功迂缓，实效可期，此固一定之局也。

在用兵方面，左宗棠是深谋远虑、稳扎稳打的。

针对这个思想，他还就入浙初期的进军方向做了周密的考量，并上奏清廷：

逆贼每遇坚城，必取远势包围，待其自困而后陷之。频年东南贼踪，历历不爽。办贼之法，必避长围，防后路，先为自固之计，然后可以制贼，而不为贼所制。……故决计率亲兵营由婺入浙，先剿开化之贼，以清徽郡后路；伤所部老湘营由白沙关渐进，扼华埠要冲，以保广信而固衢城。

同治元年正月十五日（1862年2月13日），已经被任命为"浙江巡抚"的左宗棠，亲率楚军从皖南汪口翻过大庸岭，进入浙江开化县城以后，本来打算由此直接向东，经过严州进取省城杭州。但是，清廷有旨，命他火速从开化南下，首先解救被围困在衢州等地的他路清军。左宗棠只得改变计划，遣军进援衢州。然而，他的心仍然时刻挂念着开化。在他看来，开化不仅是他入浙的后路要地，而且也是他东取严州、进攻杭州的主要支撑，是万不可失的。果然，军行半途，当太平军李世贤部来攻开化时，他便急调所部回救。但他的兵锋并未直指开化，而是一举拿下开化东北的遂安，迫使太平军南撤，既保护了开化后路，又对遂安以东的严州府造成了一定的压力。

2月15日，在前往开化张村的途中，接奉授命浙江巡抚的谕旨。

这时，太平军杨辅清部钟明佳、蓝以道等数千人正由银坑出张村

闽浙总督显才干 经世之才终得展

而至石佛岭。左宗棠立即督师由篁岸出击，配合前队将其击退。2月16日，左宗棠率各营进驻张村，刘典各营也进至何村，相距三十余里，约期分路进击。

3月9日，攻占遂安县城。12日，左宗棠入城布置城守事宜，留老湘营留守遂安；次日，拔营再援衢州。15日，行抵常山璞石。其时，太平军李世贤部从龙游、寿昌分三路进围衢州府城，另一支自遂昌往江山。衢州镇总兵李定太及驻守江山之署浙江布政使李元度，各拥兵8000人，皆不能战，迫切呼援。18日，左宗棠驰抵常山水南地方，探闻太平军介支屯驻招贤一带，阻隔衢州与常山、江山通道。次日，左宗棠即调刘典等督军分路进攻。太平军猝不及防而败退，衢州粮路被打通。

4月初，左宗棠派队赴援江山。4月13日，亲自督率各军进扎江山县石笋地方。14日，在小清湖击败李世贤部。16日，分路进攻石门花园港。经反复激战，于20日攻破太平军营垒。李世贤部东走龙游、寿昌、兰溪，返金华。左宗棠正议回师衢州，又逢太平军杨辅清部由皖南宁国进入浙江，经昌化南下遂安，于是改变计划，令刘典率军由华埠、马金街抵昏口，自率亲兵及各营由常山进驻开化。

5月13日，杨辅清部退回到皖南。5月30日，湘军水陆并进，逼近天京，曾国荃率领的陆军驻扎雨花台，彭玉麟率领的水师泊于护城河口。左宗棠自开化还军，于5月31日驰抵衢州西北之沐尘。知李世贤已从东、南、北三面聚集重兵围困衢州，而西路常山已有刘培元一军驻扎，遂令新到的王德榜、屈蟠两军进江山，而自率各军由北路进击。6月8日，败李世贤部于云溪。次日，左宗棠率各军进扎云溪。11日，复败李世贤部于里外黄、莲化等地。但因大雨连旬，溪流暴涨，战事暂停。

7月3日，左宗棠复督率刘典、杨昌濬等大举进攻，破北路太平军营垒三十余座。7月5日，刘培元、王德榜、李定太等军由南路进，东、南两路太平军相继撤往龙游、兰溪等处，衢州围解。

此时，"全浙糜烂，列郡沦陷"，仅剩衢州、温州、湖州三府城及边远少数县份为清廷所有。温州偏处海隅，一时鞭长莫及；湖州紧邻太平天国苏福省，孤悬贼中，存亡未卜。这样，衢州便成为左宗棠规复浙江的唯一的前进基地。加之衢州在地理形势上为进入江西、福建的交通枢纽，浙江的水陆通途。因此，衢州之围解除后，左宗棠便以此作为向浙东进军、夺取全浙的基地。衢州居钱塘江的上游，顺流而下便是杭州。左宗棠看到了这一有利条件，他在衢州设立造船厂，多方调集大炮，建立内河水师，这些后来都成为左军进攻杭州时的一支重要的辅助力量。

之后，左宗棠便由此层层推进，以逐步打开夺取全浙战争胜利的新局面。

新的转机出现在这年秋冬之交。当时，新任浙江布政使蒋益澧（字芗泉，湖南湘乡人，先投奔王鑫、罗泽南，后由骆秉章派援广西）所部8000人从广西经湖南开抵浙江衢州，大大加强了左宗棠的军事实力。而太平军方面，由于曾国荃部湘军围困南京，李世贤奉命回援，留浙的太平军兵力减少，而且群龙无首，兵力分散，战斗力锐减。左宗棠及时把握住这个机会，终于在浙西战场上打开了局面。

1863年2月底，在经过数月激战之后，湘军蒋益澧等部攻下汤溪、兰溪、龙游三城，彻底摧毁了太平军的防线。此线一破，太平军便再也组织不起来新的有力的防线。左宗棠得以指挥所部势如破竹，连下数城。

慈禧太后掌权之后，对左宗棠还是挺赏识的，特别看中他的"坚定""忠贞"。在原浙江巡抚因城陷而自缢后，慈禧批准了曾国藩的奏折，将这个"空位"恩赐给了左宗棠，使左宗棠"宠命骤颁，感惭曷既"。

1863年3月上旬的一天，慈禧太后又发话了，她对奕䜣说："左宗棠不是挺能干吗？浙江的局面大有好转，比王有龄强多了。浙江解决之后，福建也交给他去摆弄吧！"

"遵旨！"奕䜣领命而退。

同治二年三月十八日（1863 年 5 月 5 日），清政府发出上谕：

闽浙总督着左宗棠补授，仍兼浙江巡抚。

1863 年 5 月 25 日（同治二年四月八日），左宗棠在严州营次接奉谕旨，十分高兴。

然而，由于当时新授浙江巡抚曾国荃正督湘军主力围攻天京，不能抽身赴任，而他又奉旨兼署浙江巡抚，因而仍以主要精力经营浙江的军政事务，兼顾闽省军务及一切紧要公事，总督衙门例行事件，则奏请由福建巡抚徐宗干代理。

增援富阳的太平军撤回杭州之后，留守富阳城的太平军采取了固守不出的战术。而此时，瘟疫也开始在左宗棠各军中流行，僚佐将弁都先后患上了疟疾，特别是蒋益澧军，因疫气流行，将士病故者、病弱者，已逾半数，需要及时休整。双方的战事也因而暂停。

左宗棠为了摆脱困境，决定求助于法国人组织的洋枪队。

9 月初，黄文金所部的太平军退出江西，刘典一军还至徽州，离浙渐近，左宗棠于是调康国器军驰赴富阳，与蒋益澧合军攻城。这时，法国人德克碑的"常捷军"1500 人也带着洋枪洋炮奉调开至富阳。9 月 20 日，富阳城攻破，新桥太平军营垒也告失守。

攻占富阳后，左宗棠的下一个目标当然就是杭州城。在蒋益澧率领各军沿江而下，直取杭州的同时，左宗棠飞饬康国器军由富阳赶往余杭，又令魏喻义军由新城出师夹击，以扼杭州咽喉。

10 月 7 日，蒋益澧得知太平军朝将汪海洋潜赴余杭，随即令高连升率军进攻十里长街，德克碑统"常捷军"接应。太平军败退入城。

10 月 18 日，归王邓光明、听王陈炳文督精锐之师一万余人，由江边的馒头山、凤凰山、九曜山和雷峰塔四路出击，但都被左军击退。20 日，蒋益澧令王月亮等军逼扎天马山、南屏山，罗三纲军移扎翁家山，派水师轰击馒头山一带。25 日，太平军于杨家桥扎垒一座，蒋益澧饬徐文秀率军乘夜攻破。

在这前后，10 月 2 日，增援余杭的汪海洋部被康国器、刘清亮等军击败。8 日，归王邓光明率部前往援救，也遇阻退却。11 月 28 日，杭州太平军大举出击，被高连升、德克碑等军击退。12 月 10 日，左宗棠进驻富阳。12 月 15~17 日，康国器军连续攻击余杭东门。20 日，左宗棠赴余杭察看形势，增调朱明亮、张声恒、黄少春等军增援余杭。由此，双方在杭州、余杭一线展开了激烈的争夺战。

1863 年 12 月 20 日，左宗棠率轻骑亲赴余杭察看形势，见余杭城依山带水，地势辽阔，东路直达杭州，北可通武康、德清，西北可通孝丰、安吉。左军现在仅控制住东、南两面，杭州、湖州等地的太平军仍可来往自如。左宗棠随即添调兵力，命记名总兵黄少春等部 1.2 万余人赶赴余杭，对太平军进行四面围攻。双方连日大战，互有死伤。太平军在守将汪海洋的指挥下，改变战法，在余杭城西北门修浚长壕，北门外添筑 3 垒，坚守工事以抗击左军。左军虽日夜挑战，太平军从不轻离工事，左军一时竟无计可施。

最终打破僵局的是蒋益澧，他在奉左宗棠之命切断杭州、余杭间的联系之后，察觉太平军偏重于防守余杭，杭州的兵力并不很强，于是率部在"常捷军"和左军水师的配合下，直接向杭州发起攻击。

1864 年 1 月 9 日，蒋益澧督水陆各军分攻杭州城外的太平军各营垒，破除九垒，只剩古塘坚垒及近城两垒未被攻下。11 日，黄少春、张声恒等军三路攻扑余姚西北路，再破三大垒；康国器军也进攻东路，破姚来埭等四垒。13 日，水师刘连升、杨政谟等率军进攻杭州清泰门观音堂，刘培元则派蒋云彩抬舢板十号由钱塘江进入西湖。

2 月 2 日，左宗棠由富阳拔营进驻距余杭仅数里的横溪头，当杭州、余杭之冲，就近督战。同日，杨昌濬、康国器率军分别进攻余姚北门和东门，太平军阗天义、李有庆等人阵亡；黄少春军扑瓶窑，被太平军击退。汪海洋率军增援余姚，扎寨于城北的临清堰。3 日，官军分路进攻，汪海洋设伏败敌，击杀三百余名，左宗棠的表侄——营官余佩玉也带伤溺毙，左宗棠深为忧愤。22日、24日，王开琳军击败太平军于遂安的中洲、昏口等地；黄少春部也在遂安附近击溃太平军；两军合力追击，将太平军驱逐出境。

此后，左宗棠督率各军加紧了对杭州、余杭两城的攻势。

4月7日，按照旧历的说法是个吉祥的日子，左宗棠特别选中这一天进驻杭州城，在大队亲兵的前呼后拥之下直奔巡抚衙门而来。他已经是这座城市名副其实的主人，他没有辜负清廷对他所寄予的厚望。当然，清廷也没有忘记对他这位有功之臣给予重赏。

收复杭州、余杭的捷报传到北京，朝野皆喜，慈禧太后更是乐开了花，连连说："这左老三虽是儒生，但带兵打仗还是挺有本事的。"

4月17日，便颁下谕旨，论功行赏，诏加左宗棠太子少保衔，赏穿黄马褂。

刘典、王德榜、杨昌濬、蒋益澧、高连升、黄少春等人官升三级；叛将蔡元吉也赏了个"记名提督"，皆大欢喜。

当然，左宗棠是个感恩图报的人，在进驻杭州之后，表示自当殚竭心力，慎以图之。贼在浙境则围攻，贼出浙境则追剿，务必将积年逋诛剧寇聚而歼之。左宗棠先派杨昌濬统军由瓶窑、安溪关进武康县，蒋益澧分军扑石门、德清，李耀南、刘明灯等出武康、孝丰之间。

武康太平军守将吴开俊、杨芸桂等叛降，约为内应，4月9日，杨昌濬军遂陷武康。10日，德清太平军在激战后撤退，高连升军随之入城。同日，在石门养伤的归王邓光明令其军出降，而单身赴杭州听候审办，李邦达、蔡元吉等军入据石门。太平天国侍、听、康、利、来、首、戴诸王率部西走安吉、孝丰，进入皖南。辅王杨辅清、堵王黄文金、佑王李远继等则以重兵坚守湖州。

左宗棠饬蒋益澧军进攻湖州，杨昌濬各营进驻武康，又令分水、严州、淳安、遂安各守军相机拦截。湖州太平军屯聚菱湖、东林山、茅山、菁山一带，修筑坚垒，凭险固守，并与西北长兴、泗安、安吉等处的太平军相为犄角。左宗棠令刘连升水师驶赴德清，饬蒋益澧分拔高连升、王月亮、蔡元吉各军由德清扑湖州西南，刘树元、何培章各营由石门进攻湖州东南。不久，又派降将邓光明、洋将德克碑等率军赴湖州助攻。

6月13日，潘鼎新部攻破吴灏营垒。14日，郭松林等进至长兴东门外。襄王刘官芳踞长兴坚守。湖州、广德太平军派队往援，被官军击退。

6月27日，长兴被郭松林等军攻陷。太平军退往泗安、梅溪。杨昌濬自率各营由牌头进铜岭扼之，而令刘磁、刘端冕、周廷瑞等部袭攻孝丰。

7月7日孝丰城被攻破，感王陈荣被俘。至此，全浙只剩下湖州及安吉府、县两城尚在太平军的坚守之中。

几乎同时，太平天国的局势也进一步急剧恶化。6月1日，天王洪秀全病逝。7月19日，天京被曾国荃所部的湘军主力攻陷。李秀成保护幼天王洪天贵福出走，被敌冲散。7月24日，洪天贵福由干王洪仁玕等护送，经溧水、东坝到达广德。7月29日，经堵王黄文金等迎入湖州。洪仁玕等以湖州城小兵单，难于立都，打算去江西会合侍王李世贤、康王汪海洋部，再图发展。于是，在8月4日，黄文金派其弟昭王黄文英与首王范汝增等再将幼天王及忠王李秀成之子送往广德。洪仁玕留湖州，会同督战。

8月3日，蒋益澧派刘清亮等军由东攻思溪、双福桥。7日，再派高连升等军进攻荻港，并亲至荻港督战，又被黄文金击败。9日，增调德克碑、日意格浅水轮船猛攻，攻占荻港。14日，分三路进扑袁家汇。同日，淮军潘鼎新、李朝斌所部水陆各军攻陷湖州东路要隘晟舍。16日，淮军郭松林、杨鼎勋等部进攻湖州西路要隘尹隆桥，被太平军击败。21日，再度大战，太平军不敌，列王黄十四阵亡。26日，南门守将陈学明率众一千余人降于蒋益澧。27日，长超山守将陈某、姚某又以三垒投降。同日晚，堵王黄文金、干王洪玕等统大军自西门撤退，由梅溪赴广德。28日，清军入城，湖州陷落。与此同时，杨昌濬、周廷瑞等军分路进攻安吉，守军于 8 月 29 日夜经孝丰往合黄文金军，太平军在浙江的最后一个据点安吉也告失守。左宗棠终于取得了浙江全境的最后胜利。

11 月 9 日，清政府为了表彰左宗棠的功绩，发布谕旨，高度赞扬左宗棠。为此，清政府赐封他为一等伯爵。11 日，朝廷又下达谕旨："闽省军情万分吃紧，着左宗棠催令派出各军并亲提官军速筹进剿。"21 日，清廷又赐左宗棠爵名"恪靖"。

之后，左宗棠的活动便逐步由浙江向福建转移。

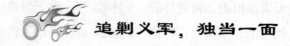 ## 追剿义军，独当一面

同治三年（1864），天京危殆。时李世贤屯兵溧阳，坚决主张放弃天京，并劝李秀成去溧阳，另做他谋。李秀成不听，轻骑回京。是年二月初，李世贤奉命率军入江西取粮救饥，先后分三批突围。约 20 万大军结集于江西一带，准备等秋收后，粮足马肥，再全数折回，以解京围。7 月 19 日，天京陷落。接着，李秀成、洪仁玕和幼主相继被俘。

左宗棠在进驻杭州之后，以其得胜之师加紧对浙江境内的太平军围追堵截。1864 年 5 月至 7 月，左军与坚守湖州的太平军黄文金、杨辅清部激战两个多月。7 月 19 日，湘军攻陷太平天国首都天京，外围太平军纷纷向安徽、浙江转移。

8月中旬，干王洪仁玕辗转来到湖州，李鸿章的淮军寻踪追击而来，与左军相呼应，对湖州零平军形成合击之势。

8月下旬，太平军湖州城南门守将向左军投降，洪仁玕、黄文金率部弃城西走。左军汇合淮军和洋枪队占领湖州。随后，又在昌化、淳安、常山、江山等地接连击败太平军，迫使太平军数万人投降，太平军余部分散成五路陆续进入江西境内：沛王谭星、宗王李仁寿、天将林正扬等部由浙江开化进入玉山、广丰；听王陈炳文、康王汪海洋等部由皖南进入德兴；侍王李世贤、来王陆顺德、戴王黄呈忠等部由浙江开化进入玉山；凛王刘肇钧、利王朱兴隆等部由苏南经浙西、皖南进入弋阳；干王洪仁玕、昭王黄文英、佑王李远继等部由浙江遂安进入玉山、广丰。由于各路互不相统属，势同流窜，加之后有左宗棠浙西、皖南大军的追击，前有江西防军的拦截，以及鲍超所部大军的逼攻，一路损失惨重。左宗棠终于夺得浙江全省。

太平军余部在纷纷转入江西之后，10月，又分四路进向福建。来王陆顺德占永定、龙岩；侍王李世贤克漳州；天将丁太阳等占武平、永安；康王汪海洋等人占汀州。他们互为声援，声势浩大。左宗棠作为闽浙总督，刚刚肃清了浙江全省，没想到太平军一下子就全部转到了自己的另一个辖省。他责无旁贷，顾不得在杭州好好休整，连忙督率所部移驻福建，要与太平军余部继续作战。

李世贤坚持战斗，经江西入广东。10月14日克福建漳州府，斩清总兵禄魁、汀漳龙道徐晓峰、漳州知府扎克丹布等，建立了一个以漳州为中心的太平军占领区。

1864年11月26日，左宗棠从杭州出发，取道富阳、建德、兰溪、龙游、西安，由浦城进入福建。

在此之前，他已于10月间陆续派出了三支军队分路开赴福建：提督黄少春、副将刘明珍率所部马步4600人，由衢州、江山出浦城，转趋建宁、延平，为中路；帮办军务刘典率8000余人，由江西抚州、建昌赴汀州，署福建按察使王德榜率所部2500人继进，为西路；提督高连升率所部 4000 人，并补用知府魏光邴所部 500 人，由杭州赴宁波，雇坐轮船，直趋福州，出兴化、泉州，为东路。这三军于 11 月内先后到达福建境内。此时，清政府还令左宗棠饬提督宋国永、娄云庆分带鲍超所部赴闽作战。

12 月 29 日，李世贤与左宗棠所部大战于漳州万松关，斩清提督林文察，取得万松关大捷。

李世贤在孤立无援的情况下，想发展对外贸易，用土产换取欧洲货物，特别是换取军火以装备部队。他既想推翻清朝统治，又幻想与侵略者谋妥协，争取援助，"共襄义举"。但是他从根本上想错了，外国侵略者需要对外屈辱的清政府而不喜欢太平军，怎能站在起义军这一边呢？

1865 年 1 月下旬，署汀州镇总兵关镇国在副将方耀所率清军配合下占领永定。

2 月中旬，康国器率部攻占龙岩，陆顺德部太平军败走南清，切断了汀州、连城一带汪海洋部太平军与漳州李世贤部太平军之间的联系。刘典和王德榜乘机向汪海洋部太平军发起连续攻击。

2 月 22 日新泉一战，太平军大败，损兵折将，元气大伤。

3 月初，刘典等再败汪海洋于南阳，迫其向龙岩、南靖、永定一带转移。

3 月底至 4 月初，奉命援闽的淮军郭松林、杨鼎勋两部，由海道进抵厦门。该两部共计 8000 人，全部装备洋枪。左宗棠得此生力军，心中十分高兴，下令分由海澄、漳浦以攻漳州之南。

5 月 15 日，郭松林等攻破漳州，与李世贤部太平军展开激烈巷战。太平军在伤亡惨重的情况下，放弃坚守 7 个月的漳州城。16 日，刘典等部攻占南靖，太平军来王陆顺德与侍王李世贤等败走永定。左军乘胜追击，5 月下旬，刘典等再败李世贤、陆顺德，伤毙太平军 2 万余人，收降 3 万余人。在永定韩江边，李世贤的队伍被击溃散，损失殆尽。他只身游水渡河，群众把他剃发掩护山中。为找回自己的队伍，他经过两个多月的昼伏夜行，长途跋涉，终于到达另一支太平军汪海洋部的驻地广东镇平。汪海洋闻讯大惊。在漳州被围时，汪海洋为保存实力未出兵救援。后军中谣传李世贤已死，汪海洋又把李世贤之死归罪于世贤部下李元茂，将他杀死以立威。汪海洋既怕李世贤怪罪，又怕军权旁落，遂于8月23日深夜将李世贤刺杀。

与此同时，左军康国器部与汪海洋部太平军连战于永定等地。康国器依靠抬枪打仗，竟以8000之众击败太平军7万人。6月下旬，左军高连升部在上杭再败汪海洋，汪所部太平军由福建转入广东，7月4日占镇平。汪海洋在镇平城外分筑30多座营垒，广收稻米，为久守计。左宗棠获知此情，急令所部对镇平进行围攻。他以康国器攻镇平东南；高连升、黄少春等扼闽粤武平边境，堵住太平军北上之路；刘典、王德榜分屯福建上杭、武平，作为防堵太平军北上的第二道防线；又令粤军扎守镇平西南。但是，他以闽浙总督命令所部越境到广东作战，指挥上已有很多不便。他自己住在福建漳州，离广东镇平不过300里之遥，却难以到镇平直接指挥战事。太平军在镇平停留了3个月，左军等部的围攻作战并不得力。正当清廷下令左宗棠入粤督师，节制广东、江西、福建三省各军，以图改变镇平战局时，汪海洋已经巧施诱敌之计，大败左军高连升、康国器部，率太平军从镇平成功地突围而出。左宗棠的围歼计划落空。

汪海洋率太平军从镇平突围成功后，经平远入江西，立刻遭到清军席宝田部的堵截，力战不胜，只得重入广东，为左宗棠在广东全歼太平军余部创造了一个新的机会。12月初，汪海洋率太平军一举攻克广东嘉应州城（今梅县），并在城外建土城、望楼，准备死守。

左宗棠这次有"尚方宝剑"在手，指挥战事便能得心应手。他接受部将康国器的建议，对嘉应太平军仍然采用围困战法：以新任浙江提督鲍超率部1.2万人由广东平远趋嘉应之北；以刘典部8000人从大浦攻嘉应之东；以黄少春部3000人、王德榜部2500人攻嘉应东南；以粤军李福泰、方耀二部由兴宁攻嘉应之西；以粤军曾敏行等部攻嘉

应之南。另外还有由江西入粤的席宝田、刘胜祥两军参加对嘉应北路的围攻。各路清军从四面八方向嘉应太平军压来，左宗棠也赶至广东大埔，就近指挥。

1866年（同治五年）1月底，各路清军对嘉应实现合围，而太平军主帅汪海洋却在战斗中负伤身亡。众人推举偕王谭体元领导大军，继续战斗。清军会商乘机联营进扎，速合长围。1月29日，鲍超大军抵达平远县。

2月2日进至相公亭。同日，左宗棠率领亲兵及杨和贵新右营由松口前进。继之，高连升、黄少春、王德榜各军也进扎州城东北、东面的黄竹洋、佛子高、曹塘一带，刘典督所部总兵刘明灯、简桂林，道员李耀南等扎营东南西洋市，赖长水陆三营进扼龙津桥，广东布政使李福泰亦至西路的蓝口，令方耀、邓安邦等部进驻古塘坪，与鲍超军形成掎角之势。4日，偕王谭体元派军出七树径，攻粤军方耀、邓安邦等部于金鸡石、坳口；5日，又统军攻鲍超军，但都遭失利。

见时机成熟，左宗棠咨行各军统领迅合锁围。为防太平军由州南一面突围，特令粤军总兵曾敏行、副将郑绍忠进入州西南25里的长沙墟，延扎州南的小密；刘典所部总兵张福斋进扎黄坑、芹菜洋之间，距州城稍东不过数里；江西席宝田、刘胜祥两军驰扎大坪后，延扎州西面一带，以便蓝口方耀、邓安邦延扎州西南的大乍堡、三门坳，以策应曾敏行、郑绍忠两军。

2月6日，左宗棠拔营进至嘉应州城东的井城。偕王谭体元见嘉应州城不可守，于是与诸将会商，准备从西向兴宁、平和撤往广西，天将胡永祥不同意，坚持要由丰顺、潮州二带越过闽粤边界撤往皖南。谭体元无奈，于2月7日深夜下令开西南门，由小密出黄沙障南撤。胡永祥当先开路，谭体元亲自断后。高连升、黄少春、刘清亮等闻讯即于当夜四鼓率军从东门入城。佐将刘廷贵率三垒之众降于黄少春军前，另支一千余人则赴刘典军前投降。太平军在江南的最后一个据点嘉应州城陷落。随后,高连升、王德榜、康国器、鲍超、刘典、黄少春军相继向黄沙障追击。高连升、刘清亮、鲍超等军于2月8日追至新田,9日再进大田。太平军接战失败,天将胡永祥被俘,霆营起义首领欧阳辉等牺牲,降者约万余人。

王德榜一军于2月8日夜追至北溪。这里四围都是高山,官军居高临下,控扼去路,高呼诱降。眉天义曹玉科、钧天义杨世如、会天福何玉清、天将彭大贵等率领所部约4万人投降。

鲍超一军于2月8日由黄沙障左路追至北溪白沙坝。东平王何明亮、霆营起义领袖黄矮子等率军抵抗,奋战两日,牺牲8000余人,余众2万余人被迫投降,何明亮、黄矮子等遭斩首。

康国器军于2月8日追至丰顺县北白水寨一带。驸马金王钟英、幼陪王谭标、佐将何昌胜等被俘;赞王赖阿养被粤军副将郑绍忠搜获。偕王谭体元受伤坠马落崖后,也未能幸免,3月7日被黄少春路过盘获,解往左宗棠松口大营。至此,太平军除遵王赖文光、淮王邱远才两部仍活动于江北,与捻军联合作战外,江南的太平军余部被左宗棠尽行镇压下去。

黄沙障决战获胜后,左宗棠于1866年2月10日从嘉应州城东的井城折回松口,将降众分别办理。仍饬席宝田、刘胜祥军驻扎兴宁,防堵江西边境;粤军方耀等部扼守长乐、永安之冲,以固惠州门户;檄高连升、刘清亮所部在嘉应者,分扎嘉应州城及长沙墟一带;鲍超所部及闽军未收队者,继续搜剿。

局势稍定,左宗棠即于同治五年正月二十四日(1866年3月10日)由潮州取道诏安返回福建。3月30日行抵兴化。4月3日回到福州。由于镇压太平军余部的战功,清政府赏左宗棠双眼花翎;鲍超加一云骑尉世职,刘典、高连升云骑尉世职;刘典并赏一品封典;黄少春、王德榜等将领也各有赏赐。

四年之内,左宗棠从浙江转战至广东,为清廷镇压太平军立下了

闽浙总督显才干 经世之才终得展

汗马功劳：收复杭州，扼制了太平军余部在福建的发展，并将其最终消灭于广东。其间大小战役上百次，虽然胜负互见，但胜多败少，胜大败小，显示出了他作为一个军事统帅的杰出才能与远见卓识。

第五章

忧国忧民办洋务
创建船政固海防

19世纪六七十年代，世界资本主义正处于产业革命后的极盛时期。在当时，虽然中国是个高度发达的封建国家，但在明清时期发展却迟缓甚至停滞了，与资本主义国家相比已日益落后了。为此，一些有识之士认识到了中国贫穷落后的根源所在，于是，便展开了一场顺应世界发展潮流的洋务运动。左宗棠就是有识之士中的一员。

兴办洋务，师夷制夷

1816 年，英国派遣外交官阿美士德出使北京，重提增辟宁波、舟山和天津作为通商口岸，拨给"相近珠（舟）山地方小海岛一处"的要求。清廷当然严词拒绝，并告诉他们"嗣后毋庸遣使远事，徒劳跋涉"，再次下了逐客令。

1830 年，新型快速的飞剪船在加尔各答与广州之间驶航成功，贩运鸦片得到更为便捷的工具，大量鸦片涌向珠江海面，进入中国内地。英国东印度公司派以"阿美士德"命名的船舶加紧对中国沿海进行军事、政治、经济情报的窥探和侵略活动。

1839 年，林则徐作为钦差大臣到广州禁烟；

1840 年，英国悍然发动卑鄙肮脏的鸦片战争；

道光皇帝为了讨好洋人，将坚决抗英的林则徐撤职，贬新疆充军，派"软骨头"琦善向英国求和，签订了割地赔款的《穿鼻条约》。

……

以上的历史事件都说明一个真理——落后就要挨打。一支约 4000 人的军队，跨洋过海几万公里，80 万清兵都打不过他们，还签订屈辱的条约，这怎能不引起朝野震撼？鸦片战争的失败，暴露了中国封建社会的落后和清政府的腐朽，中华民族开始面临危机。然而，挨打过后，总会有些积极"开眼看世界"的人。时势呼唤和造就英雄，林则上皇山樵人以異石告遂視之八十一穴大如梳小容指製在淮山一品之上百夫運致寶晉桐柏之間五月望甘露滿石次林木蕉葦莫不霑濡白如玉珠郡中圖言至今未必

漢雨四兄大人屬

少穆林則徐

林则徐书法

徐和左宗棠等民族精英便应时而出。

林则徐对中西情势和列强瓜分中国的野心有清醒的认识，提出"悉夷情""制夷患"，"师敌之长技以制敌"，建议仿制极利之炮、极坚之船，以"制夷""防夷"。

没过多久，林则徐就委托湖南邵阳人魏源编写并出版了《海国图志》，第一次明确提出了"师夷长技以制夷"的命题。

林则徐和魏源的这些思想为日后洋务思潮的兴起做了理论准备，也可以说龚自珍、魏源、林则徐等人是洋务思潮的前驱。

1856年，第二次鸦片战争爆发。英法联军的坚船利炮又一次使清政府领教了有海无防的酸楚和痛苦。

1854年，湘军统帅曾国藩在湖南创建了湘军水师，在军制、训练、作战等方面做了许多必要的改革，并购进了西方的先进船炮加以装备，战斗力大大提高，逐渐夺取了长江水面的控制权。

相对来说，太平军水营武器装备原始落后，仍然没有越出旧式水师的范围。只是到了后期，才有了少量的新式舰船和洋枪、洋炮。

在镇压太平军的过程中，曾、左、李这些人之所以后来成了洋务运动的首领，就是深切地感受到坚船利炮这些"奇伎淫巧"很管用，他们都尝到了"甜头"。于是在大量向西方强国购买船炮的同时，也萌生了自己造轮船、造枪炮的念头。

1860年12月，曾国藩在奏折说，目前借外国力量助剿、运粮，可减少暂时的忧虑；将来学习外国技艺，造炮制船，还可收到永久的利益。第二年他对上述看法加以发挥，主张购置外国船炮，访求能人巧匠，先演习，后试造，不过一二年，火轮船必成为官民通行之物，那时可以剿发付旨太平羁、捻羁，勤远略，这是救时第一要务。

1861年底，太平军攻占宁波、杭州等地，并迫近上海，形势急转直下。

1862年，太平军进攻上海。清政府侦悉"发逆有汇银五十万两向美国购买船炮之事"，这使慈禧太后和军机大臣恭亲王十分震惊。

时任海关代理总税务司的英国人赫德便乘机恫吓清政府，声称如果不抓紧购买外国枪炮，到明年太平军"一到上海，即先买外国枪炮，以御官军"，到那时，清政府"无论再用何法，必不能得力"。

赫德怂恿清政府在英国买兵舰组建舰队，目的是想趁机控制中国海军。清政府为了尽快消灭太平军，便"饥不择食""慌不择路"，立即以总理衙门的名义致函两广总督劳崇光，并连续致函江苏巡抚薛焕、福州将军文清，命令他们迅速筹措购规款项，限期建成以洋人的"奇伎淫巧"武装起来的舰队。

赫德奉清政府之命，于1862年3月14日致函已回英国伦敦休假的总税务司李泰国，请他就近代为办理。李泰国遂在国内物色了一名英国皇家海军军官——皇家海军上校阿思本一起来筹建舰队。

李泰国成了组建这支舰队的"全权代表"，他私自与阿思本订立"合同十三条"，自作主张招募舰员600余名。"十三条"大致内容为：阿思本担任这支"欧洲—中国海军"的总司令，凡中国所有欧洲制造的舰只，或受雇于中国皇帝而由欧洲人驾驶的本国船只，或在中国皇帝统治下属于本国人而由欧洲人驾驶的本国船只，全部要由阿思本管辖；阿思本只执行由李泰国转来的中国皇帝的命令，不执行其他任何机关下达的任何命令，而阿思本认为不满意的命令，李泰国也可拒绝担任中转人；舰只所有人员均由阿思本选用、任命，由李泰国最后裁定；对这支部队，中国官员提出的任何控诉，均由李泰国调查；舰队旗帜应具有欧洲特征。

清政府得知李泰国招募英国官兵竟至600多人，"已不胜诧异"，及见"合同十三条"更是朝野哗然。清政府"本未议及全用洋人"，而且"原议船中所用外国人，不过令其教练枪炮行驶轮船之法，而兵权仍操自中国，不至授人以柄"而"合同十三条""事事欲由阿思本专主，不肯听命于中国"，与清朝政府的设想大相歧异。经过一番争执之后，双方妥协，李泰国勉强接受清政府提出的《轮船章程五条》，章程规定，新舰队由中国选派一武职大员担任"汉总统"，延请阿思本担任"帮同总统"，任期4年，舰队一切事宜由二总统协商办理；舰队作战应听从所在督抚的节制调遣，行兵进止由中国主持；此外，应随时选中国人员上船学习。

1862年6月16日，李泰国正式呈文英国外交大臣罗塞尔，请求批准他为清政府在英国"购买舰只和聘用官兵"，"成立一支欧洲海军舰队"即"中英联合海军舰队"。他说得很露骨："这支部队不会在任何方面妨碍女王陛下政府，反而会使它在没有进行直接援助、省却那些烦恼的情况下，享有一切好处。"

1863年6月，李泰国从英国返抵中国，坚持要清政府接受"十三条"合同内容。清政府看到了英国"其意竟是借此一举将中国兵权、利权全部移于外国"，当然不愿全部接受。

到了9月，阿思本率舰队到达中国上海时，李又同阿思本一起要求清政府接受13条，清政府断然拒绝。10月15日，李泰国、阿思本再向清总理衙门提出申呈，表示除非按十三条办，否则就拒绝从事任何行动，并以最后通牒的口吻提出："如果在48小时之内，我收不到一种有希望的答复，那就必须将这支部队加以解散。"

结果是，清政府不得不屈服于对方，答应他们的蛮横要求，即舰只由阿思本带回，变卖后银两缴还中国。

1863 年 12 月 12 日，这个由阿思本统领的中英联合舰队公案就此了结。清廷先后搭进了 60 多万两银子，却落得个一无所获。想靠外国力量建立中国舰队的打算成为泡影，这支舰队的甲板上甚至未曾留下一双中国人的脚印！

清政府为遣散"舰队"还承担了阿思本以下官兵 600 人 9 个月的月薪工银和回国路费共 375 000 两白银，此外又赏阿思本白银 1 万两作为"酬劳"。

阿思本舰队的流产，给清廷君臣以很强烈的刺激，自主、自造、自强等观念逐渐成为头脑清醒者的共识。

在内忧外患严重局势的迫使下和"师夷长技以制夷"的社会思潮推动下，清政府总理衙门的奕䜣、文祥和地方督抚中的曾国藩、左宗棠、李鸿章等"洋务派"，在自强和求富的名义下，"采西学"，"制洋器"，进行了历时 30 多年的洋务运动。

1862 年初，左宗棠领兵入浙，开始与外国接触，在战争中使用了向外国人借来的轮船，直接感受到了轮船的好处。

1863 年 3 月，他在上总理衙门书中，向清政府提出了"将来经费有出，当图仿制轮船，庶为海疆长久之计"的主张。

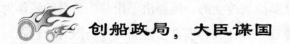

创船政局，大臣谋国

从历史的角度来看，洋务运动是每一个国家现代化的必由之路。中国人办洋务是先从办军事工业开始的。这是由于中国人和西方接触，首先遇到的是西方的炮舰外交。西方列强凭借他们的"船坚炮利"，打开了中国的大门。他们可以随意将兵船开到沿海以至大沽口，甚至开进内河；可以随便用大炮轰击沿海沿江的炮台和城市。西方人给中国人的印象是不友善的和邪恶的，是"侵略"；即使是通商和传教也常有强迫性。中国人害怕西方的军舰和大炮。

左宗棠第一次亲眼目睹外国轮船是在 1864 年，当时他正在浙江湖州与太平军作战。看到外国轮船的先进之处，左宗棠的心里很不是滋味。

于是，左宗棠在杭州找来了一个 60 多岁的中国工匠，试制了一艘蒸汽船，并于 10 月 16 日在杭州西湖试航。这次试航虽然最终未能成功，但他还是感到几分欣慰，他坚信中国人是有能力造出自己的轮船军舰的。这次造船过程，是左宗棠将制船御侮思想变为实际行动的一次有益尝试，也是他从事洋务运动，在福州设厂造船的前奏。

此时，左宗棠已经有了一个发展中国近代造船业的初步设想。他先后与法国军官、常捷军统领德克碑和日意格商谈此事。

1865 年 1 月，德克碑奉左宗棠之命回法国购买机器，寻觅技工。2 月，德克碑还给左宗棠提供了一个关于船厂经费预算的详细报告。

1865 年 2 月，左宗棠在上总理衙门书中谈到自强时说，除修明政事，精练兵勇之外，必须仿造轮船，才能"夺彼族之所恃"，明确地把造船视为自强御侮的重要内容。

后来，左宗棠在给吴全美的另一封信里提出"名为水师，而无炮船"的现状是应当改变的。他提出了用裁汰兵勇的钱作为"制船买炮之费"的建议。为什么必须自己造船呢？是因为他曾经历了借船、租船，并谈到"唯购买则一切尚可自扫，较之借、雇均为省事"。但他又认为，买船仍有三个难处：

(1) 洋人的贪利之心无微不喻。他们出售船只，必定是先将旧者、敝者卖给你，或者是制作未能坚固的劣等品，以及他们已视为陈旧、过时而淘汰的。他们在未卖给中国之前，都噤不出声，待成交之后，再扬言某些部件已坏，必须改造，才能使用。若依照他们所论进行改造，又必用他们的料、用他们的工，任意勒索，莫能驳减。

（2）船即使买定了，仍须要雇用他们的人来管驾，以管车、看盘等技法，非熟习者不能胜任。如宁波、上海及广东等各海口，中国人在轮船上受雇当水手舵工者多，而能当上船主者却极不易得。既然必须用外国人担任管驾，则"另雇更换均难由我，不得不勉强将就以冀相安"。

（3）轮船使用一年半载之后，没有不需要维修的，想要维修则必就外国所设船厂铁厂估价兴工，洋人又得居为奇货。我们想价廉物美而他们故意虚报高价，我们欲速而他们故意迟缓，不得不由他们控制和愚弄。

如此三难，则购买轮船不如自造轮船。可是，要自己设厂制造也非易事，其中有机器、技术、人才，以及经费、舆论等一系列的困难。

也就是在这个时候，总税务司赫德和英国使馆参赞威妥玛分别向总理衙门送交《局外旁观论》和《新议略论》，建议采用华洋合办或借资举办等办法，修筑铁路、敷设电线、开采矿产、训练海陆军、开办学堂等所谓"借法自强"，并且是"缓不济急"，企图以此扩大在华势力，达到其扩张侵略的目的。同时，由于他们高唱和好，进行资本输出，在客观上为洋务运动提供了一个短暂而表面的外部环境，也有利于引进外国机器、技术和人才，"充当历史的不自觉的工具"。对赫德和威妥玛的论略，总理衙门认为，"目前无可寻衅"，恐"为日后借端生事"，主张"先事通筹"。清政府亦说："因思外国之生事与否，总视中国之能否自强为定准。"谕令各地督抚，对赫德和威妥玛就"中国文治、武备、财用等事之利弊，并借用外国铸钱、造船、军火、兵法各条"，"应如何设法自强，使中国日后有备无患，并如何设法预防，俾各国目前不致生疑之处"，"详慎筹划，不可稍涉疏略"。

在这场有关洋务的讨论中，曾国藩、李鸿章、沈葆桢等人，都看到赫德和威妥玛的意图，主张雇募洋匠、购置机器，自己兴办，使权

127

操之于我，免受外人控制。

左宗棠对此更是洞若观火。同治五年五月十三日（1866 年 6 月 25 日），他在《复陈洋务事宜折》中，指出赫德和威妥玛所送议略是"悖慢之词，殊堪发指"，"唯利是视，于我何有"，分析了他们的意图和中国面临的严重形势，然后骂道：道光十九年（1839）海上事起，当时火轮兵船已成，英吉利遂用以入犯。此后寻衅生端，逞其狂悖，趁我寇事方殷，未谋远略，遂敢大肆狡猾。第二次鸦片战后，情况虽有变化，可外国侵略者"不夺不餍"，欲壑无底，"借端要挟，恐所不免"；如有决裂，则彼必寻衅生事。陆地之战，尚可无忧，若纵横海上，彼有轮船，我方无之，将若之何？他说，对这个问题，他反复考虑了 3 年，"习造轮船，兼习驾驶"是最好的解决办法。

同一天，左宗棠以闽浙总督身份，竟向清政府连上四折，其中《拟购机器雇洋匠试造轮船先陈大概情形折》正式向清政府提出设厂造船，创办福州船政局的报告。这是他 20 多年来造船御侮思想的光辉结晶，是最近 3 年筹划设厂造船的重要成果，是驳斥赫德和威妥玛议略，阐述借新法自强主张的具体化，是我国第一个近代造船企业的重要历史文献！

首先，左宗棠在奏折中首先指出了"东南大利，在水而不在陆"，"七省之储可通一水，匪特巡洋缉盗有必设之防，用兵出奇有必争之道也"。从清政府"建都于燕，津、沽实为要镇"来看，更具有特殊重要的意义。

接着，左宗棠又指出：由于外国以船舰侵略，东南水利成为海害，并从四个方面指出其害，亦是他"非设局急造轮船不为功"的理由：

（1）在海防方面，"自海上用兵以来，泰西各国火轮兵船直达天津，藩篱竟成虚设，星驰飚举，无足当之"；

（2）在商业方面，"自洋船准载北货行销各口，北地货价腾贵。江浙大商以海船为业者，往北置货，价本愈增，比及回南，费重行迟，不能减价以敌洋商，日久消耗愈甚，不唯亏折货本，浸至歇其旧业"；

（3）在民生方面，"滨海之区，四民中商居什之六七，坐此阛阓萧条，税厘减色，富商变为窭人，游手驱为人役"；

（4）在漕运方面，"恐海船搁朽，目前江浙海运即有无船之虑，而漕政益难措手"。

可见，左宗棠把设厂造船视为变海害为海利的关键。他认为，外国船舰在我国沿海横行和恣意侵略造成了海害，怎么解决这个难题呢？

左宗棠在指出用海船防海害的必要性后，还从欧美各国造船日精和日本仿造进展迅速的事实出发，指出了设厂造船的迫切性，批判了那种盲目自大和安于落后的思想，提倡奋起直追、振作有为的精神。

左宗棠还说了两句针对顽固派因循守旧而发的尖锐深刻、令人深省的话："泰西巧而中国不必安于拙也，泰西有而中国不能傲以无也。"

对于当时设局造船所面临的从选择厂址到解决机器设备、科学技术、筹措经费、驾驶养船、谤议易兴等一系列困难，他既有知难而进、勇挑重担的精神，又有实事求是、寻求解决困难的务实态度。他说：

"如虑船厂择地之难"，则福州罗星塔一带，"开漕浚渠，水清土实，为粤、浙、江苏所无"。他在浙江，"即闻洋人之论如此。昨回福建，参以众论，亦复相同"，是较理想的设厂造船地方。

"如虑机器购雇之难"，可以先购一部分机器，然后利用从外国雇聘的技术人员，采用"以机器制造机器，积微成巨，化一为百"的办法，以解决造船所需要的轮机等机器。至于购买机器，中国人不懂难办，可"托洋人购觅，宽给其值，但求其良，则亦非不可必得也"。

"如虑外国师匠要约之难"，那么，雇用外国师匠，要"先立条约，定其薪水"。这些人到来，就让其向从各地挑选来的年轻工匠传授技术，在教和学中有成绩的奖励，否则更换另补，扣薪水。这样，对迅速掌握技术，"似亦易有把握"。

"如虑筹集巨款之难"，开始建厂、购器、雇匠需银30余万两。随后，每年工料、薪水，每月五六万两，全年60余万两，5年所需不过

忧国忧民办洋务 创建船政固海防

300万两。这些款项，先由闽海关支付，不足再由厘税提取。他认为，"创始两年，成船少而费极多；过三四年，则工以熟而速，成船多而费亦渐减"。5年内，国家用此百万造船，"合虽见多，分亦见少，似尚未为难也"。

"如虑成船以后中国无人堪作船主，看盘、管车诸事均须请洋人"，则在与外国定议雇聘造船技术人员时，就要"先与订明教习制造即兼教习驾驶"，把培养造船和培养驾驶视为同等要任务。而且，他采取不拘一格的选才用才办法，不管何人，讲习精通驾驶，就授以武职，让其领导水师。如此，"则材技士争起赴之，将来讲习益精，水师人才固不可胜用矣"！何况，江浙等地"有不少粗知管驾轮船之人，如选调入局，船成即其管驾，似得力更速也"。

同时，左宗棠预见到了设厂造船更大的阻力和困难还在于"非常之举，谤议易兴，始则忧其无成，继则议其多费，或更讥其失体，皆竟中必有之事"。然而，"天下事，始有所损者，终必有所益。轮船成，则漕政兴，军政举，商民之困纾，海关之税旺，一时之费，数世之利也"。这番深谋远虑的论述，描绘了建立中国近代造船工业和海军的蓝图。

左宗棠这则饱含激情、见解深刻的奏折，1866年6月25日于福州发出，立即在京城引起了轩然大波。

此时，李鸿章虽也想辟建水师，但认为雇购洋船则可，自造万万不行。他不便与炙手可热的风云人物左宗棠唱反调，乃与英使威妥玛及赫德一个鼻孔出气，求他们出面游说"老佛爷"，说中国自强当广求新法于外洋，轮船器械以购雇为便，慈禧太后听了未置可否。

由于左宗棠这个奏折适应历史发展的需要，符合清政府自强御侮的要求，同时，因为在清廷中央，当权的恭亲王等人也是主张办洋务、建海军的，通过他们的影响，左宗棠的奏折很快得到了清廷最高决策人慈禧的首肯。因此，在这个奏折发出后只有20天，即1866年7月14日，清政府就正式允准了他设厂造船的建议。

清廷之所以批准左宗棠的造船计划，还有另外一个原因，这就是慈禧、恭亲王等人对刚刚结束不久的"阿思本舰队"风波记忆犹新。清政府花钱买气受，深感自己不能制造舰船的屈辱，产生了发展中国自己的近代造船业的强烈愿望。左宗棠的这个造船计划正合其心意，与清政府的当权者一拍即合。

　　而左宗棠创办福州船政局有两个方面的目的，用他自己的话来说，叫作"内纾国计、利民生，外销异患、树强援"，即"以防外侮，以利民生"。

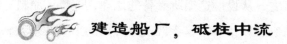
建造船厂，砥柱中流

　　福州船政局的建造计划清政府是批准了，但选择建厂造船地址是制订计划的第一件大事。后来，马尾被选为福州船政局的建厂地址。

　　马尾处在福州东南 20 公里、罗星塔北 15 公里的马限山脚下，马江北面，是福州府下闽侯县辖中歧乡的一块依山临水的小平地。闽江由此入海只有 40 公里，江面宽阔，水流量大，万吨火轮可溯江而上，但从海口五虎门而上，沿途多岛屿滩头，如金牌、壶江、闽安、罗星塔等处，形势险要。中间港汊旁通长乐、福清、连江等县，重山环抱，层层锁钥。当潮水上涨，海口以上岛屿皆浮；潮水退后，洲渚礁沙，萦回毕露，成为沿江和省城的天然屏障。马尾临近的罗星塔居白龙江、乌龙江、闽江汇合处右岸，是宋朝时所修的一座高达 30 米的石塔，气势磅礴，雄伟壮观，是闽江从海口到省城福州的咽喉。

1866 年 8 月 19 日，左宗棠经过实地勘察，认为这里"土实水清，深可二十丈，潮上倍之，堪设船槽、铁厂、船厂及安置中外工匠之所"。随后，德克碑到福州，疑虑土质是否游泥所积，左宗棠又令人掘土看验，结果是"泥多沙少，色清质腻"。

选择马尾设厂造船，同时也得到了不少人的赞同。

日意格在谈到马尾设厂造船时，更是具体地列举了以下八条好处：一、福州海口多山，军事上易于设防；二、地方与省府很近，容易使高级官吏对船政发生兴趣，也容易得到他们的赞助；三、附近有海关，经费较易筹措；四、海口水位较深，凡吃水 6.69~7.01 米的火轮船皆可进口；五、福州附近有铁矿，开发后，工厂所需钢铁可以就近取给；六、台湾产煤，便于炼铁；七、福州生活水平低，工资较贱；八、左宗棠为闽浙总督，便于自己"监督照顾"。

总而言之，从设厂造船所必备的地理、地势、原料、燃料和人力资源，以及它在政治、军事、经济等方面的重要性来看，左宗棠将马尾选为福州船政局的厂址，是十分正确的决策。

制订计划是设厂造船的关键问题，是更为重要的大事。

左宗棠与日意格就设厂、制造、购器、雇匠、驾驶、经费和进程等一系列问题，"由粗而精，由暂而久，尽轮船之长，并通制器之利"，做了多次详细、周密的研究，拟订了《船政事宜（十条）》这一具体计划。

《船政事宜（十条）》是福州船政局设厂造船的总纲。它的主要内容是：购买外国机器设备，雇聘外国技术人员，在福州修建铁厂、船槽、船厂、学堂、办公楼、住宅；在铁厂开工后的 5 年内，用银 300 余万两，教会中国员匠学会造船和驾船，制造大小轮船 16 艘。日意格将此归纳为五项：①兴建工厂与船厂，以修造船舶，并制造船舶所需的各种机器；②建立学堂，以训练造船制器的工匠，并训练驾驶人员；③雇用外国匠工造船制器，并教导中国工匠、匠首及艺童；④修建拉拔式船槽一座，以修理船舶；⑤兴建铁厂一座，能将本省所产的铁以及在中国所能获取的废铁，熔炼并制成铁条铁板。

从以上计划来看，这个设在福州马尾、占地三百四十多亩的船政局，是由清政府派船政大臣，下设提调等人进行管理；至于经费，不仅开办费由闽海关拨用，而且随后的常年经费每月五万两也由闽海关按月拨付；所造轮船，都一律照外洋的兵船式样，建成后拨给沿海各地，以加强海防，不是作为商品投入市场。福州船政局是一个规模大、设备较好的具有资本主义性质的近代军用造船企业，而且是属于国家资本主义性质的近代军用造船企业。

当日意格在其承担的建厂、驾驶、购器、雇匠等任务的计划上签字后，左宗棠又派员随日意格去上海，让法国驻上海领事对日意格承担各事画押具保。

10月初，德克碑到福州，对日意格订立的计划没有异议，乃于10月下旬去上海，与日意格一起去见法国驻上海总领事白罗尼，以便取得法国政府的认可。

德克碑原在接受左宗棠让其筹议开设铁厂、船厂、制造轮船并教成中国员匠自行监造、驾驶等事的任务后，即于1865年3月回到法国，当面就此事向法国政府报告。法国政府对德克碑愿报效中国，也十分甚喜悦，并准假让他来中国开厂造船，教导监造、驾驶事务，须教中国员匠技艺精娴，力图报效。并表示将知照驻京公使照料德克碑等人办理。依此看来，左宗棠让日意格、德克碑去上海见法国领事印押担保应无问题。

但是，法国政府一因内部意见未趋一致，二因而临英法争夺，怕担风险，因而，不愿贸然承担具保责任。法国驻上海总领事白罗尼对日意格等要求法国政府对承担建厂造船"应允照应保全"时，既不公开拒绝，又不应允所求，只说："此事左宗棠与日、德自然会议定办，想此受托承办之事，如同交易之常情，本国亦不能过问，更无允许保全之条例。"法国驻华公使伯洛内亦认为，白罗尼所说"皆按情理"，法国因"有定制之限，不能照管"。因此，他建议将此事待海关总税务司赫德回京，与他商明之后，再作道理。

1866年10月6日，总理衙门根据设厂造船，"中国既可收自强之效，外族办可免觊觎之心"，写信给左宗棠说，"无论如何为难，总期志在必信，行则必成。"总理衙门没有因伯洛内、贾禄等洋人的说三道四而畏缩，反而增强了设厂造船的决心。信里极力称赞左宗棠：

砥柱中流，留心时事，以自强莫先于海防，以海防莫要于造船，将来举办成功，实足以震慑中外。

法国既有此论，中国尤应极力讲求，不致因外国稍有阻挠，致形松懈，宜熟商办法，妥定常章，并严其考察，课其成功，以期饷不虚糜，功归实用。

1866年10月14日，正当左宗棠为船厂的人事问题反复思虑之时，他突然接到了清政府的谕旨，将他调任陕甘总督，并且催促他赶快赴任。因此，谁接管船政更是关系设厂造船成败的大事。当天，福建官绅各界知他西行，"皇皇如失所恃"。他们认为："创造轮船一事，关系甚巨，非常之功，非他人任"，而左宗棠设厂造船于时于地于人，非其他大员所能承担此重任。担心左宗棠即刻西行，造成若不是他"则费不能支而事终于废"，如此，"四裔所笑，天下寒心"。因此，前江西巡抚沈葆桢等百余名官绅联名写信，要求左宗棠暂住福州，待外国工匠毕集，创造一有头绪，再移节西征。

另外有一件事令左宗棠感到忧心，必须妥善处理。这就是夫人周诒端和张氏，还有孩子，包括养女小芳，来福州才半年，此次他奉命西行前，先要遣家眷回老家。他既想将他的净友、老乡、亲信虞绍南留下，又想让虞绍南替他送家眷，左右为难。虞绍南自忖不是干这么大的洋工程的材料，有畏难情绪。左宗棠最为焦虑的事，便是谁能接替他的工作，挑起船政重任呢？

于是，有人向左宗棠举荐沈葆桢。左宗棠想起来了，当初沈在江西当过巡抚不假，是个英才，怎么就没想到呢！他顿时转忧为喜。

沈葆桢 (1820—1879)，字幼丹，福建侯官人。道光二十七年 (1847) 进士。沈葆桢是林则徐的女婿，虽说也是靠镇压太平军起家，但思想并不保守。他早年跟随曾国藩，但他对曾国藩并非一味盲从，并逐渐不满于曾氏，想辞去职务，但多次提出辞呈都没有获准。1864年，他因丁母忧获假回到福建，在家不问政事。

1866 年 10 月 31 日，左宗棠密奏清廷，特推荐他为总理船政大臣，并享有专折奏事的权力。在奏折中，左宗棠对派沈葆桢总理船政做了十分全面的论述。

为此，左宗棠一方面请求稍留段时间，以待此局之定，另一方面更感选择接办继任人员事关设厂造船的成败。

清政府在调左宗棠任陕甘总督时，原拟将福州船政局交由新任闽浙总督吴棠兼管。而左宗棠请派重臣总理船政一折到达北京以后，清廷在 11 月 19 日的谕令中改变了原来的考虑。这个谕令称赞左宗棠：

以轮船势在必行，不以去闽在途遽行搁置，实属沈毅有为，能见其大。

同意左宗棠"将设局造船事宜办有眉目，再行交卸起程"以及其他建议。在肯定沈葆桢"办事素来认真"后说，"所有船政事务，即着该前抚总司其事，并准专折奏事，先刻木质关防印用，以昭信守"。

左宗棠为了让沈葆桢到任后能顺利工作，在劝说与奏请沈葆桢出任船政大臣的同时，还帮他物色了一批具有洋务专长的人做他的助手，其中有署藩司周开锡、道员胡光墉等。

沈葆桢在左宗棠的劝说与"激将"下，终于以船政为重，同意左宗棠最后提出的意见。最终挑起了经办福州船政局的重担，就是为了继承舅父和岳父的夙愿和遗志。

对于胡光墉，左宗棠不仅说他才长心细，熟谙洋务，为船局断不可少之人，且为洋人所素信。并且向清政府表示："倘臣所举非人，致有贻误，仍请将臣交部严加议处。"此外，又就自己所知闽浙官绅中有益于船政的人员向沈葆桢推荐，以供差遣。

1866 年 12 月 3 日，清政府同意左宗棠与沈葆桢磋商的办法，重申由沈葆桢担任船政大臣外，并指令闽省设厂制造轮船一切应办事宜，均着英桂、左宗棠、吴棠、徐宗干与沈葆桢随时会商办理；沈葆桢在未释服以前，遇有应行陈奏事件，由沈葆桢知会该督抚代为具奏；一待服阕，仍着会同该督抚联衔奏事，以重事权。

　　左宗棠在忙着竭力奏请沈葆桢出任船政大臣的同时，也没有放松设厂造船计划的进行。

　　左宗棠在与日意格、德克碑制订设厂造船计划时，还坚持了几个值得称道的原则和精神：

　　（1）造船与驾船并重的全局观念。左宗棠在规划这个企业时，既考虑了造船所需有铸铁、打铁、模子、水缸、轮机 5 个厂，后增至 13 个厂，又设立了为造船制造轮机等件的铁厂和供修建船舶的船槽，还有为造船培养人才的船政学堂，使整个造船由制件、造船、维修到学造船，构成一个完整的体系。

　　（2）造船、驾船“所重在学”的长远观点。左宗棠在制订计划时，特别重视掌握技术，注重教育，培养人才。为此，他在设立船厂、铁厂时，专门设立“求是堂艺局”，聘请熟习中外语言文字的洋师，教习英、法两国语言文字、算法、画法，其目的就是重在学造西洋机器以成轮船，俾中国得转相授受，为永远之利，非如雇、买轮船之徒取济一时可比。并且，在学习掌握造船技术时，还学习掌握驾船技术。它不仅制造了我国近代第一批船舰，而且为近代中国培养了最早的一批近代经济和军事建设人才。

　　（3）在大胆引进技术设备和人员时，坚持以我为主的独立自主原则。左宗棠在拟订设厂造船计划时，十分重视引进外国机器设备、科学知识和工程技术人员。这种既大胆引进，给予外国技术人员必要的职权，更坚持以我为主的精神，不仅是福州船政局取得成就的重要原因之一，也是开放引进必须注意和坚持的重要原则。

　　1866 年 12 月 23 日，左宗棠创办的福州船政局在福州马尾正式动工兴建。30 日，清政府发布上谕，批准了这个计划。1867 年 1 月 18 日，马尾镇边旌旗招展，简易工棚中叮叮当当的铁锤声宣告了一项伟大工程的开工。同年 8 月，基建工程大体完工。

1868 年 8 月，船厂落成。中国第一个规模宏大、设备较好的近代官办军用造船企业随之拔地而起！这之后，几经扩建，规模不断增大，计有大小建筑 80 余所，技工生徒 2600 余人，成为中国第一个新式造船厂，也是当时远东最大的造船厂之一。这座船厂后来被人们称为"福州船政局"或"马尾船政局"。

1869 年 6 月 10 日，福州船政局制造的第一艘轮船"万年青"号下水。该轮为木质兵轮，排水量 1370 吨，航速 10 节。这时的左宗棠正在甘肃与回民起义军作战，听到这个消息，他异常兴奋，立刻写信给沈葆桢表示祝贺。他说："以中国人的聪明才智，兼收西方科技之长，不用十年，我国的海防形势就可以大为改观，鸦片之患可除，国耻可洗！"

后来，福州船政局在经费、人事等方面遇到了新的困难，清政府中的封建顽固派乘机起哄。

诚然，左宗棠为这一军工企业的诞生耗费了巨大的精力。在后来的日子里，他又为这一企业的成长与发展做出了艰辛的努力。

福州船政局自创立之后，前后存在了 33 年，共制造"兵轮"32 艘，有木质炮艇，也有钢肋木壳舰，还有钢甲舰。福建船政局成为中国近代海军舰船的重要来源之一，为中国的海防近代化做出了可贵的贡献。

第六章

移督陕甘出良策
平定暴乱建奇功

正当左宗棠在筹划福州船政局时，清政府又任命左宗棠为陕甘总督。左宗棠对此次远征陕甘根本没有信心。于是，左宗棠就将行期推迟了3个月，并提前筹划良策。虽然左宗棠平捻受挫，但捻军还是被他镇压了下去。接着，他又平定了回民暴乱。

总督陕甘，运筹帷幄

同治五年八月十七（1866 年 9 月 25 日），清政府任命左宗棠为陕甘总督。但是，因为福州船政局的定议尚需时日，左宗棠不得不奏请稍缓起程，将行期推迟了 3 个月。

12 月 16 日，左宗棠带着他的 3000 名士兵告别福州，正式启程前往陕甘赴任。这一路上，他们浩浩荡荡由陆路启行，取道江西、湖北，第一站是汉口。

1867 年 1 月 28 日，当左宗棠经过黄州时，又接到诏书，因为捻军首领张宗禹已进入陕西，改命他先去西安追堵捻军。于是，他特地致书居住监利的老朋友王柏心，邀其会面于汉口。

左宗棠对此次远征陕甘并没有信心，但清廷对左宗棠此次远征陕甘却寄予了很大的希望。陕甘回民起义爆发之后，清廷原先想让满人来镇压，但是屡次作战都极不顺利。接着又命湘军将领刘蓉、杨岳斌等人率部入陕，但仍然没有控制住回民起义的燎原之势。

1866 年冬，随着西捻军入陕，陕甘的形势进一步恶化。清廷在无可奈何之中，决定调派左宗棠前去，希望他能迅速扭转陕甘的战局。为此，清廷两下谕旨，督促他火速带兵入陕。

第一道谕旨御赐了左宗棠一个正式的头衔——进士，并授左宗棠钦差大臣；第二道圣旨是"六百里加急"送到的。清代颁发廷谕按公文的急迫性质分为三个等级，一是"马上飞递"，要求驿卒日行 300 里；一是"紧急"，要求日行四五百里；而"六百里加紧"则要求日行 600 里以上，连人带马日以继夜地快递。

捻军就是太平天国时期北方的农民起义军，也称捻党。1853 年，捻党在太平天国起义的影响下发动大规模起义，就是史学界所说的捻军。

捻军起义分为两个历史阶段。自 1853 年春至 1863 年 3 月为前期捻军。1855 年秋，豫皖边的捻军首领齐集亳州雉河集会盟，推举张乐行为盟主，决定建立五旗军制，开始联合作战。从此，捻军在淮河南北广大地区不断打击清军，有力地支援了南部太平天国的革命。但是，由于捻军组织不严密，缺少强有力的统一领导，在和清朝的正规军作战中多次失利，力量受到很大削弱。张乐行等著名领袖也相继牺牲，捻军的根据地雉河集也于 1863 年失守，只有任化邦、张宗禹等人率领余部突出清军的重围，活动于河南、湖北和陕西边区。

捻军首领张宗禹、任化邦突围出来后，与太平军余部的遵王赖文光开始联合作战，采用流动战术，易步为骑，迅速成为一支拥有十万余众的武装力量，并且屡次大败清军。

1866 年 10 月 23 日，捻军在河南分为东、西两支：赖文光、任化邦率领东捻军在鄂、豫、皖、鲁之间转战；张宗禹、张禹爵率领西捻军，进入甘、陕，联合回民起义军，极大地震撼了西北大地。

在陕西回民起义影响下，甘肃盐茶厅属平远所回民首先响应，继之，宁夏金积堡的马化隆，河州的马占鳌，西宁的马尕三、马桂源、马本源和肃州的马文禄等先后起义，其势力遍及甘肃东西各地。

除此之外，陕甘地区还有因久经战争蹂躏、流离失所的汉族农民，以董福祥、扈彰等为首，形成大股，结合清军的散兵溃勇，在陕甘、特别是陕北地区活动。

到了 1867 年 1 月，西捻军进入陕西华阴、华州、渭南、临潼、蓝田、咸宁、长安、周至、鄠县等地。西捻军的进入，使陕甘地区的回民起义军迅速复活动起来。

虽然清廷一再谕令左宗棠火速入陕，以解危急，但是，左宗棠自己心里最明白，他不是神，不是说只要他一到陕甘，捻、回的问题就会迎刃而解了。早在1866年12月5日，他在奏折中就向朝廷强调了两件事：一是兴屯以解决军粮；二是切实保证军饷。没有粮，没有饷，就没有军队；没有军队，就没有胜利可言。

1867年2月初，左宗棠才到达汉口，大营驻扎在后湖。一到汉口，他除了忙于招集、整顿部队，等待从湖南招募的3000名旧部到汉口来会师之外，他还又特地从湖北监利召来了旧日的同僚好友王柏心。

左宗棠之所以一定要把老友王柏心请来当"高参"，是因为左宗棠曾与他在湖北张亮基幕府共事，深知他工于心计，足智多谋。而且，王柏心曾做过林则徐和罗文俊的幕客，熟悉陕甘的情况。

在聚议室里，王柏心首先谈高见，他认为捻军"飘忽驰突，兼善用骑"，"最为难制"，因而应以先灭捻军为急务。他历数了几股捻军和回军的情况，说："这几股力量异常活跃，要分出轻重缓急，兵力要相对地集中，攻其一点，中间突破，特别是捻，飘忽驰突，善于骑射，看来应该先打捻后打回，要次第解决。欲得西陲靖，必先清腹地，以免后顾，中梗粮道。"

左宗棠深知到西北边远地区行军作战，粮饷一难筹，二难运。用兵的人要用大气力来顾这一头，否则孤军深入，不败在对方手下，也会败在粮饷不济上，所以他早就抓住一个"屯"字，怎么个屯法，屯一段，进一段，他跑，他窜，忽东，忽西，只能清一片算一片，他驰突久了，也就没有元气了，就容易击败。

王柏心还根据西北的具体情况，建议以马队作为主力，口（张家口）马难得，川马也中，速速请北方马师训练。炮车不能及时造就，先造独轮的用了再说，炮是要的，而且要开花炮，枪也要换后膛枪。

左宗棠的二哥宗植也列席了弟弟的战前运筹聚议。虽然他不懂用兵之事，但书读得多，也好经世致用之学，他认为：战争胜败在于军心民心之向背，在民族杂处地带，要善于化除汉族与回族以及与其他民族之间的隔阂，不能一味地高压、掠杀。泱泱中华，民族众多，谁懂得这一点，谁将能赢得长治久安，不懂得这一点的，最终不败在军阵上，也要败在民心上。

王柏心的言词直率而恳切，对左宗棠很有启发；二哥的话，也十分重要，左宗棠都是悉心听取。

左宗棠接受王柏心的建议，进一步修订了自己在西北的战略方针，即所谓："以用兵次第论，非先捻后回不可，非先秦后陇不可。"

在战术上，左宗棠为对付捻军的剽悍骑兵，提出要"讲求阵法，先制其冲突，而后放枪炮；先立定脚跟，而后讲击刺，庶有把握"，还提出要"以车营、步队挡贼马，而以马队抄其步"。训练车营的计划，因后经实践无效而放弃；建立骑兵一事，他虽十分重视，但短时间亦难办好，经"极力搜索"，只买到460匹马。这样一支弱小的骑兵队，远不能与捻军铁骑争锋（东捻军在全盛时达10万人，骑兵超过半数，西捻军约3万人，骑兵也有1万多）。在这种情况下，左宗棠认为："唯多用火器，庶几制胜。每营除改用短劈山炮三十八尊，安于战车，其洋枪则加至六成。所需洋药甚巨。"

左宗棠与王柏心在汉口聚会的几天中，不单是叙旧，更重要的是讨论国家大事和西北用兵策略、作战部署等。他们两人有许多相同的看法，谈得十分投机。左宗棠后来平定新疆时采取的一项成功的战略——"缓进急战"，即用充分的时间做好各项准备，然后以迅雷不及掩耳的行动速战速决，这项战略就是王柏心和他共同商定的。

他们还一致认为，在西北作战，应采取屯田政策，因为西北粮食缺乏，军粮若全靠内地接济，迢迢数千里，运输困难，万一断粮，军队就不能作战了。屯田是汉代大将赵充国创立的办法，即兵士中一部分就地农垦，自己养活自己，这也是长远之计。对付捻军，他们都认为要用骑兵和炮车作战。因为捻军往来奔驰，避实就虚。专用步兵对付则追赶不上，应该用骑兵对付步兵，用炮车对付骑兵。他们又定

"三路进兵之策"。王柏心和他商定的策略，不仅对陕甘军事有用，在收复新疆中也起了重要作用。

在西征军的人事上，左宗棠也做了部署：除奏调刘典帮办陕甘军务外，又调广东提督高连升（果臣）率部来西北参战。另外，原属曾国藩统领的将领刘松山（寿卿）也奉调入陕，带领老湘军9000人，以后成为左宗棠手下的一员大将（曾国藩以国事为重，派出爱将，调遣老湘军主力，支持左宗棠西征，品格高尚。收复新疆大业垂成，亦有他的重要贡献）。

因为曾国藩剿捻不力，清廷命李鸿章为剿捻主帅，并督剿东捻，左宗棠负责征剿西捻。另外还有几支地方部队参加。一支是张曜的"嵩武军"，另一支是宋庆的"毅军"，这两支部队都是豫军，英勇善战。此外，山西按察使陈湜的军队也由左宗棠节制。

左宗棠督办陕甘军务，在有捻有回，有陕有甘，有军有政，并须顾及目前和长远等各方面问题，的确是十分复杂和艰巨的任务。

左宗棠"一面就地采买战马，练习马队，先造独轮炮车，暂应急需。待所调各营聚齐，由襄樊出荆紫关，经商州以赴陕西……一面开设屯田总局，相度秦陇紧接要隘有水草可田可牧者，开设屯田；一面汰遣陕甘各营，去疲冗，省军食，为久远之规。其愿留屯田者，编入册籍，指地屯牧；不愿留者，资遣散回各本籍，禁其逗留为患。然后军制明而内讧可以免，屯事起而军食可渐裕矣！"

对于甘肃，他说："甘省回多于汉，兰州虽是省会，形势孑然孤立，非驻重兵不能守。驻重兵则由东分剿各路之具又以分见单，不克挟全力与俱，一气扫荡。将来臣军入甘，应先分两大支，由东路廓清各路，分别剿抚。俟大局戡定，然后入驻省城，方合机局。"据此，他认为："进兵陕西，必先清关外之贼；进兵甘肃，必先清陕西之贼；驻兵兰州，必先清各路之贼。然后饷道常通，师行无梗，得以一意进剿，可免牵制之虞。"

分阶段逐步推进的好处显而易见："已复之地不令再被贼扰，当进战时即预收善后之效，民志克定，兵力常盈。事前计之虽似迟延，事后观之翻为妥速。"他还说："兵事利钝，受其事者固当身任其责。至于进止久速，则非熟审彼己长短之形，饥饱劳逸之势，随机立断不能。此盖未可以臆度而遥决者也。"同时，他自己多年转战东南，于西北兵事不曾经历，所部都为南方健卒，对于捻、回各军的伎俩并无实见，若不慎之几先，加以迫促，诚恐所事无成，时局也难设想。

其实，左宗棠在制订先捻后回的作战方针时，还从捻军中区分出"有因畏罪惧诛之故，偷息草间情出无奈者"，认为这些人"如能反正归诚，似可稍从曲贷"，并因此奏请清政府："宽其既往，许其悔罪。"决定采取"战抚两用"的政策。

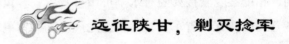

远征陕甘，剿灭捻军

1867 年 3 月下旬，左宗棠督率所部从武汉口出发，正式踏上了远征陕甘的路途。

4 月下旬，由孝感、云梦北上德安、随州。5 月上旬，左宗棠部与东捻军交战于随州塔尔湾。5 月中旬，左军行抵樊城，而东捻军已由枣阳北入河南。直到李鸿章的淮军和鲍超的霆军对东捻军形成包围之势时，左宗棠才最后决定率军向陕西进发。

这时，左宗棠开始实施他的三路入陕计划：他自率主力 7000 人由樊城大路直进潼关，是为北路；帮办军务刘典率众 5000 人，由樊城过荆紫关、出陕西商州龙驹寨以抵达蓝田，是为中路；提督高连升率众 4000 余众，从樊城溯汉水而西，出陕西洵阳蜀河口，是为南路。

但是，三路入陕计划执行得并不顺利。北路和中路于 6 月中旬从樊城出发，刘典的中路军于 7 月中旬顺利到达蓝田。而左宗棠自己的北路军却在 7 月中旬通过函谷关时，突然遭遇山洪冲淹，炮车、辎重漂失过半。到了潼关后，兵士又感染时疫，病死者数以千计，只得暂驻潼关休整。

然而，西捻军的行动与左宗棠的估计是完全相反的。

1867 年 7 月，左宗棠到潼关后就酝酿了一个"兜剿"西捻军的战役计划。

"兜剿"一定，左宗棠便马上调兵遣将。他先与山西按察使陈湜商讨了封锁北自山西归绥、南至潼关、东至黄河垣曲段的防务办法。陈湜受领任务而去。接着，他命令早已在这一带与捻军作战的清军刘松山、郭宝昌二部，从富平移师蒲城，以防堵捻军东渡洛水、黄河。又命所部杨贵华扼守华州，刘端冕和刘典驻守临潼，高连升屯驻咸阳，刘效忠则驻守泾水西岸。从左宗棠的这个兵力部署上看，他是把重点放在了"扼渭水杜其偷渡"上。

他的设防重点在黄、洛东线和渭水南线。泾水西线和北山北线显然是其防务的薄弱环节。他认为北山以北多是山地，又荒无粮草，按常理，捻军骑兵是不会北进的。泾水以西虽是捻军的可能去处，但泾河水涨，难以西渡。只有向东，或者向南再折向东，才是捻军的突击重点。

这个计划，曾使西捻军于 8 月 1 日在蒲城东北受到刘松山、郭宝昌、黄鼎三路的夹击，后又于 8 月 20 日在渭南受到刘松山等军的追剿，被迫西走临潼，由泾阳渡泾河。

西捻军正好利用了左宗棠兵力部署中的这个薄弱环节，于 8 月 26 日轻易地从泾阳渡过泾水、西进咸阳、兴平，然后再北上乾州、醴泉。

移督陕甘出良策　平定暴乱建奇功

后又回走，于 9 月 3 日由临泾一带渡泾而东。9 月 8 日，左宗棠要主客各军在泾水西岸驭齐，向三原、富平分三路横排并进。可是，因阻水半月，致延误师期，终未实现在渭河两岸围困西捻军，防其"急图回窜河南"的目的。

9 月 24 日，西捻军由三原、富平南走高陵、临渣、渭南各县北岸。

10 月 8 日，左宗棠渡渭水亲赴泾西，召集刘典、刘松山、郭宝昌、高连升、黄鼎等高级将领商讨进兵办法。会议决定以黄鼎部蜀军十四营防守泾水西岸，以刘效忠扼耀州山口，防捻军北上。刘典、高连升两军出高陵，陈松山、郭宝昌二军出富平，为进攻主力。左宗棠决计缩小包围圈，准备就地了之。

但是，他的这个计划仍存在着很大的漏洞，主要是北山一线的防守兵力过于单薄。西捻军西走富平，于 10 月 24 日由蒲城东南一带过白水，突破左宗棠的包围圈进入北山，进驻洛川一带。

11 月上旬，西捻军一部北过鄜州（今富县），东折宜川；另一部西趋，联合陇东回民军猛攻同官、耀州。左宗棠的围歼计划再次失败，只得重新部署攻防。他以高连升、刘典、黄鼎三军分驻醴泉、乾州、耀州、同官、三水，专防西线；命刘松山、郭宝昌、刘厚基三军 16000余人深入陕北，追击捻军。

新的作战命令虽然已经下达，但左宗棠自己心里明白，对捻军作战已经不可能再在短期内取得大的战果了。因为他的军队都以步兵为主，即使日夜兼程，也难以追上捻军，更何况沿途还要遭到回军的不时阻击。

11 月中旬，刘松山、郭宝昌二军行抵洛川，而捻军已经占领延川，北攻清涧、绥德了。左宗棠掩饰不住内心对捻军运动战无可奈何的苦恼，写信给陈湜说："弟昼夜筹调军食，胡子头发都白了，可是于大局无能为力，愁恨何方！"

左宗棠入关以来，正如他给友人信中所说的，步步皆落"贼"后，四处应接不暇。12 月 3 日，他向清廷诉苦说："以现在局势言之，捻自南而北，千有余里；回自西而东，亦千有余里。而主客各军之数仅止于此，合计不敌山东诸军三分之一。而陕西剿捻，兼以剿回，又须兼顾甘肃之饷，剿甘肃之贼。"外加追击北上捻军时，为大雨积潦所阻碍，以致入关以来，先为时疫所苦，后又局势艰危，州县城池接连沦陷，故主动奏请清廷："将臣交部严加议处，以示惩警。"

谁知，西捻军又出左宗棠所料，既不西走，也未北上。12月上旬，西捻军首领张宗禹在陕北绥德接到东捻军首领赖文光的求援信，为了实践当初所立的"誓同生死，万苦不辞"的诺言，决定立刻离开陕北，去援救自己的战友。于是，他们从绥德南下，经瓦窑堡、延长，于12月17日由宜川县东踏冰渡黄河入山西，破吉州，经平阳，走泽潞，到怀庆、卫辉、彰德，然后北上定州。此举让清廷大震。

当左宗棠得知这个消息时，真是又急又气。自从他领兵作战以来，还从未有过这么不顺手的时候。劳师糜饷，还放跑了"瓮中之鳖"。向来十分自负的左宗棠，竟然在这个时候第一次想到了自杀。清廷的谕令里，对西捻军的去向极为忧虑，在一通严厉申斥之余，要他将西捻军"就地歼除，不可以驱贼出境即为了事。倘任贼东渡，阑入晋疆，唯左宗棠是问"。左宗棠赶紧把陕西军务委托给刘典、高连升办理，自己统兵5000人，于1868年1月12日从临潼启程，往山西追剿西捻军。

西捻军既以进攻京畿为目标，便无意在山西久留。它先用声东击西的办法将左宗棠的追击部队甩得远远的，然后快速翻越中条山，进至河南济源，再经修武、临漳渡过漳河，于1月底抵达直隶南部磁州。左宗棠命刘松山、郭宝昌二军寻踪追击，但始终望尘莫及，待其赶到磁州，捻军早已渡过滹沱河，进至保定、满城一带。左宗棠自己的一军从潼关入山西，北上介休，经寿阳取道固关入直隶，于2月中旬才到达获鹿。中途还一度不知西捻军的去向，进退失据。

左宗棠马不停蹄、辛苦劳顿并不能引起皇太后和朝廷大臣们的体谅与同情，相反，成了责骂的对象，与时来运转、正春风得意的李鸿

移督陕甘出良策　平定暴乱建奇功

章形成了强烈的对照。

原来，李鸿章代替曾国藩督军以后，采取了诱东捻军于绝地的办法，然后再合军包围，同时兼用了离间之计，接连打了许多大胜仗，很快使东捻军元气大伤。同治六年八月十九（1867年9月16日），东捻军在赖文光、任化邦的率领下，在海庙口以北十几里地方的海滩上，侥幸突破李鸿章的防线，经潍河、潍县、昌乐，企图再渡运河，进入豫、陕两省，与张宗禹的西路捻军会合。

但是，李鸿章坐镇运河边上的刘铭传大营，猛烈阻挡。加之河水猛涨，捻军大乱。李鸿章又派人打入捻军内部，联合捻军潘贵升，乘机杀了捻首任化邦，打死打伤捻军2万人。赖文光只好率残部后退，又到了山东海边。李鸿章乘胜追击，击毙首王范汝增，又杀死捻军2万余众。赖文光只剩下约6000兵力了。他率残部拼死抵抗，从潍县一带突围，准备南下江苏。但刚到六塘河，又被设防在这里的淮军拦截，终因人少力弱，全军覆灭。赖文光在六塘河被擒。

消息传到北京，朝野上下欢天喜地。曾国藩也跟着淮军沾光了。1000人马统统论功行赏。李鸿章一声令下，8万湘、淮军全部会合于济宁，共庆李鸿章剿灭了东路捻军。

同治六年（1867）岁末，李鸿章各路大军都回到济宁庆功度岁，日日狂欢。但是，12月27日，朝廷论功行赏的圣旨下来，却犹如一盆冷水，把湘、淮两军欢庆的气氛压下去不少。首先是直隶提督刘铭传，北上转战两年多，立功也多，几乎送了性命，原以为这次可以捞个男爵，但朝廷却只赏了个正三品的三等轻车都尉世爵。其他将领都不过是个正四品的骑都尉或正五品的云骑尉。最吃亏的要数李鸿章的弟弟李昭庆了，因李鸿章命其去金陵城提饷，面见曾国藩。等他急匆匆赶回一线时，正好战斗刚刚打完，赖文光被活捉了。时运不济，李昭庆干了两年多，最终什么爵位也没有捞到。

由于清王朝的统治中心——北京告急，华北各省的军政大员极端恐慌，纷纷举兵"勤王"。清廷在对左宗棠切责一番之后，仍然要借重于他的才略，任命他继续指挥前线各军。

左宗棠建议把聚集于直隶的清军分为"近防之军"（一驻涿州，一驻固安，以拱卫北京）、"且防且剿之军"（分驻保定、河间、天津，一方面互相援应，另一方面做北京的屏障）和"进剿之军"（跟踪追击之军）。清廷采纳了左宗棠的"献策"，命崇厚加强天津防务，以山东巡抚丁宝桢屯河间，左宗棠则至保定"督师"。

李鸿章像

至此，集中在山东、直隶、河南的清军达 10 万人之众，却不能对付西捻军，张宗禹竟能率领健儿"奔突数千里，往来自如"。对此，清廷非常恼怒，于 4 月 27 日发出处罚李鸿章、李鹤年和左宗棠的上谕。5 月 1 日，李和左两人受到警告：圣思不能长久地保护他们不受严惩。5 月 9 日，清廷限期一个月要左宗棠、李鸿章把捻军"全数歼除"。

闰四月，限期已到，所谓"全数歼除"仍然是一句空话，清廷又下旨将左宗棠、李鸿章"交部严加议处"，并派满员都兴阿为钦差大臣，指挥豫军张曜、宋庆部和陈国瑞等军。各路清军之间派系倾轧，事权不一，大大地削弱了作战力量。左宗棠对这种情况甚为不满，他在写给杨昌濬的信中说："捻事本可早平，而数百里之内，大臣三，总督一，巡抚三，侍郎二，将军一，如何统御？"

左宗棠的兵权被削，原来他统领的宋庆、张曜、程文炳等军交由李鸿章指挥，其手中兵力仅剩下从陕西出来的 1.9 万余人。这使他更加抬不起头，"唯有尽心干去，委曲求济"。

同治七年正月二十九（1868 年 2 月 22 日），左宗棠到了保定，指挥

移督陕甘出良策　平定暴乱建奇功

各军从东北、西北分三路向南进攻，但他对于同捻军作战，感到十分头痛。连日来，左宗棠不分昼夜地颠簸在马背上，风餐露宿，劳顿万状。战事棘手，朝廷申斥，舆论责难，同僚拆台，加上他内心的愧疚之情，几乎压得他喘不过气来。2 月底，他上奏清廷，大诉其苦，说捻军骑马官军步行，捻军轻捷官军重赘，捻军快速官军迟钝。又说捻军擅长飙忽驰骋，盘旋回折，避实就虚，使官军尾追之战多，迎头之战少；盘旋之日多，相持之日少。所以他久久没有大的战果。

当时，虽然西捻军声势浩大，造成直接威胁京师的形势，但是究竟因为组织涣散，缺乏新式武器装备，又无明确的政略战略，强弩之末，终不免于失败。

倒不是李鸿章比左宗棠及诸将高明，抑或是老天在保佑李鸿章，而是捻军内部的矛盾激化帮助了李鸿章。捻军内部在淮军大举包围过来时，不是在设法奋力反击，而是开始无休止的互相指责，甚至发生了内乱。张宗禹一气之下，把带头内乱的十几个将领全杀了。这一杀反而使捻军内部更乱，完全无法收拾了。

在清军几路追击之下，捻军被歼灭的、投降的、走散的越来越多。8 月中旬，张宗禹带领残部由山东济阳向西，往临邑进发，官军从四面包围，张宗禹只率少数人突出重围，走到徒骇河边，下起大雨，河水猛涨，淮军刘铭传部将捻军驱赶到河边，张宗禹无路可退，"穿秫凫水，不知所终"。至此，西捻军起义完全失败了。

1868 年 8 月 27 日，清廷正式宣告捻军大叛乱已被平息，谕令嘉奖所有的战斗指挥官、高级参赞以及所有相关官员。

论功行赏各路清军统领皆有所得，左宗棠也被"晋太子太保衔"。他"以追剿无功"，请求"收回成命"，清政府未允。他在准备"自陈衰病乞罢，专办秦陇屯田之事"时，8 月 30 日，清廷却发出诏谕，命他统带原部由山西渡河入陕，将郝延绥榆等处回民起义"节节扫荡"。左宗棠坐船到天津，9 月 25 日，至北京"入觐"。

回民暴乱，剿抚兼施

　　同治八年 (1869) 年初，左宗棠奉清朝廷之命，率大军进入陕甘平息回军"造反"。同年底进驻甘肃平凉。这次他所面对的是复杂的民族纠纷，是十分艰巨的任务。他认为处理民族关系，对付回军，与对付捻军和太平军有所不同，应当更为慎重。

　　其实，左宗棠在进入陕甘之前，对回民情况和回汉纠纷做了调查研究。中国是一个多民族国家，在漫长的岁月中，各族人民之间的团结友爱、互助合作是历史的主流，各民族间自然融合也是历史的主流。同治元年至十二年 (1862—1873)，陕甘一带的回汉矛盾激化，回族人和汉族人互相仇杀，满人官员站在汉族一边，挑拨汉回关系，以至回民起义。那时，回族和汉、满族关系处于最低潮、最恶劣的时期。

　　在西北，回族和汉族经常住在一处：一个城市或一个村落中。由于民族、宗教和风俗习惯等的不同，发生一些矛盾也是很自然的、不可免的。即使同一民族，邻里之间、各姓之间、有钱人和穷人之间，都有各种矛盾和纷争。当然，不同民族间的矛盾可能多一点、深一点，如果处理得当，也不至于闹成大事。可是清政府却采取了反动的民族政策，所谓"以汉制回、护汉仰回"；满族统治者想利用汉民来压服回民，煽动民族仇恨，加上汉回两族封建主的煽动挑拨，汉回仇杀愈演愈烈。

左宗棠了解到汉回仇杀的残酷情形之后，认为甘肃官、军要负很大的责任，左宗棠对身边人慨叹说：甘肃之军，不能保卫人民，反而扰民；甘肃之官，不能治理人民，反而激起人民造反。左宗棠把回族人仇杀的原因归咎于当地满汉官员和军队的腐败和残暴，即"官逼民反"，对被压迫的回族和汉族人民则寄予了一定的同情。

当地的一些汉人士绅却不是采取这种客观公正的态度，他们不顾汉族人屠杀回族人的事实，却只看到汉族人被回族人屠杀，因此对回族人恨之入骨。他们提出"剿洗"政策，就是要用武力征服。

左宗棠认为陕西一些人高叫"剿洗"，是非常无知、不公道的，也有害的。同治六年（1867）五月，他又向朝廷提出处理回汉纠纷的意见和策略，首先说："此次陕西汉、回仇杀，事起细微，因平时积衅过深，成此浩劫。此时如专言剿，无论诛不胜诛，后患仍无了日。且回民自唐以来，杂处中国，繁衍孳息，千数百年，久已别成气类，岂有一旦诛夷不留遗种之理？"左宗棠批驳了陕人"杀尽回民"的谬论，接着提出"剿抚兼施"的办法："仍宜恪遵前奉上谕：不论汉回，只辨良匪，以期解纷释怨，共乐升平。"他认为这样可以促使汉、回同胞解纷释怨，共同享受和平的生活。

然而，左宗棠"剿抚兼施"的政策受到各方面的阻难。一方面是以陕西士绅和一部分地方官员为主的"剿"派，他们自己没有力量对付回军，听到清政府派左宗棠率大军来陕甘征剿，就希望左宗棠来帮他们对付回族人。左宗棠对陕西士绅这种民族"仇恨"和畸变心理，深为厌恶，坚决反对，他说："秦中士大夫恨回至深，每言及回事，必云'尽杀'乃止，并为一谈，牢不可破，诚不知其何谓！"陕西士绅的"剿"派对左宗棠感到失望，他们始终对左宗棠的政策不满，还常加以阻挠。

另一方面是满族高级官员中的"抚"派，如熙龄（总督）、恩麟（布政使、护理总督）、庆瑞（宁夏将军）、玉通（办理青海事务大臣），以及后来署陕甘总督的穆善等，他们都是满洲贵族的公子哥儿，既胆小、不懂得用兵，加之甘肃是个穷省，无兵可用，无饷可筹。因此他们怀着苟且偷安的心理，又接受回军首领的贿赂，只主张"抚"，然而没有求"抚"的实力，从来没有"抚"成功，局势越来越坏。至于清朝廷，也给左宗棠很大的压力，清廷命他克期平定陕甘"回乱"，虽然同意了"剿抚兼施"的政策，但是两宫太后对他提出的"五年为期"还很不以为然，认为时间太长。后来有几次因军事停顿，立即下旨严责。

朝廷对左宗棠表面上"信任"，是不得不用他，暗地里处处怀疑，生怕他按兵不进，拥兵自重。

左宗棠面对着的是盘踞在各地的强大的回军武力，背后又有三方面的压力，加上恶劣的自然条件，困绌的军饷、军粮，西事艰阻如此，他毅然不顾各方面的反对，在进陕之前发布了一道告示，说明"剿抚兼施"的政策，告示说：

……凡厥平民，被贼裹胁，归诚免死，禁止剽劫。汉回仇杀，事起细微，汉祸既惨，回亦无归。帝曰汉回，皆吾民也。使者用兵，仁义节制，用剿用抚，何威何惠……

一些回族人读到告示中"帝曰汉回，皆吾民也"两句，不禁感动而流泪，多数善良的回族人与汉族人的纠纷，原是细微的事，因受满汉官员压迫，又受上层回族人鼓动，"造反"也是迫不得已。他们如果逃出回军，到汉族人地区，又恐怕汉族人残害，真是走投无路。他们自然希望中央政府能有一个公正、妥善的政策。

左宗棠经过深思熟虑决计先进剿金积堡。

1869 年 6 月，左宗棠同时向三路大军发出进攻命令。北路刘松山部自镇靖堡西进，以进攻花马池为名，实际上指向金积堡。南路李耀南、吴士迈分由陕西陇州、宝鸡西趋秦州。中路左宗棠和刘典率军自乾州经邠州、长武赴甘肃泾州。三路之中，以北路为主要进攻方向；南路暂取守势，旨在牵制河州、狄道的回军，切断其与金积堡的联系，并为下一步的河州之战做准备；中路则以协助北路进攻为主，照顾南

移督陕甘出良策 平定暴乱建奇功

路行动为辅。

7月4日，左宗棠自邠州长武进驻泾州城。8月19日，刘松山在镇压了内部兵变后，才率军由陕北清涧西驻镇靖堡，随后刘松山部发生兵变，变兵占领绥德州城，刘松山赶至清涧压平；高连升部亦发生兵变，高连升在杨家店被杀，下旬，进入花马池。

9月6日，老湘军进至灵州东面的磁窑堡，并转战抵达灵州城北二里。回军在郭家桥集中了七八千人与清军激战。北路清军刘松山将郭家桥一带二十一处堡寨一律平毁，逼近金积堡。清军一直迫近吴忠堡，才屯扎于下桥。马化龙一面上书左宗棠，代逃至宁夏的陕西回军"乞抚"，一面"掘秦渠之水以自固"。同时，他又派兵攻占灵州，再次打出反清旗号。

左宗棠也迅速调整部署，加强进攻的力量，命中路清军由固原、平凉北进，又命金顺、张曜两部清军由北向南，直趋石嘴山，对金积堡形成了大包围的态势。左宗棠本人也由泾州进驻平凉，接受了陕甘总督大印。

11月26日，刘松山攻破马家寨等堡，搜获马化龙于10月17日给参领马重山、吴天德、杨长春纠党抗击清军的信札，马自称"统理宁郡两河等处地方军机事务大总戎"。清廷了解这情况后，终于发出了"迅图扫荡，不得轻率收抚"的"上谕"。

12月，南北各路清军会攻金积堡，在金积堡外围与回军展开激战。清军采取步步为营的战法，相继占领了吴忠堡周围和金积堡北面的寨堡。回军在伤亡惨重的情况下，收缩战线，集中兵力，步兵依托秦、汉二渠进行坚固防御，骑兵则寻机出击，忽东忽西，使清军难以应付。

1870年2月，回军夺回峡口，清军立即组织攻击，激战数日，伤亡惨重。左宗棠深知此地重要，急令黄鼎率部往援，亦被击败，溃不成军。

后来，由于回军缺乏统一的领导和指挥，各自为战，不能有效配合，以致未能进一步发展大好形势。左宗棠很快便稳住了局面。

1870年3月，回军反攻吴忠堡，袭击灵州城，都未能得手，入陕回军也失败而归。马化龙见形势不利，再次卑词求"抚"，但左宗棠坚持必须悉缴马、械，才能受降。左的打算是：要严惩其首恶，宽宥其胁从，事乃可定也。

10月，清军完成对金积堡的合围。左宗棠师法当年曾国荃围攻太平天国安庆城的办法，令清军在金积堡周围掘长壕两道，内壕防金积堡内回军突围，外壕防堡外回军来援。壕深1丈，宽3丈，壕边筑墙，高达丈余。他一面让清军分段守壕，死死围着金积堡；一面命部下严密监视河州等地回军，防止其赴援金积堡。

10月28日，南路清军攻下汉伯堡。此时金积城外的570多座堡寨只有5座尚未攻破。11月，马家滩、王洪寨回军投降清军。

左宗棠围城打援的战法获得了成功。到同治九年（1870）冬，马化龙已力竭势穷，无法再战，便上书刘锦棠："以我一人之死，赎万众无罪之生"，决定以自己的投降换得堡中将士与百姓的生命。

11月26日，马化龙修书一封，派人送给左宗棠，说明自己投降之意，希望不要累及堡中居民，然后把自己反绑了，一个人出了堡，向清军大营走去。

马化龙到了清军营中，没等说话便被抓住关进牢里。

1871年1月6日，金积堡内马化龙的儿子马耀邦亲赴刘锦棠大营请降，向清军交出大量枪炮。3月初，刘锦棠在左宗棠的授意之下，借口从金积堡内搜出藏匿的洋枪1200杆，将马化龙及其精悍部众1800余人全部杀害。

金积堡之战，左宗棠直接调用兵力71营计3万余人，还有大量部队保护粮道或配合作战，使用了包括从普鲁士进口的后膛大炮等新式装备，但仍费时一年半，而且伤亡甚大。这是他始料不及的。他不得不承认："十余年剿发（指太平军）平捻，所部伤亡之多，没有超出这次战役的。"

金积堡战役结束前后，左宗棠下一步的作战计划就是河州回军。

移督陕甘出良策 平定暴乱建奇功

当时，陕甘总督驻地兰州的东、西、南三面均与河州相连，因而河州回军对省城的威胁很大。

1869 年 6 月，左宗棠在备足了 3 个月的粮料后，即调集各军向河州发动总攻，其部署是：中路以记名提督、凉州镇总兵傅先宗率鄂军由狄道进，一半渡洮河而西，一半驻洮河东岸；左路命记名提督杨世俊率所部楚军和"宗岳"军（由提督张仲春率众，取道南关坪进峡城；右一路命记名提督刘明镫从马盘监进红土窑，再入安定县，以扼康家岩，又命记名提督徐文秀率楚军一部从静宁州取道会宁继进。另檄黄鼎分蜀军步兵八营交记名提督徐占彪率领，再配以副将桂锡桢率马队三营由中卫嘱宁夏府）南下靖运，至会宁、安定，以防游动回军，保卫兰州东面。

8 月，各军分道而进。左宗棠自己于 9 月中旬由平凉经静安抵达安定。

10 月上旬，左宗棠下达渡河作战命令。中、左两路清军于狄道搭造浮桥，6000 名官兵过河抢占有利地形，构筑营垒工事，在洮河西岸取得立足点。在中、左两路清军的掩护下，右路清军在康家崖强渡洮河。回军凭借事先构筑的壕垒顽强抗击，清军几次强渡都未成功。

1872 年 1 月，清军从东、北两面进攻太子寺。几次进攻，均未奏效，损失惨重。后来清军转而从南面进攻，40 余营官兵密布于太子寺南 20 余里的新路坡。

2 月 12 日，回军利用夜暗潜入新路坡，抢占了清军阵地中间的一座小山头，并构筑起三座坚垒。次日，回军猛扑过来，清军在惊慌之中统领傅先宗、徐文秀先后被击毙，全线溃退 30 余里。

左宗棠闻讯大惊，立即命王德榜接统傅军，沈玉遂接统徐军，并檄令谭拔萃等各营兼程赴安定听调，准备应付形势的进一步恶化。这时，河州回军首领马占鳌听说左宗棠正在调动军队，准备再来一次像金积堡那样的围攻，于是屈辞求抚。这使左宗棠转惊为喜。

马占鳌投降后，交出马 4000 匹，军械 14000 余件。左宗棠奏请清廷，任命马占鳌为统领，所部队伍改编为清军三旗。

河州之战结束后，左宗棠于 1872 年 8 月中旬进驻兰州省城，开始着手准备进攻盘踞西宁的回军。

1872 年 7 月，刘锦棠率新募的湘军回到甘肃，左宗棠立即召他到兰州面商军机。

11 月 19 日，刘锦棠进至西宁，回军首领纷纷投降，部众大部瓦解。不肯降清的白彦虎和马桂源各率一队人马，分别北走大通，南下巴燕戎格。左宗棠一面命刘锦棠全力北进大通，追击白彦虎；一面檄调陈湜从河州率清军西进巴燕戎格，堵截马桂源。

早在 1872 年 2 月初，刘锦棠率军与白彦虎激战于大通南面的向阳堡，战死提督、总兵、副将达 10 人，才将此地攻克。刘锦棠随后又占领了大通。可是，白彦虎仍拒不投降，率领 2000 人投奔肃州回军而去。在巴燕戎格方面，陈湜软硬兼施，既派人劝降，又陈兵示威。马桂源的部众大量降清，他自己也被俘遇害。陈湜连占巴燕戎格、循化二城。西宁之战胜利结束。

左宗棠击败西宁回军后，肃州便成为陕甘回军的最后一个基地。

1873 年 2 月，金顺、陶生林等军抵达肃州城外。徐占彪等部完成对肃州城的合围。

8 月 17 日，左宗棠派副将赖长携后膛大炮抵肃州城外。清军对肃州围攻了一年半，却劳师无功。而此时关外局势日趋紧张，急需援军，于是清廷发出上谕，限令左宗棠、金顺"克期攻拔，以安边圉"。

9 月 10 日，左宗棠由兰州起行，亲往肃州督师。10 月 3 日，抵肃州。次日，巡视城外各军，约期会攻。10 月 5 日，马文禄派人出城"乞降"，左宗棠拒绝答复，只是张贴告示：城中回族老幼妇女免死，诚心投降者准赴营听遣。

10 月 10 日，清军"奇捷营"统领杨世俊中炮而死。10 月 30 日，刘锦棠率湘军五营及部分收编的回军赶至肃州。11 月 4 日，马文禄亲至左宗棠大营投降。

马文禄的投降，标志着左宗棠用兵陕甘的最后胜利。对于左宗棠来说，这个胜利确实来之不易，远比从前与太平军作战要艰险得多。

左宗棠与回军作战了整整 5 年，竟然刚好与自己当初对慈禧太后的承诺吻合。长期的紧张、忧虑，不仅给左宗棠增添了不少白发，而且也正是在这 5 年间，自己的亲人也相继离去了。1870 年，夫人周诒端病逝；1873 年，长子左孝威夭折。面对这接踵而至的生离死别的沉重打击，他总算挺过来了。

左宗棠虽然将回族起义军镇压了下去，但他心里明白，仅靠军队的镇压，是不可能彻底解决问题的。所以，在镇压之后，他也很讲究善后。他的善后措施主要是为流离失所的回族人民编制户口，为他们创造耕种条件，设法使他们重新回到地垅中去。同时，为了减轻驻军对地方的经济压力，解决驻军的粮食供给问题，他又下令有条件的部队实行屯田，耕战结合。此后，甘肃庆阳、泾州、狄道、安定等地都相继出现了军屯。

左
宗
棠

第七章

西北告急赴新疆
拯救山河收失地

国内的局势基本稳定了。可是，西北地区却遭到了沙俄的入侵。不久，日本又侵占台湾。为此，朝堂内展开了激烈的大辩论——海塞之争，最后还是左宗棠高瞻远瞩，重视塞防。左宗棠不顾自己已年近七十，决定西征沙俄。其实，左宗棠也怕自己这次西征是有去无回。于是，为了鼓舞士气，他让士兵为他准备了一口棺材，抬着棺材出关，最终竟然击退了沙俄，光荣地完成了使命。

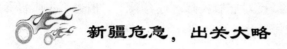

新疆危急，出关大略

在中国版图的西北部，有一块辽阔而神奇的地方，是中国西北边疆的战略要区和安全屏障，它便是新疆。

同治三年 (1864)，中亚细亚安集延国的帕夏 (意为将军) 阿古柏入侵新疆，攻占南路八城，不久又占领北路乌鲁木齐和伊犁地区。1871 年，由于关外局势紧迫，甘肃战局又很顺利，清廷认为收复新疆的时机已到，一连下了几道诏谕，命荣全署伊犁将军，收复伊犁；景廉率军规复乌鲁木齐；刘铭传率淮军出关支援。又根据左宗棠参奏，将拒不出关、罪恶累累的乌鲁木齐都统成禄革职查办，令金顺率领成禄军队出关。并命左宗棠分军进驻肃州，以为接应。

那时甘肃战事虽然顺利，但最后一个堡垒肃州尚未克复。左宗棠认为收复新疆的时机尚未成熟，首先须攻克肃州，打通河西走廊。但他同时认为，沙俄是大敌，它既已侵占中国黑龙江以北大片国土，现又窥伺新疆，不能不急为之备。因此他立即写信给请假回湖南的刘锦棠，嘱他在当地招募数千兵勇，迅速回西北。信中还说："弟本拟河、湟收复后，乞病还湘。今既有此变，西顾正殷，断难遽萌退志，当与此虏周旋。急举替人，为异时计。阁下当知我心耳。"表露了他决心收复失地的爱国精神，还考虑了刘锦棠作为日后的接班人。

左宗棠分析了当时的形势，上奏朝廷，主张"先关内，后关外"，当国内获得稳定、统一的局面后，再兴师远征，这是上策。然而在强敌当前，国势危急之时，却又不应拘泥于必"先安内而后攘外"，正如他在 15 年前处湘幕时，英法联军将对京津发动进攻，尽管那时太平军战事方殷，他却毅然提出要率湘军北上，抗击英法侵略，对于当时沙俄在新疆的军事行动，他也认为必须全力以赴。

左宗棠既反对屈服投降。放弃领土，但也不主张鲁莽行事，暂时应以低姿态麻痹敌人，暗中却要积极准备。

左宗棠在给儿子的信中，也表达了对当前西北局势的忧虑，再次声明将负责到底的决心：

俄乘我内患未平，代复伊犁。朝廷所遣带兵大员均无实心办事之意，早被俄人识破，此事又须从新布置。我以衰朽之躯，不能生出玉门。惟不能将关内肃清，筹布出关大略，遽抽身引退，此心何以自处？

在这封信中，左宗棠表明了几点认识和决心：

1. 沙俄是当前大敌，阿古柏不过是一傀儡，还是容易对付的。

2. 朝廷领兵大员均不可靠。

3. 收复新疆，必先肃清关内。

4. 他年老体弱，衰病侵寻，恐不能活着率军出玉门，难以担负西征重任。但即使引退，也必将出关战略筹划定妥，否则"此心何以自处"？

左宗棠收复新疆的决心和信心很大，但又担心七十衰朽之躯，难以胜任。然而非常幸运的是，他最终完成了这项重任，而且也终于活着率军了玉门关。

同治十二年（1873），沙俄仍然占据伊犁。荣全到了伊犁东北的塔尔巴哈台，向俄国人交涉收回伊犁，但俄国人不予理会。清廷着急了，着总理衙门几次写信询问左宗棠对付的办法。他在回信中提出了对付俄国人的策略和对当前形势的分析，说：

俄人久踞伊犁之意，已很明白，情见乎词。尊处据理驳斥，实足关其口而夺其气。惟自古盛衰强弱之分，固然要讲理，还要靠实力。中国兵威对国内回乱尚未能平定，更何能禁俄人之不乘机窃踞？恐非笔

左
宗
棠

舌所能争也。荣全深入无继，景廉兵力单薄，军队多见冗杂、缺额、兵无斗志。甘、凉、肃及敦煌、玉门一带本广产粮食，军兴以来，土地荒芜，人民贫困，已不足胜任大军后方基地，需要从新布置军队和筹款、筹饷各事。

继之，左宗棠提出进军新疆、收复伊犁的用兵次第：

欲杜俄人狡谋，必先定回部，欲收伊犁，必先克乌鲁木齐。如果乌城克复，我武维扬，然后大兴屯政，安抚人民，即不遽索伊犁，而已隐然不可犯矣。乌城形势既固，然后明示以伊犁我之疆土，尺寸不可让人。对其派兵'代管'，可以酬资犒劳，令彼有词可转。如彼知难而退，固然很好。如奸谋不戢，先肇兵端，主客劳逸之势不同，我固立于不败之地。俄虽国大兵强，但如不得已而用兵，我整齐队伍，严明纪律，精求枪炮，统以能将，岂必不能转弱为强，打败劳师远征的敌人吗？

左宗棠对敌我做了充分的估计，表示不惜一战的决心，而且认为俄军劳师远袭，补给线长，兵力不继，只要我国整军精武，敌人是完全可以战胜的。

同年，肃州克复，白彦虎率回军余部逃到哈密，已进驻古城的景廉告急。清廷严旨促金顺出关增援，并命左宗棠在玉门设转运粮台。左宗棠因全军久战疲劳，决定先派张曜一军出关，金顺军和凉州副都统额尔庆额马队以次继进。又命出关各军设局采运甘、凉州当地粮料，先集中在肃州，然后递运到玉门、安西。

1874年，金顺和额尔庆额的部队相继出关，出关各军先后进抵安西。不久金顺军到达古城，增援景廉的部队。张曜军也已屯兵哈密，清军在新疆已做好战斗准备。

肃州克复后，清廷授予左宗棠协办大学士，又晋东阁大学士，仍兼陕甘总督。这是给他的最高荣誉。按清代惯例，未入翰林者不能授大学士 (即宰相)，这是给左宗棠的殊荣。不过这时是"遥领"，还无实权。清廷对人事方面又做了一些布置，诏授景廉为钦差大臣，督办新疆军务；金顺为帮办大臣，眼看收复新疆的圣战即将开始了。

也就是在这一年，同治皇帝载淳 6 岁即位，在位 13 年，刚"亲政"不久，突然去世。由醇亲王奕譞的儿子、4 岁的载湉继帝位，改元光绪。奕譞是咸丰帝的弟弟。由于新皇帝年幼，又与同治帝是同辈，所以两宫皇太后仍然垂帘听政。

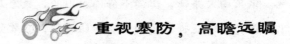

重视塞防，高瞻远瞩

同治十三年四月（1874 年 5 月），日本帝国主义派西乡从道中将带兵 3000 人进攻中国台湾，清政府派去的援军原处于优势，本可击退日本，但奕䜣、李鸿章等采取投降政策，在英、美、法等国软硬兼施的调停下，与日本签订了《台事条约》（即《中日北京专约》），赔款五十万两，还承认原归中国管辖的琉球由日本"保护"。一个泱泱大国竟受制于东邻小小的岛国，朝野上下无不感到耻辱，也激起了全国人民要求造船制炮、加强海防的呼声。

左宗棠以"海上用兵，议战议款，均之不得机要"，对奕䜣等投降派的行为做了批评。

日本悍然派兵侵占台湾事件，引起了长期以来对近邻日本高枕无忧的清廷朝野震动，开始认识到日本是中国最危险的敌人。

日本侵略台湾，东南沿海局势顿时紧张起来，福建、广东、浙江等省因加强防务，经费开支增加，因而纷纷要求停缓对西北的协饷，给西征经费带来了极大困难。9月，总理衙门为应付当时的形势，提出了加强海防的六条应变措施，即练兵、简器、造船、筹饷、用人、持久。谕旨各处督抚、将军等详细筹议，限一个月内复奏。

1874年12月10日，直隶总督李鸿章在《筹议海防折》中主张放弃西北，专注东南。李鸿章专注海防的观点，固然与日本侵略引起东南局势的骤然紧张有关。可是，这时因已经与日订约，东南的形势并没有像西北那么严重，而且西北领土的战略地位也十分重要，并非如李鸿章所说的"弹丸无用之地"。因此，过分强调海防，甚至要放弃西北以专注海防，是不合时宜，也是与国家民族利益背道而驰的。同时，他的海防奏折中所主张的海防论，实际上受到了英国扩张侵略的影响，也是屈服于俄国侵略的压力。因此，李鸿章海防奏折正符合英、俄侵略的要求，是错误和有害的。问题的严重性还在于：李鸿章竭力兜售这种错误主张，妄图将自己的错误意见变成行动。他对不同意暂弃新疆的人，就以"腐儒所疑"和"对空策"进行攻击，而竭力支持河南巡抚钱鼎铭以中原腹地空虚为由，将准备出关的宋庆毅军从河西走廊撤回的错误主张，要钱鼎铭乘机进言，抗疏直陈。他指责江西巡抚刘秉璋不先将他的奏折通体研究精明，就提出"新疆必复、可守"的奏议，是随声附和，无异于盲人坐屋内说瞎话，甚至骂这位跟随自己多年的部下是"大肆簧鼓，实出期望之外"！

其实，当时与李鸿章海防论气味相投的，除河南巡抚钱鼎铭外，山西巡抚鲍源深也步他的后尘，建议清政府命令西征各军：尚未出关者暂缓出关，已出关者暂缓前进。

李鸿章在1875年3月17日给鲍源深的信里再次强调："各省财力分耗太多，西陲恢复无期，已成无底之壑。"并对朝议祖宗之地不可弃而弗图表示不满，说："二者兼营，则皆无成而已！"顽固地坚持自己的错误意见。与李鸿章海防论意见相反的也大有人在，如湖南巡抚王文韶，他认为，"俄国侵吞西北，形势十分危急！我师迟一步，则俄人进一步；我师迟一日，则俄人进一日。事机之急，莫此为甚！"他把西北安危与东南局势紧密相连，说："但使俄人不能逞志于西北，则各国必不致构衅于东南。"把重视西北视为加强海防的关键。因此，他主张：目前之计，应以全力注重西北。强调塞防的主张，有其正确性和现实性。

左宗棠与这两种意见都不相同，他主张"东则海防，西则塞防，二者并重"。他早就非常重视海防，在闽浙总督任内设立福州船政局，就是他重视海防的实际行动。现在，他又提出塞防也同样重要，这是建立在对新疆战略地位的科学分析之上的。

1875 年 4 月 12 日，左宗棠上奏，大意为：

中国定都北京，外有蒙古和新疆蔽卫；而蒙古与新疆又是唇齿相依，指臂相联。重视新疆是为了保护蒙古，保护蒙古是为了捍卫京师。反之，若新疆有失，则蒙古不安，不仅陕西、甘肃、山西数省经常受到威胁，就是直隶京畿亦无安眠之日，防不胜防。国家的政治中心不稳，海防即使再坚固又有何用？

除左宗棠之外，一些地方督抚也指出了西北的危险性与重要性。

鉴于新疆的形势如此严重，新疆的地位如此重要，左宗棠坚决主张出兵新疆，收复失地，巩固塞防。他反对李鸿章撤西征之兵，停西征之饷的主张，认为这样于海防无大益，于塞防却有大害。

李鸿章放弃塞防的主张，虽然不合时宜，但有一定的影响。光绪的生父醇亲王，在承认"严备俄夷尤为不刊之论"时，称赞"李鸿章之请暂罢西征为最上之策"。因此，总理衙门于 1875 年 3 月在新疆局势令人担忧之际，要左宗棠统筹全局，就海防与塞防妥筹密奏。

1875 年 4 月 12 日，左宗棠上奏《复陈海防塞防及关外剿抚粮运情形折》，明确提出了"东则海防，西则塞防，二者并重"的主张。他针对撤出塞之兵以增海防之饷的各种论调——进行了驳斥。

对于海防应筹之饷，左宗棠认为："闽局造船渐有头绪，由此推广精进，成船渐多，购船之费可省，雇船之费可改为养船之费，此始事所需与经常所需无待别筹者也。"采用广东、福建、浙江等地办法，

"饷不外增，兵可实用"。

对于停撤出关之饷匀作海防之饷的论调，左宗棠认为：如果海防之急倍于今日之塞防，陇军之饷裕于今日之海防，尚可如此。可是，今日陇军开支日增，各省协饷日减，积欠已达三千数百万两，因而官兵饷银，每年年初发满饷两月，继之则发一月满饷还担心入不敷出，每至冬尽腊初，绕帐彷徨，不知所措。同时，"无论乌鲁木齐未复，无撤兵之理，即乌鲁木齐已复，定议画地而守，以征兵作戍兵为固圉计，而乘障防秋，星罗棋布，地可缩而兵不能减，兵既增而饷不能缺"。更重要的是："若此时即拟停兵节饷，自撤藩篱，则我退寸而寇进尺，不独陇右堪虞，即北路科布多、乌里雅苏台等处，恐亦未能晏然。是停兵节饷，于海防未必有益，于边塞则大有所妨，利害攸分，亟宜熟思审处者也。"因此，不仅不能停撤西北塞防兵饷匀作海防之饷，而且非合东南财赋，通融挹注，何以重边镇而严内外之防。是塞防可因时制宜，而兵饷仍难遽言裁减也。

对于"新疆无用""得不偿失"和喀什噶尔"将来恢复后能否久守"等论调，左宗棠认为，乌鲁木齐和阿克苏以西，"土沃泉甘，物产殷阜，旧为各部腴疆，所谓富八城者也"；乌鲁木齐和阿克苏以东，虽地势高寒，中多戈壁，也并非无用。因新疆南、北两路，北可制南，收乌鲁木齐天山北路，就可收复天山南路。"腴疆既得，乃分屯列戍，用其财富"，"兴办兵屯民屯，招徕客土，以实边塞"，就可逐渐改穷变富。至于喀什噶尔"能否久守，原可姑置勿论，但就守局而言，亦须俟乌鲁木齐克复后，察看情形，详为筹划，始能定议"，不能因将来能否久守，此时就先将已经出塞及尚未出塞各军概议停撤。

左宗棠关于新疆能否收复，认为：无论贼势强弱，且自问官军真强与否？只要剿抚兼施，粮、运并筹，西征就一定能胜利。

接着，左宗棠在同一天又上了一份《遵旨密陈片》，根据清政府要其对"关外现有统帅及现有兵力能否剿灭此贼，抑或尚有未协之处，应如何调度始能奏效，或必须有人遥制，俾关外诸军作为前敌，专任

169

剿贼，方能有所禀承"等问题，"通盘筹划，详细密陈"的要求，对西征统将和兵力提出了重要的意见。

左宗棠说，现任钦差大臣景廉，虽历来被人称赞为正派，也很有学问，太平时回翔台阁，足式群僚，可他泥古太过，无应变之才；所依信之人，都善于阿谀取巧，少有匡助，而倚势凌人，时所不免；并且还"误拟屯丁为战兵"，"频年且战且耕，近多疲乏"，"偶闻贼警，一夕溃退"；所部缺额太多，因此关外议论他时，都说景军有粮无兵。至于金顺，为人心性和平，失之宽缓，虽有时觊便乘利，爱占点小便宜，而究知服善爱好，没有忌嫉之心，也为众情所附。因此，左宗棠建议调整统帅；让金顺来接替景廉之任。对帮办西征粮运的袁保恒，左宗棠以"因意议不合"，"立意抵牾，意图牵帅"，"同役而不同心，事多牵掣，诚如谕旨'两人同办不如一人独办'"，建议将他调开。

对关外兵力，左宗棠说："关外兵力本不为薄，惟胜兵少而冗食多，以致旷日稽时，难睹成效"，"而欲从新布置，非严加汰遣不可"。

对于是否必须有人遥制，左宗棠认为："用兵一事，在先察险夷地势，审彼己情形，而以平时所知将士长短应之，乃能稍有把握。"为此，统将要多算善谋，知人善任，宽人严己，甚至要亲履行阵，可见遥制之难。而且遥制之说尤非疆臣分所当然，易生嫌隙，不特事非旧制，难议更张，且一人智虑才力，责以数千里外擘画经营，势固不逮，徒滋诿谢之端，更启观望之渐，无益于事而又害之，实非宜也。

在是否要收复新疆的问题上，左宗棠与李鸿章两人意见相左。他们都是大学士、总督，其权力、地位、资格相当，清廷不能不重视他们之间的争论。

而此时，同治皇帝新死，新登基的光绪皇帝年幼，朝廷大权仍由慈禧太后独揽，她对军国大政并无主见，但她还能听得进大臣的意见。大学士军机大臣文祥在诸大臣中威信素高，他在这个问题上站到了左宗棠的一边。在军机处会议上，他力排众议，力主对新疆用兵。

文祥还认为，现在左宗棠手下的陕甘诸路部队，都是百战之师，如果乘锐出关，攻未经大敌之寇，乌鲁木齐是不难指日肃清的。文祥的这番明确表态，使左宗棠的主张在清廷内占据了上风。左宗棠的个人主张也随之变成了清廷中央的官方意志。

与此同时，地方督抚中有些人对清廷任命景廉为钦差大臣也提出了不同的意见。湖广总督李瀚章在谈到西征军"自难遽议撤兵"时说："现在统帅太多，事权不一。"

王文韶向清廷建议，应"责成左宗棠、景廉等悉力经营，冀有成效可观"。将左宗棠的名字列于最前面。

但左宗棠在指出景廉和金顺的缺点后，却没有毛遂自荐，而是让金顺代替景廉，这自然是出于策略上的考虑。因为金顺根本担当不了如此重任，清政府必定要另择主将。而从清廷谕令中的"朝廷用人毫无成见，只求于事有济"来看，则很可能突破"边方节度例用丰镐旧家"的限制，左宗棠自然就有被任命为西征统帅的可能。

光绪元年三月二十八（1875 年 5 月 3 日）清晨，一骑驿马发疯似的跑进了兰州城，直冲到总督衙门。

左宗棠在香案前行过三拜九叩的大礼，把上谕打开，高声朗读。陕甘总督府的大小官员都跪在堂下静静地听着。

左宗棠奏海防塞防实在情形并遵旨密陈各折片，所称关外应先规复乌鲁木齐，而南之巴、哈两城，北之塔城均应增置重兵以成掎角，若此时即拟停兵节饷，于海防未必有益，于边防大有所妨，所见甚是……

左宗棠清了一下嗓子，继续念道："着左宗棠以钦差大臣督办新疆军务……"念到这句，他凑近上谕，仔细看了又看，"扑通"一声跪倒在地，大叫一声："臣左宗棠，叩谢皇上、皇太后龙恩！愿皇上、皇太后万岁！万岁！万万岁！"

所有的官员都被这突发的事情感动了，大家也异口同声地跟着左宗棠高呼万岁。

清政府发布的这一上谕，以左宗棠奏折"所见甚是"，"着左宗棠以钦差大臣督办新疆军务"，金顺"仍帮办新疆军务"，调景廉和袁保

西北告急赴新疆 拯救山河收失地

恒"回京供职"。

海防与塞防的大辩论，虽是以防务为内容，实际关系反对侵略，维护国家领土主权的完整和维护民族的尊严，因此，它是中国近代史上的重大事件，对中国社会历史发展有深远的影响。在这次辩论中，由于左宗棠等人海防与塞防并重的主张的充分发挥，不仅阐明了加强海防的重要性，更论述了塞防的迫切性，为出关西征收复新疆统一了认识。并且，清廷慎选了左宗棠为西征统帅，为西征打下了胜利的基础。

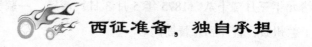

西征准备，独自承担

西征新疆、收复失地是一场正义的反侵略战争，直接关系到中国的领土完整、国家统一、国防巩固、前途命运、社会发展，以及政治、军事、经济、外交等多方面长远的根本的利益。鉴于新疆地处边陲、交通不便、人烟稀少、产粮不多等客观现实，左宗棠决计花较多的时间从事战前准备。

早在当俄国侵占伊犁，新疆局势危急时，左宗棠就提出了在理也在势的主张，强调没有兵威和兵势，在理也等于无理。不久，他又提出"整军乃可经武"，把组调一支能征善战的军队作为西征准备的一个重要前提。

左宗棠在组调西征军时，首先注意精选能将、筹调军队。

左宗棠认为，金顺虽然不能担当大任，但能力顾大局，深知缓急，益慊私怀，长处很多，因此很愿意与他合作，用他来帮办新疆军务。

刘锦棠则是最得左宗棠重用的人物。刘锦棠，字毅斋，湖南湘乡人，生于鸦片战争后的 1844 年。父亲厚荣、叔父松山，都是湘军的军官。刘锦棠 10 岁时，其父因镇压太平天国农民起义而丧生；成年后，投入叔父所在的湘军，随同叔父镇压太平军和捻军，为朝廷立下汗马功劳，积勋至州同、巡守道，还获得了"法福灵阿巴图鲁"的荣誉称号。

1870 年，刘松山在甘肃金积堡围攻起义回民马化龙部被击身亡。清廷根据陕甘总督左宗棠的推荐，任命刘锦棠接统他叔父留下的老湘军，这一年他才 26 岁。马化龙在刘锦棠的猛攻之下投降，刘锦棠也因战功而得到了云骑尉的世职。一年多以后，他又攻占西宁、肃州（今酒泉），被派署理甘肃西宁道。

1871 年，刘锦棠正在湖南湘乡休假，这时沙俄侵占伊犁。左宗棠当即写信给他，信中已经透露出让他率军西征的想法。

到了 1875 年 4 月，左宗棠以自己"年衰病久，深虑精力未足副其志"，向清政府推荐了"英锐果敏，才气无双，近察其志虑忠纯"的刘锦棠来率所部老湘全军从征，并委总理行营事务，作为中军，与金顺汇合，承担收复新疆的主要任务。

除了刘锦棠之外，左宗棠还选拔了他的另一员爱将张曜，得意之将金运昌，得力干将徐占彪、易开俊、董福祥等。

在选将调军时，左宗棠奏请简派刘典帮办陕甘军务，更具有重要意义。左宗棠说，他在调陕甘总督时已苦衰病侵，令其督办新疆军务，负荷更重，而出塞远征，兵事饷之事必以关陇为根本，一有间隔，则局势立形滞碍，贻误戎机。而所事未能预计岁月，师行未能预计远近，若非慎图于始，何能一意驰驱，无忧后顾，此私怀所不能释然者也。因此，他请派与他长期共事的刘典赴兰州帮办陕甘军务，对外可孚民望，对内足以协助军情，于时局必有裨益。如此一来，西征军前有刘锦棠做主力，后有刘典管后方，左宗棠就可高瞻远顾、指挥自如了。

在选定了得力干将之后，左宗棠即开始着手精选丁壮，裁汰冗杂。

当时关内外诸军冗杂疲弱已极，于是，他大刀阔斧，对西征军进行了认真的整顿。为了西征事业，左宗棠不怕得罪满洲贵族，大胆上奏，劾罢成禄，调走穆图善、景廉，并将各部大加裁汰。

成禄部裁剩 3 营；穆图善部、文麟部全部遣撤；金顺、景廉二部合并裁剩 40 营，后又裁去 20 营。这些部队原共约 90 营，结果裁剩 23 营。

左宗棠一秉至公，在裁汰属下军士营制的同时，对自己所统各部也认真裁虚汰疲，所部 180 余营就裁去 40 余营。

军队战斗力的强弱，除了有好的将领之外，还须严纪律，精枪炮。

严明纪律直接影响军队的战斗力，而军队纪律的养成也在平时的训练和严格要求。左宗棠为了加强军队纪律，极力倡导劳动俭朴，以保持和发扬农家士兵的耐苦特色，增强对不良恶习的抵抗力。

另外，左宗棠还颁发《行军必禁》，要求严格遵守。如犯奸掳烧杀者，查明即行斩示，决无宽宥；打牌聚赌、吸烟酗酒、行凶宿娼、私出营盘、聚众盟会、妄造谣言揭贴、讹索民财、封掳民船、强买民货，皆当严禁。

西征军出关作战的对象虽然是阿古柏匪帮，但也有可能与沙俄军队作战。阿古柏匪帮的武器装备，主要来自英国，是比较先进的，沙俄军队更是装备着一色的近代枪炮。为了尽量缩小敌我双方武器装备的差距，甚至争取到一定的优势，左宗棠对出关作战部队的轻重武器进行了调整和充实。

实际上，西征军都配备了多少不等的新式武器。如金顺出关时，调配开花大炮 1 门；张曜出关时，调配连架劈山炮 10 门，德国造后膛 2 号螺丝大炮 1 门，7 响后膛枪 10 支；刘锦棠部队调配的更多，有新式大炮在内的各种大炮 10 多门，各种枪 1000 多支，后来又陆续调给大号及 3 号开花后膛火炮 4 尊，车架开花后膛小炮 4 尊，田鸡炮数尊，后膛 7 响枪 300 支，快响枪 80 支，来复枪 500 支，各类炮弹 1000 余枚，大洋火 100 颗，各类子弹 28000 多颗。

此外，左宗棠还建立了一支由侯名贵率领的炮队，有后膛炮 12 尊，弁勇 160 余人。

正由于左宗棠在组建西征军时，注意精选能将，训练丁壮，严明军纪，讲求武器，就使这支军队达到了较好的水平，它基本上近似一个欧洲强国的军队。

军和饷是密不可分的。左宗棠在组建西征军时，就特别注意筹饷，并把"可恃之兵，资以足用之饷"视为化弱为强的重大问题。

然而，左宗棠自从奉命到西北来后，每次大规模用兵之前都要为军饷、粮运等问题伤一番脑筋，费一番心血，现在督师远征新疆，更是不得例外。西征部队 6 万人，每年需饷 600 万两，加上西征粮运每年又需 200 多万两白银，共需 800 多万两白银。

西征军饷是按协陕甘军费，由各省、关每年协饷 820 余万两。无奈各省、关并没有照额解寄，每年实际交到的只有 500 余万两。到 1873 年 11 月，肃州之战结束、西征开始时，各省、关积欠陕甘军费协饷达 1796 万多两。

左宗棠在"饷源日绌，待用甚急，大局难支"的情况下，只好要上海转运局道员胡光墉向华商洋商筹借银 100 万两，让湖北后路粮台道员王加敏向汉口各商筹借 10 万两，以资接济，将来以收到各省、关的协款之后再陆续抵偿。左宗棠原以为这样可以暂渡难关，可是，这 110 万两只收到 70 余万两，归还各地方借款尚不敷银 20 余万两。由于日本侵占台湾，沿海各省以海防为急而纷议停缓，使收入更为减少，每年实际解到的只有 200 多万两。这点钱刚好够为西征军运输粮草，6 万官兵的饷银是一概无着。作为西征军的主帅，左宗棠当然焦虑不安。

1874 年 11 月，左宗棠说："总全局计之，非确得实饷 300 万两，难以支持。"因而奏请清政府允由胡光墉借洋款 300 万两，由江苏、广东、浙江三省协饷内，分做三年划还。

1875年9月下旬，左宗棠奏请清政府："俯念边塞军务紧要，饷源枯竭，待用方殷"，让户部和各省速将部拨出关粮运专款内短解140余万两限期提解，所有积欠甘饷2610余万两分省分限指提若干，应解协饷仍按月如数提解，"毋再延欠，俾速戎机"。

左宗棠为了解决军饷的问题，还提出了增辟饷源的具体措施：

（1）盐斤加价。他说："除闽省现在办防，直隶现准加价，均毋庸议外，如淮、浙、川、粤请一律照办，每斤加价两文，由各省收解以抵协饷，似可稍事补宜。一俟洋防解严，各省协饷不缺，由各省自请停止复旧。"

（2）改革茶引，疏通商务，增加收入。

（3）发为期两月的三联银票。

（4）屯田，收入归己，以改善生活，减缓缺饷压力。

（5）节省开支。

在左宗棠如此绞尽脑汁，既据理力争，又近乎乞求的情况下，清政府于11月8日为使西征军解决年终一月满饷，谕令浙江、四川、湖北、山西各提银7万两，福建、广东、河南各提银6万两，江苏提银5万两，安徽提银4万两，湖南提银3万两，山东提银2万两，凑足60万两，"均在各省积欠西征协饷内提解"；对以前欠解月饷，清政府要各省、关在一年内先解一半，其余一半仍随同现解饷银按月设法措解，俾资接济。

1875年，左宗棠向英国怡和洋行借款300万两，由江苏、浙江、广东三省在应解西征协饷内划还。

1876年1月，当西征军整装待发之际，左宗棠在"饷源涸竭，局势难支"时上奏清政府。因此，他奏请清政府允照沈葆桢前筹办台防借款1000万两，年息8厘，分十年筹还的办法，允许借洋款1000万两，仍归各省、关应协西征军饷分十年划扣拨还，以济急需。

左宗棠的这一要求遭到了两江总督沈葆桢的强烈反对，最后清廷只得折中处理：同意他借洋款 500 万两，户部拨给 200 万两，各省、关提前拨解西征协饷 300 万两，总共凑足 1000 万两。左宗棠接到这道上谕，跪诵再四，大喜过望，不禁老泪纵横。

清政府如此破例地采取这种有效措施，对西征产生了重大影响。特别是拨库存四成洋税 200 万两，并使原来由西征协饷归还改为海防经费内扣还，左宗棠说，这是减海防以益塞防，"自此国是明，而内外阴翳潜消，不独西事之幸也"。他对清政府的认识虽有不切实际之处，对未来困难也估计不足，但清政府此举表明它是重视塞防的，并在行动上有重大体现，是它为收复新疆在命左宗棠督办新疆军务后的又一重大措施。

由于各省、关入不敷出的严重情况有增无减，因而靠各省、关协款的西征军饷的困难很快又严重起来。直到 1877 年 5 月，各省、关协款不足 30 万两。这时，正值西征军连克吐鲁番三城后正准备向西挺进，左宗棠上奏清廷，以新疆南路战局顺利，盼饷正切，自己筹措无方，除暂请部库存银，在没有更好的办法，请清政府再次破例拨库存银。

然而，清政府没有批准再次拨用部库存银。左宗棠除向各省、关催解协款和向各地华商按洋款办法息借外，只好忍痛借用洋款。1874 年至 1881 年，左宗棠共向华商借款 846 万两，向洋商借款 1375 万两，总计借款 2221 万两。

可见，左宗棠为筹措西征军饷，常年饱尝各种难以想象的苦难，事后尤为心寒。难能可贵的是，一切苦楚左宗棠都独自承担了。

速决北疆，进军南疆

左宗棠在积极筹办西征军饷粮运时，就已经开始积极筹划向新疆进军的事宜。

光绪元年（1875）夏，左宗棠在兰州陕甘总督署内，召集有老湘军分统以上将领参加的军事会议，商讨复疆战略与进军办法。在这次军事会议上，将领们研究并赞同左宗棠制定的"先北后南，缓进急战"的战略方针与军事部署。

乌鲁木齐是左宗棠确定的西征军入疆第一战役的主要目标。左宗棠认为，首攻乌鲁木齐，必先攻占古牧地，撤乌垣、红庙之藩篱，才可成捣穴犁巢之举。他从"会师进剿必先据要地，为储粮屯师之所，然后左右伸缩，可以有为"的思想出发，称赞刘锦棠将西征军前沿指挥所由古城迁至阜康，"一为进攻古牧地，一为遏贼奔冲，实非无见"。同时，他在批准刘锦棠的专注古牧地的敌人时说："兵事无遥制之理，缓急之宜，分合之用，惟该总统相机酌之。"让刘锦棠在执行计划时发挥自己的积极性和创造性。

刘锦棠是一位能战善谋的前线指挥员。由阜康至古牧地有两条路，如果走大路，沿路一片沙砾、饮水困难。此外，还有一条小路可通。但是，他一边派15支步兵队排列甘泉堡，"故掘智井，示行人路以懈贼"，一边以重兵潜师急进，于8月10日夜袭黄田，一举成功。随即率人围攻古牧地，经过几天激战，于 8 月 17 日，清军借助开花大炮的威力，轰开古牧地的城墙，全歼守敌 6000 人。

古牧地是乌鲁术齐外围的重要据点。刘锦棠率队攻取古牧地时，左宗棠就认为，此关一开，乌垣、红席子贼不能稳抗，白彦虎必窜往吐鲁番以寻去路。事情的发展正如左宗棠所料。当古牧地阳乌鲁木齐告急求援时，驻守乌鲁木齐的马人得和白彦虎就回信说："乌城精壮已悉数遣来，现在三城防守乏人，南疆之兵不能速至，尔等可守则守，否则退回乌城，并力固守亦可。"其实，他们已经商议：以官军锐不可当，莫如先遣妇女辎重南窜，留精壮驻守，再候消息。因此，当刘锦棠得知乌鲁木齐空虚，于 8 月 18 日抵乌鲁木齐时，马人得和白彦虎并未驻守，而是率 1000 余人出城，向南"相率逃奔"了。刘锦棠一举收复了乌鲁木齐。金顺乘势于 8 月 19 日进占昌吉，22 日进占呼图壁。与此同时，伊犁将军荣全派队率民团孔才和徐学功等部于 8 月 19 日收复玛纳斯北城。

西征军 8 月 9 日由阜康发动进攻，从 8 月 17 日收复古牧地到 22 日只有短短的 6 天时间，收复了除玛纳斯南城以外的阿古柏侵占了 6 年之久的乌鲁木齐地区，胜利地实现了首攻乌鲁木齐的战略目标。

至于玛纳斯南城，金顺会同孔才、徐学功等，从 9 月 2 日攻城以来，又经刘锦棠派湘军营务处道员罗长祜率队前往，荣全亦带队前来，最后，历时两个多月，死伤 800 余人，于 11 月 6 日攻入城内。至此，阿古柏在北疆的全部据点被一一攻破。

整个北疆之战后不足 3 个月，完全达到了左宗棠所要求的速战速决。北疆的收复，使西征军巩固了在新疆的战略主动地位，不仅解除了敌军窜犯内地的后顾之忧，更为以后进军南疆创造了有利条件。

按原先的计划，首攻乌鲁木齐后，就由北向南乘胜收复阿古柏侵占的天山南路。

1876 年 9 月 20 日，清廷上谕也说："现在乌鲁木齐既克，即须规复吐鲁番城，扼贼咽喉，则南路各城不难次第戡定。"

但是，在清廷内部，停兵不进的议论仍然存在。赞助西征的文祥，就曾主张收复乌鲁木齐后，赶紧收束，乘得胜之威，将南八城及北路之地，酌量分封众建而少其力。以乌垣为重镇，居中控制，南钤回部，北抚蒙古，以备御英、俄，实为边疆久远之计。

左宗棠在给刘典的信中就说："都人议论，总以停兵不进为是，盖不知数城已克也。现在又如何打主意，尚未可知。"左宗棠主张与此相反，但为了减少阻力，避免麻烦，对此采取任他千万变相，老僧只有不睹不闻一法待之的态度，按照自己早已提出的既定方针和清政府上谕，于11月2日向清政府提出了"搜剿窜贼，布置后路，进规南路"的奏折，将搜剿窜贼与进规南路紧密结合起来，目的是进规南路。清廷既然已经全权赋予左宗棠班里新疆收复事宜，说三道四或干预指挥也觉不妥，便不再有异议了。

当时阿古柏在南疆惶惶不可终日，一面求英国出面帮助"请降"，企图使清政府承认其政权为"属国"，一面在暗中加紧部署防御。他以重兵防守达坂、吐鲁番、托史逊三城，企图抵御清车由乌鲁木齐对吐鲁番方向的进攻。

11月，左宗棠根据上述敌情，提出了一个三路并进，打开南疆门户的作战方案。他的具体部署是：刘锦棠部由乌鲁木齐南下，进攻达坂城，为北路；张曜部由哈密西进，为东路；徐占彪部出木垒河，翻越天山南下，为东北路。张、徐二部在盐池会师，然后向七克腾木、辟展、吐鲁番和托克逊发起进攻。

1876年冬，左宗棠为大军进攻南疆加紧调运粮食，补充兵力，调整部署，巩固后方。他给徐占彪、张曜二部各加拨马队一营，给刘锦棠部加拨马队三营，又给张曜、刘锦棠二部配置了炮队，使西征军的机动能力和攻坚能力进一步得到提高。

1877年初春，由于阿古柏匪帮的骚扰，巴里坤全古城运道一度中断二十多天，促使左宗棠对后路警戒兵力也进行了调整。他奏调驻防包头的记名提督金运昌所部淮军十营分屯古城至乌鲁木齐一线要隘，

180

同时从甘肃安西等地抽调徐万福等五营进驻巴里坤，并以新授哈密办事大臣明春所部四营出驻哈密，确保了西征运输线的畅通无阻。

1877年4月，南疆作战条件基本成熟，西征军各部开始行动。左宗棠决定南路由刘锦棠"一手经理"。

左宗棠督率西征军进规南路时，一再告诫各军要区分敌我，严格执行战抚政策。

左宗棠"缓进急战"等一系列的政策措施，为西征军进规南路提供了胜利的保证。

1877年4月14日，刘锦棠率马步从乌鲁木齐出发，日夜兼程，于17日抵达坂城，立即将城包围，用枪炮猛击猛轰，击败阿古柏从托克逊派来的援兵，迫使城内敌人在"盼援不到，官军锁围日逼，群议突围而走"的情况下，缴械投降。西征军于20日攻占了阿古柏重点设防的达坂城，缴获不少马匹枪炮，生擒大总管爱伊德尔呼里等1200余人。刘锦棠将阿古柏从南疆胁迫而来的维吾尔族、回族和蒙古族各族群众1000余名，"均给以衣粮，纵令各归原部，候官军前进，或为内应，或导引各酋自拔来归"。他们"在丧胆之余，怀不杀之德，皆惊喜过望，踊跃欢呼而去"。大总管爱伊德尔呼里及其以下大小头目100余人，愿遣人报知帕夏，缚送逃回的白彦虎，"表归顺之诚，缴回南八城地方，再求恩宥"。刘锦棠准其所请，并根据他们"坚称情愿留军中候帕夏回音"，将其"暂行羁押"。

对此，俄国人也称赞刘锦棠此举很明智，"非常仁慈地对待了那些为数达1000人的哲德沙尔居民，给他们发了路费和通行证，然后释放了他们"。但是，随后在托克逊，阿古柏让海古拉"杀害了这些人的大部分，其余的逃脱出来回到了中国人那里"。这一放一杀和一逃一回，不仅反映了西征军和阿古柏对群众的不同态度，而且也表明新疆维、回各族群众对阿古柏和西征军的不同态度。事后，左宗棠称赞刘锦棠"暂留不杀，以观其变，所见甚是"，表明刘锦棠出色地执行其战抚结合政策，符合自己的要求。

按照左宗棠三道并进吐鲁番的计划，在刘锦棠从乌鲁木齐率军攻取达坂城时，蜀军徐占彪已由穆家地沟西南入山排搜，与嵩武军分统孙金彪会师盐池，于4月21日进攻吐鲁番东面的门户七克腾木，次日乘胜进攻辟展。

孙金彪从连木沁攻占阿古柏新筑的胜金台后，于26日与从鲁克沁来的徐占彪在哈拉和卓城东会师，然后分两路齐抵吐鲁番。此前不久，刘锦棠于25日在白杨河分师，派罗长祜率领六营马队已从北路驰抵城下。罗长祜于4月26日乃与张曜、徐占彪两军会师，形成三军合击之势，使敌"骇愕不知所为"，西征军乘势斩杀，败贼向西路狂奔，艾克木汗早已潜逃，伪官马人得开门乞降，本地万余名维吾尔族、回族群众跪地乞命，罗长祜"逐加抚慰，令各复业"，吐鲁番全境收复。

阿古柏凭借达坂城、托克逊、吐鲁番抗拒官军，"自谓设险重叠，有恃无恐"，结果是"达坂为官军所破，一人一骑不返。官军乘胜进攻托克逊，风声一播。海古拉即弃托克逊踉跄而逃，曾不停趾"。吐鲁番的艾克木汗先期逃走后，马人得"诣军前乞降"，一周连下阿古柏重点设防的三座坚城。其来势之猛，速度之快，打击之重，影响之大，左宗棠说是"西域用兵未有之事"。他在分析这次连克三城，特别是刘、张、徐三军会克吐鲁番时说："以战事言，似未若达坂、托克逊之神奇，而破敌之果，赴机之速，实微臣始愿所不及也。非将士踊跃用命，其效不能臻此。"

西征军连克三城，粉碎了阿古柏的防线，沟通了天山南北两路，打开了由吐鲁番进军南八城的大门，促使本来就各怀鬼胎、同床异梦的阿古柏侵略集团更加分崩离析，更加使阿古柏无法改变泰山压顶之势形成的败局。

1877年5月29日，阿古柏在朝不保夕、四面楚歌时思潮起伏、百感交集，收到了由272个上层人物签名给西征军求和的信，立刻愤怒激动起来。动手打了身边的录事，又在与金库萨比尔的殴斗中晕了过去。随后在自己屋里饮了尼牙斯、艾克木汗安排的放有毒药的茶后，当夜就死了。

左宗棠根据刘锦棠和张曜的报告，在上总理衙门书中说："帕夏闻达坂、托克逊之报，忧泣不已，于四月中仰药而死。"

阿古柏死后，其集团内部公开分裂，为争权保命相互厮杀起来。贝尔斯说："几周之内，形势如同 1864 年一样，一团糟。"阿古柏次子海古拉"随帕夏带兵，专与英人交结，为帕夏所爱，人呼为小帕夏也"。阿古柏有让其继承王位之意。阿古柏死时，海古拉从喀喇沙尔赶到库尔勒，先是封锁死讯，秘而不发，继是让布素鲁克侄子艾克木汗留守库尔勒，暂时代理他的工作，自己借护送阿古柏尸体西窜喀什噶尔，"目的是自立为王"。可是，海古拉离开库尔勒的次日，艾克木汗不仅在库尔勒宣布自己为汗，派 500 名骑兵兼程阿克苏，欲抢先争夺阿古柏阿克苏行宫的遗产。海古拉途经库车等地时，遭到当地维吾尔族人民的痛击，队伍已不成形。

海古拉以运送阿古柏的尸体为名，一是欲在喀什噶尔宣布继承父亲的伯克王位，二是占据父亲在那里的财产。这番心思立即被其兄伯克胡里看破，促使他下杀心。

伯克胡里是阿古柏长子，虽不受阿古柏喜爱，却受到富商的同情，且拥有喀什噶尔地区，不仅有实力，"常与俄人通"，用"昏骏成性，凶悖殊常"。在距离喀什噶尔 90 多里的阿图什大桥旁，海古拉便人头落地，其美梦顿成一枕黄粱，也使骚人墨客多了一次感叹的史实："本是同根生，相煎何太急？"

出尔反尔的和田尼牙斯，见阿古柏大势已去，早派人与清军联络，表示愿意反戈，不受伯克胡里的指挥调动，为自己寻找后路。

左
宗
棠

舆榇出关，不辱使命

西征军连克达坂、托克逊、吐鲁番三城，前后仅半个月，再次显示出了左宗棠"缓进急战"方针的威力。

西征军连克达坂等三城的重大胜利和阿古柏惨败身亡，使敌人面临瓦解崩溃。"各个城市发生的骚乱变得越来越不可收拾，平民大众焦急等待朝廷军队来恢复秩序。"

但是，左宗棠并未立即乘胜追击。他对刘锦棠说：西进南八城"仍是缓进急战"，方针不能动摇。

如此有利的进军形势，为何仍要缓进呢？

首先是地理、气候和运输的困难。

所谓南八城，是指吐鲁番以西的东四城即喀喇沙尔、库车、阿克苏、乌什和西四城即喀什噶尔、英吉沙尔、叶尔羌、和田。东四城大致在托克逊以西的一条直线上，由吐鲁番经喀喇沙尔到乌什东西2300余里。喀什噶尔是南八城的中心，由阿克苏到喀什噶尔700百余里；由喀什噶尔南经英吉沙尔，再东南经叶尔羌到和田有1400余里。真可谓路途遥远，地区辽阔。在此八城之外，白彦虎和阿古柏的残余势力还占据着拜城等地。因此，西征军转战于400余里的漫长路线上，交通又极不方便，其任务之艰巨可想而知。这就需要花时间做好准备。

重要的是西征军在攻克吐鲁番后，当时正值盛夏，而吐鲁番自古以来就是有名的火洲，《西游记》中所描述的火焰山，就是这里。而且，当时正值新粮未收之时，驼只歇厂，粮运也更加困难。因此，左宗棠对张曜说："吐鲁番及喀喇沙尔，伏暑燥热异常，蚊虻最多，师期非秋后不可。"他在给清廷的奏折也这样说的。

在粮运方面，吐鲁番是产粮之区，小麦每石六两，高粱每石一两。因此，两征军收复吐鲁番之后，粮运也出现了一大转折，南过去关内采运改为主要是就地采办。左宗棠对张曜说，吐鲁番土地肥润，天气早暖，产粮为多。如果能约束各军，使百姓不受扰累，则粮运均可就近办理，可省劳费，且十分捷便。他要求张曜速设驿站，分市粮、料、柴各局，派道员雷声远去吐鲁番筹办抚辑、采运、善后各事，并且还特别要求严禁骚扰，买粮照市价，雇当地"人畜之力而给以雇值，均其劳逸，令其乐于趋事，无所畏忌，则回民胥劝，不烦鞭箠，而事易集"。

然而，在当地大批采购，还要等到秋后新粮出来才行，这时仍需从哈密、巴里坤等地采购转运，而又正值骆驼受孕歇工，转运仍有困难。他在后路想各种办法转运时，还要张曜在前线设法，并将此作为解决转运的主要途径。

不仅如此，将来每攻克一城，都按这种方式办理，就地取材，事不劳而易理，希望鼎力助之。

1877 年 8 月，新秋届临，刘锦棠派西征马步各军从托克逊西进南八城。8 月 25 日，先派提督汤仁和率队去苏巴什、阿哈布拉作为头站。

10 月 7 日，来到"水深数尺，官署民舍荡然无存"的喀喇沙尔。10 月 9 日进入库尔勒，也是空城一座，杳无人烟。这时，西征军"所裹行粮已罄，后路之粮均阻于深淖，虽设法疏销，亦不能催趱遄进，无可如何！幸悬赏掘粮，一日得数万斤，勉资数日之食"。

西征军收复库尔勒后，刘锦棠为了急救被白彦虎胁迫西走受害的维、回各族群众，乃从步营中挑健卒 1500 名，从马队中选精骑 1000 匹做头队，自己亲领急行，后队和辎重由罗长祜统率继进。这时，库车的哈底尔在库车维吾尔族、回族群众配合下攻占库车，想擒住大虎、小虎以迎西征军，但被白彦虎击败。刘锦棠率西征军日夜兼程前进，救出了不少受害的群众，并在"持械者斩，余均不问"的口令下奋勇追杀，于10月18日光复库车。

西征军在收复库车的第二天，即10月19日继续前进。21日抵达拜城，维吾尔族首领买卖提托呼达率众"开城诣营"，迎刘锦棠入城。次日前进到察尔齐克台，阿古柏的长子伯克胡里派守阿克苏头目挟制白彦虎分左右两路抗拒，刘锦棠亦兵分两路冲杀。24日到阿克苏城，远远地就看见城头枪矛林立，西南、正西两面飞尘蔽天，据探子报告，才知道城内总头目阿布都勒满谋率众投城，被各胖色提缚之西去，白逆也率领自己的死党一同逃遁。城内民众十数万则皆守城以待官军。刘锦棠入城后，一面派军蹑踪追敌，安抚群众，一面派黄万鹏、张俊率马步前进，于10月26日收复乌什。

战局完全按左宗棠预计的发展。刘锦棠三路进兵，他未等张曜率军到玛纳巴什，就于12月21日径趋叶尔羌。敌军在前一天闻讯先逃。刘锦棠派罗长祜、谭拔萃安抚群众，自己率队绕道收复英吉沙尔。

12月17日，余虎恩、黄万鹏齐到喀什噶尔城下，见城内火光冲天，城外贼骑遍布，于是挥军奋击，据守该城的兵民也凭城呐喊助势。城内的敌人惊慌失措，打开西门出窜，企图与城外之贼合并狂奔。伯克胡里、白彦虎带着家眷辎重，分头从正西和西北逃走。余虎恩、黄万鹏率队分头追击。伯克胡里素结俄人，早就向其乞地容身。当余虎恩向正西追到明约路时，伯克胡里已率众先逃，只擒获断后的余小虎。俄国驻奥什司令早派人在此照管，待伯克胡里一到，即收取军械，放入界内。白彦虎也早派人带金银货宝赴俄国买路求生。

刘锦棠在叶尔羌派董福祥率队于1878年1月2日驰抵和田时，"安集延踞城之贼尚未窜尽，闻官军至，骇而奔"，纷纷作鸟兽散，董福祥乘势收复和田。

西征军在1877年12月17日收复喀什噶尔后，陆续擒获阿古柏后裔引上胡里等 13 人，除其在新疆强娶的回族妇女 4 人，让其家属具领择配外，其余子女 9 人，监禁后办；将与阿古柏结伙的金相印、余小虎等人，一并碟诛枭示喀城；此外，阿古柏和白彦虎的大小头目共1166 名，也都被讯明正法。并缴获后膛进子开花大炮 7 尊，开花螺丝铜炮 4 尊，前膛进子开花铜炮 100 余尊，战马 1 万余匹，以及不可胜数的枪械。左宗棠认为，只因俄国接纳伯克胡里和白彦虎逃走，未获全功。刘锦棠也为此"义愤填膺，愿率所部与其周旋"。

但是，左宗棠督率西征军，在 10 月到 12 月间，从喀喇沙尔长驱前进，于奋取东四城后，又分道并规喀什噶尔，收复了西四城，功成迅速，就是左宗棠自己也感到是非意料所及，并自豪地说："南疆八城，不满三月，一律肃清，自周秦以来实已罕见。"

从 1876 年 8 月起，左宗棠督率西征军只用了一年半的时间，就收复了被阿古柏侵占达 13 年之久的领土。阿古柏侵略政权彻底覆没，西征军取得了反对阿古柏侵略的辉煌胜利。

左宗棠以收复新疆大片失土而获得了广泛的赞誉。1878 年 1 月，被清廷晋升为二等侯爵。据说清廷最初打算授予他公爵爵位，只因有人拿他与曾国藩相比，说曾国藩打败了太平天国，有再造清廷之功，才得到一等侯爵爵位，左宗棠是曾国藩提拔上来的，保土之功不能大于弄造之功，左的爵位也不能超过曾国藩，所以清廷最终改授其为二等侯爵。

其实，沙俄自从 1871 年侵占伊犁后，一直不相信清政府有能力打败阿古柏、白彦虎，为此还一度虚伪地表示：对于伊犁，只要中国政府将关内外肃清，乌鲁木齐、玛纳斯各城克复之后，当即交还。但是，随着西征军在战场上的节节胜利，沙俄政府感到了事出意外，逐渐显现出了其狰狞的本来面目。

收复伊犁是左宗棠西征的一个极重要而又艰巨的历史任务。

1876 年 11 月，清政府同意凡与俄人交涉新疆事宜，均先知照左宗棠酌度并由其主持办理，此后，左宗棠主动承担起了以收回伊犁为中心的对俄交涉。

1877 年夏秋，伊犁将军金顺想要趁俄土战争爆发之际，乘虚袭取伊犁。但左宗棠担心因此而影响到进规南八城的预期目标，他说："此时若急于索还伊犁，彼人必更挟以为重。"主张"申明纪律，整齐队伍，操练技艺，严为戒备，静以待之"，"断不可挑衅生端，贻害大局"。

为了解决伊犁问题，1878 年 7 月 20 日，清政府派吏部右侍郎、署理盛京将军崇厚出使俄国，就收回伊犁的问题与俄方交涉。

左宗棠对清政府派崇厚出使沙俄开始是支持的，说崇厚出使一节最为紧要，又特旨授为全权大臣，尤可随宜对付，得其要领。唯盼乘风破浪，迅速成行，这样一来，使俄边各官无伎俩可施！

此时，俄国一方面唆使原阿古柏的亲信阿里达什、阿不都勒哈玛伙同爱克木汗等匪徒窜扰我乌鲁克恰提一带的边境地区，声称"奉俄国号令，攻取喀（喀什噶尔）、英筷吉沙钓各城"。当这伙匪徒被刘锦棠派军击败后，就转向南侵扰色勒库尔，"冀取该处为老巢，为复扰回疆张本"。另一方面则派外交大臣助理吉尔斯、顾问热梅尼和驻华公使布策一起谋划着如何从归还伊犁的谈判中榨取更多的东西。这种形势对崇厚说来，的确是够严峻的。

1879 年 7 月以后，左宗棠从总理衙门那里得知崇厚步步退让，极为不满。他在给刘锦棠的信中说："崇厚胸无定见，未免许之太易，不知若辈得寸进尺。"

8 月，左宗棠在上总理衙门书中，陈述了对崇厚在俄所议条款的不同看法。随着沙俄侵略的加深和更多的暴露，左宗棠关于归还伊犁的具体主张更加明确完整，而且思想境界也随之提高。

9 月 26 日，左宗棠上奏清廷，陈述崇厚所议各款不能允准，并深刻地揭露了沙俄对归还伊犁不讲信义、出尔反尔的侵占目的。

可是，在沙俄的威胁讹诈下，昏庸无能的崇厚于 10 月 2 日与俄国人签订了《里瓦吉亚条约》，中国虽索还伊犁九城，但却割让霍尔果斯

左
宗
棠

河以西地区、特克斯河流域和穆素尔山口给俄国，从而隔断了伊犁与南疆阿克苏等地的联系。此外中国还要支付俄国 500 万卢布（约合白银 280 万两）的占领费，并允许俄国在嘉峪关、哈密等七处设立领事馆，给予俄商在新疆、蒙古免税贸易的特权等。

可惜，清政府还未收到左宗棠的上述奏折，就已经获悉了崇厚与俄订立的《里瓦吉亚条约》的内容。

12 月 4 日，左宗棠在向清廷上奏《复陈交收伊犁事宜折》时，又向总理衙门写了一封信。在这一折一信中，首先揭露俄国侵略的严重影响。接着，他还痛陈了崇厚所订条约的危害，说"俄国虽然名义上说归还伊犁，实际上我国只能得到一片蛮荒之地而已"。并提出了一个谈战结合的方针，是争取通过谈判解决伊犁归还问题，如果俄国拒不交还，只好以武力收复伊犁。

12 月 14 日，左宗棠上奏《复陈李鸿章所奏各节折》，更强调对俄侵略不能退缩。他说："俄自窃踞伊犁以来，无五日不以损中益外为务，蓄机甚深。此次崇厚出使，乃始和盘托出。若仍以含糊模棱之见应之，我退而彼益进，我俯而彼益仰，其祸患殆靡所止，不仅西北之忧也！"他斥责李鸿章像庸医给人治痼病，"但顾目前，不敢用峻利之剂，则痼症与人相终始，无复望其有病除身壮之一日"。他向清政府提出："伏望于崇厚复命之日，将所议各款下军机大臣、总理衙门、六部九卿及将军督抚臣会议，孰准孰驳，备本所见条举以闻。"

左宗棠对伊犁问题的主张和态度，对清廷于崇厚所订条约的决断起了重要作用。12 月 17 日，清政府收到左宗棠的一折一信后，就发布上谕，写道：左宗棠所奏"洞澈利害，深中窾要"，"该督所称先之以议论，决之以战阵，自是刚柔互用之意。所有新疆南北两路边防事宜，即着该督预筹布置，以备缓急之用"。"将来操纵机宜，该督必能通筹全局，谋定后动。"

12 月 26 日，左宗棠驳李鸿章的奏折到北京。其后第七天，即 1880 年 1 月 2 日，清政府将崇厚革职议处，并如左宗棠所建议的那样，将崇厚所订条约交各部议奏。

2月19日，清政府向俄国发出国书，说崇厚所议条约多有违训越权之处，事多窒碍难行，因此再派大理寺少卿曾纪泽为出使俄国钦差大臣，希派员与之"和衷商办"。这样，收回伊犁的谈判由崇厚转到了曾纪泽的身上。左宗棠也转入以武力支持曾纪泽赴俄谈判的新阶段。

俄国为了达到自己的目的，除了政治讹诈外，还在中国东北边境增调兵力，在海上调遣军舰到中国海面游弋，还在上海邀各国在华兵船进行武力示威。在西北，更是不断制造战争的紧张气氛。1880年上半年，俄国在伊犁地区有步骑78个连，兵员11500多人，比它侵占伊犁时的2000多人增加了5倍多。此外，还准备从西西伯利亚征调步骑9000多人，从费尔干纳向喀什噶尔边境派出的兵力有4600多人。而且，在伊犁的侵略军正积极进行战争准备，有的部队甚至越界屯驻。不仅如此，坐镇塔什干的考夫曼还召见伯克胡里一伙，要其纠集匪徒侵犯喀什噶尔，驱除华人，恢复"七城汗国"。俄国还准备"一旦与中国彻底决裂，于1881年初就会发起对准噶尔的猛烈进攻"。

左宗棠是这次反侵略力量的中坚。他于1880年4月初在上报清廷的奏折中说，朝廷改派曾纪泽前往再议，若能词严义正，自可折其奸谋；"倘其始终狡执，论辩竭而衅端开，非合南、北两路全力慎以图之不可"。计划仍然按三路布防，准备在俄国挑起战争时进取伊犁。北路扼守精河，由伊犁将军金顺主之。兵力除金顺所部马步20营10000余人外，调金运昌的卓胜军马队500人、步队1500人前往。中路屯驻阿克苏，由广东陆路提督张曜主之。兵力除张曜原有嵩武军马队2营、步队9营计5000余人，左宗棠加拨马队1营、步队4营计2250人外，还让张曜自募皖北步队千人，挑选原土尔扈特马队数百骑归其节制。西路屯集喀什噶尔，由刘锦棠主之。兵力除刘锦棠原有湘军马步25营10000余人外，加拨谭拔萃由湖南选募步队五营和谭上连挑选换防步队2000人。

左宗棠综合上述三路布防说：就现在局势而言，俄之官商、俄之

左
宗
棠

兵力既归重金顶寺各处，距精河一带较近，金顺只宜坚扼要隘，遏其纷窜，不必以深入为功；中路阿克苏之军径指伊犁大城，以截断金顶寺归路；刘锦棠如由乌什、冰岭西路径指伊犁大城，则俄图援伊犁来路可断；如此路亦难进兵，则屯兵喀什噶尔外卡，遥张深入俄境之势，亦使知内患堪虞，时勤狼顾。

此时的左宗棠已年近七旬，不仅年老、体弱多病，而且"西征十年，滚滚风尘，几无生趣，遥望南云，无心出岫，不胜企羡"。可是，为了祖国领土主权的完整，为了能就近部署伊犁战事，他决计亲自出关。1880 年 5 月 16 日，左宗棠坐上加套快车，离开肃州启程西行。在他的后面，一队威武的士兵抬着一口黑漆棺材，以表示他有去无回、马革裹尸的抗敌决心。5 月 22 日，左宗棠行抵玉门关。6 月 2 日行抵安西，15 日到达新疆哈密。

7 月以来，俄国加紧对清政府进行战争威胁，除对中国西部外，更向中国东北边境调遣军队，派海军上将率舰队东来，扬言要联络日本，封锁辽海，进犯北京。8 月 4 日，曾纪泽到俄外交部，吉尔斯面冷词横，盛气凌人，声称崇厚条约"只要照办，无可商议"。清政府深感形势险恶，唯恐二十年前英、法联军进犯北京的历史重演，再受城下之辱。8 月 11 日，清政府发布上谕，以"现在时势孔亟，俄人意在启衅，正须老于兵事之大臣以备朝廷顾问"，令左宗棠"来京陛见"。

8 月 20 日，左宗棠在哈密接到入京陛见谕召，心情十分复杂。他既感自己"衰朽余生，本不堪重寄，兹复奉恩谕陛见，并有以备顾问明文"，实在是皇恩深重；又"细绎圣意，或恐以衰疾颓唐，不宜久劳边塞，曲予矜恤之故"。对朝廷忠心耿耿的左宗棠，对不管是朝廷重寄或是身体矜恤，都"既蒙天恩宠召，自应力疾趋朝"。因此，他遵旨举荐刘锦棠督办关外一切事宜，并邀其即赴哈密筹商一切要务，以便接替自己的工作，还对时局与谈战问题提出自己的见解和主张，继续为收复伊犁贡献自己的智慧和力量。

11 月 14 日，左宗棠离开哈密东行赴京，于 1881 年 2 月 25 日到达北京。左宗棠被召入京，对曾纪泽在俄谈判产生了重要影响。俄国以为左宗棠入京，中国有动兵之意。俄方首席谈判代表、代理外交大臣吉尔斯在 1880 年 12 月 11 日询问曾纪泽："我风闻左宗棠现在进京，恐欲唆使构兵，不知确否？"一个多月后，吉尔斯和布策又向曾纪泽提及此事，并说，"今日之言系本国皇帝之话"。曾纪泽是熟悉世界政治而又有才干的爱国外交人员，当俄国以"如果这样拖延时间，还不如打仗合算"进行威胁时，他在左宗棠等人的支持下给予了针锋相对的回答："中国不愿有打仗之事，倘不幸有此事，中国百姓未必不愿与俄一战。中国人坚忍耐劳，纵使一战未必取胜，然中国地方最大，虽数十年亦能支持，想贵国不能无损。"正由于左宗棠和全国各族群众的反抗和曾纪泽的力争，俄国才于 1881 年 2 月 24 日在俄都圣彼得堡与曾纪泽订立《中俄伊犁条约》。这一天正是左宗棠抵京的前一天。这个条约虽然仍是一个不平等的条约，但它与崇厚当初所订的条约比较，挽回了伊犁南部特克斯河谷地、哈巴河等处领土和一些利权。

左宗棠在北京知道这个结局后，仍不满意地说："伊犁仅得一块荒土，各逆相庇以安，不料和议如此结局，言之痛心！"但是，沙俄将它业已吞下去了的中国领土又吐了出来，这在近代史上是前所未有的事情。伊犁交涉的这种结局，对于左宗棠来说，多少也算得上是一种安慰。

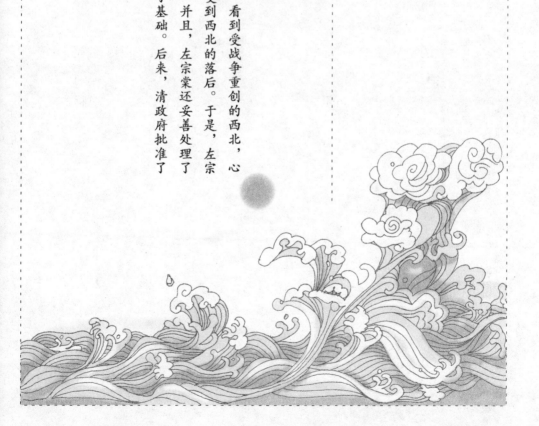

第八章

开发西北办实业
复疆建省泽后世

左宗棠在西北担任陕甘总督时，看到受战争重创的西北，心中不免沉痛。同时，他也深切地感受到西北的落后。于是，左宗棠注重在西北兴办实业，发展经济。并且，左宗棠还妥善处理了战后的善后问题，为新疆建省奠定了基础。后来，清政府批准了新疆建省，左宗棠可谓功不可没。

兴办实业，发展经济

左宗棠在担任陕甘总督期间，在平定西北回族起义、收复新疆的同时，也对西北地区的经济恢复和发展做了很大的贡献。左宗棠来到西北之后，依然继续兴办洋务企业，并先后创办了西安、兰州制造局和甘肃织呢局等军用和民用工矿企业。

1869年3月，左宗棠上奏清廷说，他的楚军所需军火全由上海洋行采办而来，其价值十分昂贵，现在招募浙江工匠，迅速装备机器到陕，制造洋枪、铜冒、开花子等，以节省上海购造的资金。

1872年8月，左宗棠从安定来到兰州，接着又在此创办兰州制造局。兰州制造局是以生产枪炮为主，兼制开河、凿井、织呢和水龙等机器，是军、民两用的近代工业之一。兰州制造局设在兰州南关，左宗棠派总兵赖长主持。赖长是广东人，原来是左宗棠在福建时的旧部，同时也是一位精通近代枪炮和机器制造的专家。

兰州制造局除自备机器外，1874年又将西安制造局的火炉蒸汽机运来。它以制枪炮为主，制造时参用中西之法，兼采其长，并能精益求精。制造局不仅能自造一些新的枪炮，而且制造技术也达到了较高的水平。1875年6月，俄国索思诺夫斯基对枪炮制造原只推崇英、法与德国，而当他看到制造局所仿制的法、德枪炮，"其精者与英相同，而臆造之大洋枪及小车轮炮、三脚劈山炮，盖又彼中所无"时，不禁同声叹服。

兰州制造局除了造枪炮外，赖长还将这个军用工业逐步向民用工业发展，制造出了抽水机和灭火机，特别是制造出织呢绒的机器，更具有重要的意义。

左宗棠在西北的军用企业，除西安机器局、兰州制造局外，1875年还在兰州创办了火药局。他为提高火药质量，即提高硝、磺的提炼水平，使火药品质能和洋火药一样。如此虽然增加了成本，但是火药质量大幅提升，力量可比得上洋火药，就不必向海外采购，所省运费已是不少。况且硝磺提炼极净，开火后更可不伤枪炮。每斤加上料多费不过数十文，总是划算的。新疆收复后，他又在阿克苏设制造局，在库车设火药局。这些制造局和火药局，不仅以它生产的枪炮弹药为西征提供了装备，而且制造了一些机器，起到机器母厂的作用，开了西北近代工业的先河。

甘肃织呢局就是兰州制造局的最大成就之一，是左宗棠从事洋务运动由军用工业向民用企业发展的重要标志，也是近代中国最先创办的近代毛纺业，是毛纺织业近代化的开端。

甘肃织呢局，从1877年开始筹建，经过建厂、购买机器、雇聘洋匠，特别是机器运输，前后花了三四年时间，于1880年9月16日正式开工生产。

甘肃织呢局开工生产后，左宗棠在这年12月上奏清廷，谈到织呢局的生产情况时说："现在织呢已织成多疋，虽尚不如外洋之精致，大致已有可观。从此日求精密，不难媲美。共设洋机二十架，现开机六架，余俟艺徒习熟，乃可按机分派织造。开齐后，通计每年可成呢六千疋。"

1881年1月，左宗棠又说："织呢局结构宏敞，安设机器二十具，现开织者尚只十具。""所成之呢渐见精致，中外师匠及本地艺徒率作兴事，日起有功。""其质虽略逊于洋呢，然亦可供着用。"起初因缺水，产量不足。2月以后，因凿了一口深井，解决了水源，每日可织宽

左宗棠

5尺、长50尺的呢8疋。1883年，每日可产10至12疋。按织呢局日产20疋的计划看，仍是开工不足，未达到预定的目标。

采金、开矿则是左宗棠兴办民用企业由工业向矿业发展的一个重要方面。

甘肃河西地区矿藏丰富，过去曾用土法开采，但成效不佳。1879年，左宗棠采纳胡光墉的建议，由他购买机器，雇聘德国技师米海里前来探勘。米海里到肃州后，先到南山。他说，南山矿藏丰富，内有上好之煤，还有五金各物。南山山底本系花岗石，必要将上层的砂石黄泥等揭开，即见各层煤石。此煤有时与矿子和杂，然矿子即藏金之所。若将矿子捶碎，即成为砂，淘砂即见金。他后来到嘉峪关各地查看，发现矿藏极多，藏金层深仅6尺到10尺不等，其中一处离地约深6尺，横沿约宽1万尺，东西长2万尺，有铁、银各矿，矿藏之富与旧金山相似。米海里在寻找金矿时，还在玉门找到了一个石油矿。据化验，石油矿中含油五分、蜡三分、杂质二分。

此后，左宗棠开始积极设法开采矿藏。

左宗棠在开矿采金时，虽然开始采用化私为官的办法，将分散的私人开采改为官采，可是，由于距肃州不远的文牲口内横进八百余里荒无人烟，"本地私挖金沙之人，须四月入山，八月大雪封山，不能复采，是为时无几"。因此，他提出"似须以官办开其先，而商办承其后"的主张。"庶抽分可期有着，利权不致下移，粮价轻减，民夫可增，粮价昂贵，民夫可减，操纵由官，始期弊绝利生，不致有名无实。"

这种"官办开其先而商办承其后"的主张的重要性，不仅是在开矿采金业中的大转变，而且是左宗棠长期主张官办向商办转化思想的重要变化与发展。这种变化与发展也在新疆得到贯彻。

左宗棠在西北创办的西安、兰州制造局，阿克苏制造局，兰州火药局，库车火药局，甘肃织呢局和用机器治河、开矿，以及招商办乌鲁木齐铁厂等一系列洋务活动，究其规模和重要性来说，虽远不如他在福建创办的福州船政局，但仍有不少新的特点和新的发展变化。

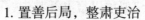

妥筹善后，奠定建省

左宗棠是个有远见卓识的政治家。西北地区，尤其是新疆，是我国的国防战略要塞，又是经济文化落后，亟待开发的边陲。左宗棠率军收复新疆后，立即采取了安抚流亡、恢复生产、兴修水利、举办义学、改革赋役制度等"文治"之举，为新疆的建省定制奠定了基础，为新疆的发展和人民生活的安定做出了贡献。左宗棠为新疆建省，兴利除弊，妥筹善后，在政治、军事、经济上建树颇多，从而为新疆的政权史谱写了新的一页。

1. 置善后局，整肃吏治

1864 年，新疆各族农民大起义的洪流，冲垮了清朝实行的军府制，伯克制也名存实亡，地方封建王公也多人亡家破，仅存哈密亲王、吐鲁番王、库车郡王等。左宗棠深恶痛绝新疆伯克制的弊端，提出革除伯克任意增减钱粮与权杀揽讼的特权。

左宗棠在收复新疆的过程中，每攻克一城，即选派干吏设置善后局，执行临时地方政府的职能。当吐鲁番战事结束后，左宗棠即将他前线的两员大将做了分工，刘锦棠负责前线指挥，张曜专主善后。南疆全部规复后，刘锦棠和张曜又分别负责西四城和东四城的善后，促使新疆社会元气恢复。为了刷新吏治，振作政风，他对派往新疆的官员要求很严，规定人选要廉洁能干，将懦弱糊涂的官员撤差，嗜酒的人也要受到他的申饬，对于有勒索行为的官员，他更是不能容忍。新疆收复之初，还利用旧有的阿奇木伯克等，协助善后局办理民事。沙雅的阿奇木伯克阿卜都拉阻止纳粮，并敲诈勒索百余户农民的1000多两白银，并在他家中起出洋炮30多杆，遂被枭首示众，同案犯也被杖毙。因此，善后局在发展经济生产、巩固统治方面起了良好的作用，为新疆建省改制铺平了道路。

2. 安抚流亡，兴修水利

在左宗棠督师收复新疆的过程中，除在乌鲁木齐地区发动三次战役外，在南疆地区基本上是一路追剿，将被裹胁的难民救出。攻克达坂城后，对于被阿古柏强令而来的维吾尔族、蒙古族难民，"均给种粮，纵归原部，约俟官军前进潜为内应，皆欢吁而去"。又给潜逃到乌鲁木齐的难民发耕牛籽种，"就达坂城耕垦复业"。收复托克逊城，有2万多名回族、维吾尔族人民被安插归农。此后，刘锦棠根据左宗棠的指令，严令部属对于逃敌执行"执械者斩，余弗问"的政策，在托和奈解脱1万多蒙古族、回族难民，在库车又将数万名维吾尔族、回族难民"悉遣归复业"，前后共"拔出被裹回众以十万计"，都遣返原籍归业。这种事例举不胜举，以政治手段解决军事问题，说明左宗棠的目光远大。

屯垦事业，历来多是伴随着进军拓边进行的。左宗棠考虑到当时屯田的得失，他对张曜时驻哈密屯垦指示说：要做到军屯与民屯并举，了解实情，制定屯田章程，挑选好负责屯垦的人员，实行奖惩制度。由于左宗棠"少小从事陇亩，于北农南农诸书，性喜研求"，所以他就能提出切实、周详、可行的意见。他对屯田垦荒，籽种口粮，调拨淘汰的军马，提供贷金，推广哈密屯田经验，使新疆屯垦事业发展很快。在他离开新疆前夕，镇西厅兵民共屯五万数千余亩，基本达到战前的水平。奇台县报垦民户900多，军垦6600余亩，乌鲁木齐报垦民户2000多，另有兵屯。昌吉县新旧屯户1300多。绥来县共有900余屯户。吐鲁番与南疆的屯垦，从天赋的增加情况来看，其恢复发展速度更快。1879年，吐鲁番征粮14200余石，八城共征粮261900余石，较战前的13万余石，增加了一倍。另有折色银13387两，又折色钱510缗，其他棉花等不计。

水利是农业的命脉，对干旱少雨的新疆尤显重要。张曜屯田哈密，整修石城子渠需要10万条毛毡，左宗棠八方罗致，满足其需要。同时还修建榆树沟和五道沟大渠各一道。在镇西兴修了大泉东渠，乌鲁木齐开挖永丰、太平、安顺之渠，奇台、绥来各修长渠一道。吐鲁番新开凿坎儿井185道，工程十分浩大。"库尔勒修复旧渠四十里，库车修建阿柯奇两大渠。"库车两条大渠，"横贯戈壁"，工程尤大。库尔楚河有40里，河水浸涝，旱溢不均，被整治一过。焉耆上户新开渠长30里。西四城的水利工程极为艰巨，因玉河五处决口，河床淤塞300多里，造成土地荒废，庐舍漂没，城堡坍塌，低洼处"竟成泽国"。在兵民合力下，予以修复疏通。在玛喇巴什，新挖的大小渠纵横相连，变水害为水利。成为南疆的重要垦区。乌兰乌苏河因兵乱，多年失修，经兵民开挖新河，堵塞决口，横截洪流，喀什人民"资其利以耕作"。龙口镇渠桥整修完善，收效极大。左宗棠的继任者，继续贯彻他兴修水利的措施，为新疆建省初期农业生产的复苏创造了良好的条件。

3. 大力兴屯，注重生态

左宗棠在大力兴屯时，还重视如何耕种和栽种什么作物。西北人少地多，一般不注意耕种方法，而多是广种薄收。这既费地，更废水，单位面积产量不高。左宗棠为改进农业，采取了下列三种措施：

一是提倡精耕细作，推广区种法。当时，陕西也有人倡导区田，著有《区田图》。左宗棠认为，这种《区田图》与古农书不合。"区陇无相并者，意取四面通风，根不相交也。"左宗棠在推广"区种"时采取实事求是的态度。他在甘肃即说，庆阳自然以开井、区种为宜；而平凉川地很多，俗称为粮食川，开井、区种还不如多开引池，其利更善。

二是用石压沙，增强土壤抗灾能力。西北少雨易旱，多戈壁荒滩。

1880 年 5 月，左宗棠西出玉门，见沿途戈壁缺乏水草，不能度地以居民，因此寻思解决办法。他认为，沙石间杂，中含润气，虽没有涌见的源泉，雨露的滋润，但"足荫嘉谷"；"兰州北山秦王川，昔称五谷不生者，近则产粮最多，省会民食取给于此，老沙、新沙、翻沙时形争讼"；"惠民堡迤西而北，沙碛尚杂石片，安西前后沙滩则石子相间，并少块片，疑可仿效秦王川法，用植嘉禾，就中大小沙堆遍生野草，间有芦苇丛杂。既产草则必宜禾，奚仅宜畜牧不便耕垦乎？至沙滩戈壁，虽乏树木，然近水各处亦见榆柳，疑下湿之地皆可种植，奚仅宜榆柳不宜蔬菜果乎"？他主张："拟先畜牧导民，而令其渐谋耕获，庶几因其所明加以劝相，渐合古昔实边之政，而无其扰也。"在西北，如甘肃，有用砂压碱，用细石铺地，以减少蒸发，保护农作物生长的习惯。

三是种稻植棉栽桑，种植高产经济作物。左宗棠到西北后，见民间所种的粮食作物只有大小麦、黄白粟、糜子、油麻、苞谷这几种，虽终岁勤动，得获再收，而皆穗短苗单、颗粒细小，一亩之地的收成不过百余斤，其价又贱，每岁除留作自食外，用来卖的也不多，则一切日用之需无法获得。因此，他于 1870 年在平凉就让军队试种"利以倍之"的南方稻谷。

左宗棠在让陕甘各州县试种水稻时，也要各地察看所属地方，"何者宜桑，何者宜棉"，提倡种棉栽桑。这有两方面原因：其一是西北贫苦，群众缺钱少穿；其二是群众"皆知棉利与罂粟相埒，且或过之"。"欲禁种罂粟，必先思一种可夺其利，然后民知种罂粟之无甚利，而后贪心可渐减。"他在说明了以棉利代罂粟之害后又说："棉花则秦陇无不宜，但向阳肥暖之地，种培得法，获利必多，近凉、甘之民亦知务此。"

左宗棠在宣传植棉时，还于 1874 年初下令刊行《棉书》和《种棉十要》，向民间传授有关选种、播种、分苗、灌耘、采实、拣晒、收子、轧核、弹花等一系列种棉方法。宁州和正宁两处，经宣传推广，民间种棉踊跃。1871 年，他到安定，甘肃按察使蒋凝学在谒见时对他说："省城外种（棉）者颇多。近有镇番绅士蓝佩青具上条陈，亦以彼处试种甚美为说。"他由此感到"棉花之利更觉可行"。1873 年，他由兰州到肃州，路过山丹、抚彝、东乐各处，正值棉熟，群众说，棉利与罂粟相仿，其费工力则要省于罂粟。福克亦说，陕甘一些地方，以往栽种罂粟的地方，现在全都种上了棉花，近来大有收成。可见，左宗棠推广种稻植棉取得了一定成效。

左宗棠在让西北各地试种水稻和棉花时，也注意推广栽桑养蚕植树。

左宗棠认为："桑树最易长成，村儇、沟坑、墙头、屋角，一隙之地，皆可种植。"新疆栽桑养蚕，更大有可为。

计南、北两路有桑树 80 万余株，而新丝色沾质韧。因此，他于 1877 年让胡光墉雇募湖州熟习蚕务者 60 名，"带桑秧、蚕具前来，教民栽桑、接枝、压条、种萱、浴蚕、铜蚕、煮茧、缫丝、织造诸法。自安西州、敦煌、哈密、吐鲁番、库车以至阿克苏，各设局授徒，期广浙利于新疆也。所以先南路而后北路者，以南疆生桑颇多，一经移接便可饲蚕，缠民勤习工作，可收事半功倍之效。由是推之西四城，更推之北路，耕织相资，民可使富"。这些桑树秧运到甘肃后，左宗棠在肃州，让在安西、敦煌设局栽树，并让在兰州的莲花池、东较场、河坝及节园等处隙地栽种，然后分到各地，以期"十年之后可衣被陇中"。他随后令匠师出关，分种玉门、安西、敦煌、吐鲁番和阿克苏等处。这对新疆养蚕丝织业起到了促进作用。

左宗棠一贯注重植树。1876 年，他指示延榆绥镇总兵刘厚基，在兴修水利时，沿河宜广种榆柳，不但能固住堤岸，也可制戎马。次年，他更从河堤两旁夹种榆杨，"可固堤根，且利民用"出发，要该镇加紧栽种榆树。1880 年，他在长武，看到兰州东路"所种之树密如木城，行列整齐"，说："栽活之树皆在山坡高阜，需浇过三伏，乃免枯槁，又不能杂用苦水。"对兰州西路，更强调维护种树的重要性。他说：

"树艺伊始，每为游民窃拔，牲畜践履。……谕禁之，守护之，灌溉之，补栽之。"

西北种树虽然十分困难，可是经过左宗棠的提倡和各地军民的努力，仍然取得了一定成果。据他 1880 年一个奏折中的记载：关内东路种树，计会宁 21000 多株，安定 10 万余株，金县 4000 余株，皋兰 4500 余株，环县种活的树 18000 余株，董志原、镇原有 12000 余株，陕西长武至甘肃会宁 600 里沿途种树成活的有 26 万余株，平庆泾固道署内外种活的树 1000 余株，柳湖书院 1200 余株；关内西南路种树，计狄道中 300 余株，狄道北 13000 余株，大通 45000 株；关内西路如永登种树 78000 余株。以上共有 560000 多株。至于哈密到兰州一带，亦是"道旁所种榆树业已成林，自嘉峪关至省除碱地沙碛外.拱把之树接续不断"。刘锦棠亦说："官道两旁树株遍植，迄今关陇数千里，柳荫夹道，行旅便之。"

当时和随后的人们在西北看到陕甘至新疆道上，绿树、蓝天、白云交相辉映，江山如画，令人陶醉的情景，不仅把左宗棠倡导种的树称为"左公柳"，而且还有不少赞美之词流传至今。如 1879 年杨昌濬应左宗棠之邀西行，见沿途绿树成行，吟下了脍炙人口的有名诗句：

大将筹边尚未还，湖湘子弟满天山。新栽杨柳三千里，引得春风度玉关。

后来，人们保护左公柳，也是对他种树功绩的称颂，在沿途所赢榜示写道："昆仑之墟，积雪皑皑。杯酒阳关，马嘶人泣。谁引春风，千里一碧。勿剪勿伐，左侯所植。"现在，左公柳虽尚存无几，然而人们对提倡种树的左宗棠的历史功绩，仍缅怀乐道。

畜牧业，在西北说来并不亚于农业。他把畜牧放在与农田各业同样重要的地位。此后，他对各地、特别是适于发展畜牧业的地区一再强调其重要性。

4.改革赋税，整顿财政

田赋是中国封建经济的主要来源，也为国家的财政命脉所系。左宗棠对新疆"按丁索赋"的怪事十分恼火。他毫不手软地改为"按亩征收"。这一改革看来是损害了地主阶级的利益，实则保障了国家的财源。当时进行清丈地亩，耕地按等级征赋，又减为什一税，反而较战前增加一倍，并无拖欠，就是一个很好的例证。改革田赋制度，受到了新疆各族人民的欢迎。

左宗棠为了开辟财源，对百货抽收税厘。初在镇西、奇台开征，每月征收六七千两。最旺的时期，1878年秋冬至翌年夏，"征银十八万两有余"。当时，南疆通行普尔钱，据其铜色又称红钱。"初以五十普尔为一腾格，尔后定为百普尔为一腾格，值钱一两"，"每一普尔值钱一分"。乾隆朝始，铸钱开始在南疆流通。由于银钱比价时时升涨，致使普尔钱信用较高。阿古柏侵占南疆后，铸造银币天罡流通，每枚重一分。天罡即腾格音转，"式圆如饼，中无方孔，不类钱形，其成色分量任意低减，图售其奸，故市价相权，不能允协，民以为苦，应改铸银钱，以平市价而利民用"。起先张曜于1877年在阿克苏铸造足色足量的银币，每枚重5分，以资流通。左宗棠又令改铸造每枚重一钱的银币，作为母钱，并仿造"乾隆通宝"作为子钱，"一时商贾缠民均称便"。

左宗棠在调回京师途经兰州停留时，又奏请将甘肃、新疆的每年协饷和军队装备，一分为二支付，"以六成划拨新疆，四成划留甘肃"，从而使新疆财政得以独立，奠定了新疆建省的坚实经济基础。

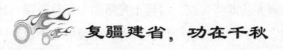

复疆建省，功在千秋

早在 1850 年，左宗棠在"湘江夜晤"中，听了林则徐"欲求数十百年长治久安，不能光靠一时战功"的告诫。因此对于新疆在用兵的同时，极力主张建省。

尤其是在新疆内忧外患无穷、有全境沦于异域的危险，而在朝廷庸官污吏一片放弃新疆的喧嚣声中，左宗棠不避艰险，从东南沿海移节"糜烂"的西北，收拾残局，在宦途中迈向新的征程。他坚韧不拔地主张在新疆设置行省，以利新疆长治久安，便是他对巩固西陲的一片赤诚的集中表现。

光绪三年三月初十（1877 年 4 月 23 日），西征之师发动了春季天山战役，克复达坂城、吐鲁番和托克逊三城。清廷接到捷报后，于 6 月 20 日谕令左宗棠对新疆问题"通盘筹画，一气呵成"。

7 月 26 日，左宗棠便呈奏了《遵旨统筹全局折》，首次正式向清廷论证了新疆建省的必要性。他从历史上旁征博引，说明了新疆战略地位的重要性。

左宗棠在奏折中又进一步强调：新疆是个宝藏富饶之区，为杜绝俄、英觊觎，义师西征，使"旧有之疆宇还隶我方"，规复全疆指日可待。欲求数十百年长治久安，不能光靠一时战功。强调指出："至省费节劳，为新疆画久安长治之策，纾朝廷西顾之忧，则设行省，改郡县，事有不容已者。"他又以乾隆坚定不移地在新疆推行军府制，佐证根据时代的变迁应在新疆建省的必要性。

为了筹划建省的一些细节，他请清廷饬命户、兵两部，将新疆的旧章案卷驰发给他供稽考。清廷对左宗棠的这番挚诚之言，认为很有见地，命令他督饬将士克期收复南疆。

收复南疆大功即将告成，清廷于光绪四年正月初四（1878年2月5日）询问左宗棠："新疆政设郡县行省，原设的办事及领队大臣应否简放？"说明清廷对新疆设省与否仍游移不定。左宗棠在接到御旨前，于2月7日又一次提出新疆建省"虽久安长治之良图，然当创始，关系天下大局，非集内外臣工之远猷深谋"，才不致有所失误。为了实现新疆建省的愿望，他提出恢复四百多万两的协饷旧额。清廷认为内外臣工不熟悉新疆地方情形，未必能拿出定见，仍令左宗棠"将何处应设省城？何处分郡县？及官缺兵制，一切需用经费，要以章程具奏"。李鸿章对左宗棠的新疆建省主张，在一旁窃窃私议，以为此事头绪纷繁，"穷天下之力，犹虑莫殚莫究"。号称"八旗名士"的李云麟，也写了《论新疆建省》一文，提出了不可建省的八大理由。其中谓"维、蒙两族落后，不可施以郡县之治"，并对左宗棠进行人身攻击。接着，又就此事连奏三本，虽未获准，却有不达目的誓不罢休之势。

光绪四年十月二十二（1878年11月16日），左宗棠针对李鸿章等人的非议和清廷的疑虑，上奏《复陈新疆情形折》。在这份著名的奏折中，左宗棠洋洋洒洒地历陈新疆"地不可弃"、必须建省的种种原因。

光绪六年四月十八（1880年5月26日），左宗棠为了抗击沙俄拒不交还伊犁，从肃州起程进驻哈密之日，上奏《复陈新疆宜开设行省请先简督抚臣以专责折》。这个奏折是经左宗棠与新疆大员及陕甘总督等协商拟就的，提出了新疆设行省置郡县的具体方案。"拟乌鲁木齐为新疆总督治所，阿克苏为新疆巡抚治所"，天山南北两路，拟设五道、四府、五州、二十一县。为了根据实际情况"兴革诸务"，他又派

文韬武略

左宗棠

熟悉吏事的陈宝善到新疆各地考察。同时又保留"治外则军府立，而安攘有籍"，这是对满蒙贵族的退让之策。清廷仍以未收回伊犁为借口，将这一建省方案再次搁置不议。

光绪八年八月初五（1882 年 9 月 16 日），翰林院编修刘海鳌，针对接替左宗棠主办新疆事的刘锦棠、谭钟麟、张曜奏靖新疆变通官制、营制各折，居然上奏反对新疆建省。他认为新疆地广人稀，物产丰饶，当务之急，可化兵为农，使冰天雪窖之地变为锄雨犁云之乡，因此他的结论是："郡县未可遽设，屯田可以专办。"

光绪八年九月初七（1882 年 10 月 18 日），左宗棠已调任两江总督，仍然是"身居江表，心系西陲"。他以十分迫切的心情，上奏《新疆行省急宜议设防军难以遽裁折》，综述自己历次关于新疆设省的建议。他指出，朝廷曾答复收回伊犁后再筹建省，现伊犁已于先年收回，久沦异域的各族人民渴望新政，天山南北经三年的实力筹办，气象一新，新疆强邻环伺，"他族带处，故土新归，治风治外，事同革创，非规模早定，废坠难以自兴，非体统特尊，观听无从而隶"。若新疆只设道员，由陕甘总督遥制，实则鞭长莫及，新疆设省大计早定，其利有五：一是杜绝外人觊觎；二是外交上防患于未然；三是壮军威，固边防；四是有利实施教化；五是有利善后建设。同时，他警告朝廷，若是担心新疆建省有所劳费，而拖延不办，会使前功尽弃，内忧外患纷至。这就为刘锦棠等人继续进行改省设郡县，进行了声援。于是清廷被迫原则同意新疆改建行省，先是陆续设置郡县。

至此，左宗棠为新疆建省五上奏折，可谓煞费苦心。在 1882 年 10 月 18 日第五次上的奏折，总算被批准了。经过几年准备之后，终于在光绪十年九月三十（1884 年 11 月 17 日），清政府正式发布新疆建省上谕。

清政府在发布新疆正式建省上谕时，又任命湘军主将刘锦棠为甘肃新疆第一任巡抚，仍以钦差大臣督办新疆事宜，调魏光焘为甘肃新疆布政使。1820 年，龚自珍写《西域置行省议》时曾预言："五十年

开发西北办实业 复疆建省泽后世

中言定验，苍茫六合此微言。"历经艰难曲折之后，终于实现了龚自珍、林则徐、左宗棠等目光如炬的臣子们的夙愿。

清朝对天山南北各地的政治统一，顺应了包括西域各族人民在内的全国人民渴望结束分裂、要求实现国家统一的愿望和时代发展趋势，是自秦汉以后两千多年来西域诸地与祖国内地统一关系的发展和必然的归宿，体现了新疆历史过程中政治经济文化发展的内在要求和客观规律。复疆建省是新疆的大事，亦是全国的大事，具有重大而深远的历史意义。

（1）从行政体制来看，新疆建省设道府州县，在行政体制上与内地一致，这不仅加强了新疆与内地的联系和往来，有利于进一步加强国家的统一和民族的团结；而且，因为军府制是"军府虽设，文治阙如"，"治兵之官多，治民之官少，求其长治久安必不可得"。现在军政大权归于巡抚，巡抚统领军政事务，既管军又理民，使军政民政相互依存和促进，加强了中央对地方的管理，也有利于新疆的建设和发展。

（2）从社会制度来看，新疆建省取消了清朝乾隆时期设伊犁将军府时各地保留的札萨克制和伯克制。这些封建王公伯克，"狎玩其民，辄以犬羊视之，凡有征索，头目等辄以官意传取，倚势作威，民知怨官，不知怨所管头目也"。这些陈腐制度造成了封建王公伯克"鱼肉乡民，为所欲为，毫无顾忌"，残酷压榨群众，严重阻碍社会经济发展。左宗棠在 1878 年就说："新疆议开行省、设郡县，原以回目人等苛虐营私，维民无可告诉，不得同为王民，共沾圣泽起见。"1879 年，他在谈到"新疆地方因俗施治、政教未行"时说："非革除旧俗，渐以新风，望其长治久安，事有难言者。"

他对王公伯克从政治上加以限制，将其置于地方行政官员管辖之下，又从经济上清丈田亩，将按丁索赋改为按亩征赋，使王公伯克在政治上失去权势，又在经济上无存在的基础。新疆建省后，刘锦棠于光绪十二年十一月（1886 年 12 月）在奏折里又提出："非裁去回官，实无以苏民困而言治理。"次年，清政府正式批准：将"所有伯克名目

左
宗
棠

全行裁汰"。

长期危害群众利益，阻碍新疆社会经济发展的伯克制终被废除。因此，新疆建省既是政治改革，也是社会改革。

（3）从工农业生产来看，新疆建省极大地促进了工农业生产的发展。左宗棠在新疆建省过程中，采取轻徭薄赋和与民休息的政策，使"数年以来，荒芜渐辟，户口日增，地方渐有起色"。

新疆建省后，这些政策继续推行，成绩更为显著。

在农业方面，挖井修渠，招民屯垦，成绩显著。如光绪十三年（1887 年），哈密和北疆的奇台、精河等 9 县计招屯田户 1090 户，南疆新垦地达 19000 余亩，《新疆图志》记载："中兴以来，改设郡县，变屯田旧法，垦至一千万余亩。"新疆垦地面积在 1843—1852 年只有 1 366 990 亩，1885 年后就增加到 1 1480 190 亩。在工业方面，设厂开矿，改革生产技术，促进生产发展。新疆矿藏丰富。左宗棠在建省前就允许私人开矿设厂。建省后各地设厂开矿，特别是改革省工艺局，拓地建厂，购机器制造火器、电灯、镪硵，延师开采石油，"借此抵制俄英外来之利"。"新疆数千年墨守窳陋之习，为之一变。"

（4）从对外关系方面来看，新疆地处祖国西北边陲，既是俄英剧烈争夺和觊觎的场所，又是中亚反动头目和失意农牧主进行分裂割据之地，影响西北乃至全国的安危。新疆建省，加强了中央对新疆的管理，减少了内部分裂割据的隐患，增强了国家的统一和民族的团结，从而也增强了抵御外来侵略的力量。

左宗棠在 1878 年年初曾说："此次军威甚壮，想可保数十年无事。"新疆建省后的一段较长时间里，新疆外来的侵略多未得逞，内部亦未出现大的动乱。

所以说，左宗棠督军收复新疆和在新疆建省，是新疆近代历史上的一个重大转折，对新疆、西北和全国都有重大而深远的历史意义。

"复疆"是"建省"的前提，"建省"是巩固和发展"复疆"战果的根本举措和体制保证。新疆建省以及后来在台湾建省，左宗棠都是首议者。他呕心沥血的创议上奏，达先后五次，核心问题是要维护祖国边疆稳定，加强边塞与海防的安全，显示了他的远大政治眼光，其功之伟，超越前代，这是左宗棠最值得我们后人敬仰的伟绩之一。

　　总之，左宗棠主张新疆建省，功不可没、功在千秋。

第九章

入值军机受优礼
两江总督兴海防

左宗棠战功显赫，却引起了朝中大臣与朝廷的猜忌：左宗棠拥兵自重，怕会形成尾大不掉之势。于是，左宗棠就被朝廷召回北京，并且入值军机处。然而，生性刚直的左宗棠总是受到同僚们的排挤，甚至还时不时地惹怒慈禧太后。后来，左宗棠被朝廷任命为两江总督。上任后，左宗棠为江南的振兴做出了卓越的贡献。

入值军机，优礼有加

　　1881 年 2 月 25 日，左宗棠奉旨到达北京。26 日，入朝陛见皇上、皇太后。两宫太后对他为国忧劳 20 余年，慰勉有加。他上次来京陛见是同治七年 (1868) 八月，慈安太后看到他已衰老许多，念他多年在塞外戎马驰驱，勉励他说：今后担子仍很重，国事全赖诸王公大臣襄赞。左宗棠自顾衰病，何堪当此重任，但回答说不敢不勉。

　　2 月 27 日，也就是左宗棠回到北京的两天后，清廷下达谕令，命大学士左宗棠管理兵部事务，在军机大臣上行走，担任总理各国事务衙门大臣，并负责管理兵部事务。至此，左宗棠由一个地方大员入值军机，从而参与了清政府中央决策机构，对内政、外交、军事都有发言权，清朝廷对他也真可谓"优礼有加"了。

　　左宗棠在来京之前，已料到在朝中难有所作为，他那认真负责的脾气又难以改变。对于同僚们揶揄侮弄倒不在意，看到朝廷许多弊端，很想振刷一番，但是朝中规矩烦琐，处处都是限制，要想干点事，有什么想法，丝毫难于展布。提出一个问题，同僚们就会多方阻难，而要上一道奏折，却又急于星火，要求即刻办好，没有仔细研究推敲的时间。同僚们知道他要研究某一件工作时，不帮他的忙，只冷眼旁观，让他一人东翻西找，寻检资料；弄得他顾此失彼，搞了几天还茫无头绪，因此要办的事大都半途而废，真可谓有志难酬。

在京师几个月，他办的事中，有两件值得一提。一件是提高鸦片烟进口税，因为和英国订有《南京条约》，不能限制洋烟进口，国内禁烟也难于办到，因此他提出增加鸦片税捐，这样烟价必贵，那么瘾轻者必戒，瘾重者必减，由减吸以至断瘾；比起凭一纸公文禁止，反而引起官吏丁役骚扰民间，更为利多弊少些。但即使要增税，也必须先得到英国同意。他与李鸿章于是年四五月间与威妥玛商谈数次，威妥玛不同意提高洋烟进口税，道理上说不过去，就采取拖延策略。左宗棠认为"天下事当以天下心出之"，即"人民的事应由人民自己来决定"。他上疏朝廷，请敕下各督抚将军全国上下大家来讨论洋烟提税方案，反对过去那种对洋务事事守秘密的办法。谕旨下后，虽然总理衙门的主事者认为将洋务交全国讨论，事无先例，但他毅然将谕旨连同《加洋药税厘疏》公布于众。威妥玛看到事情已公开，自己又理亏，就勉强答应了。洋烟原来每百斤征进口税银 30 两，现加征税厘为 150 两；内地私种土烟也加重捐税。左宗棠说："所以议加税捐者，非为聚敛丰财起见，而在禁民为非，用税捐示罚。"实在也是不得已的下策。

另一件事是兴修水利。他来京前先遣王德榜、刘璈和王诗正共率3000 马步兵驰赴张家口，原是应付俄国威胁、准备作战的部队；他到京后，中俄《伊犁条约》已签订，这支部队的任务也得改变。京师附近几条河流的水患很严重，左宗棠对办水利素来重视，王德榜在甘肃开过渠，也有经验。于是奏请兴修京师和直隶上源水道，调王德榜、王诗正各营到涿州修筑永济桥堤。5 月 12 日，他亲自到涿州察看，19日由涿州出发，勘察了金门闸坝，沿南岸河堤巡视。23 日到达天津，和李鸿章商议修治永定河，决定由淮军和楚军分段工作。他认为下游要疏浚，上游也要整治，以防急湍和泥沙大量下泻，决定由王诗正负责下游，王德榜整治上游。

宦海沉浮，政坛纷争，大出左宗棠的所料。清朝廷中大臣们一个个是精通世故，谨小慎微，看上面眼色行事说话，对宫廷斗争也多少有些了解。其中也有少数正直、爱国、有学问的人，但在封建专制的大气氛下，只能唯唯诺诺，随波逐流，不敢争先出头，多说一句话。偏偏左宗棠是心直口快的人，他大半生是在军营战阵中度过，想到什么就说什么，从来也藏不住话。来京师一个多月，言行莽撞，在廷臣们看来，简直是不通世故，有时说的话，连慈禧面子上都挂不住。朝廷中对他就产生了各种各样的看法和议论，深谙世故的人鄙夷他，好心的人为他担忧，小心谨慎的人疏远他，以免受他株连。背后骂他的人也越来越多。

左宗棠入京后，准备"以闲散长居京师备顾问"，除了身体原因外，还有更重要的政治原因，那就是"免入军机被人牵鼻耳"！现在，他因为受到掣肘，被人排挤，不仅不愿居军机，而且连北京也不愿久留，急于求去了。

左宗棠在 7 月 28 日和 8 月 16 日奏请"赏假养病"，在 9 月 6 日和 10 月 5 日连续两次以病奏请开缺。10 月 28 日，清政府授予左宗棠两江总督兼允办理南洋通商事务大臣，左宗棠乃于赏假期满的 11 月 27 日以"病痊销假"，接受两江总督重任。

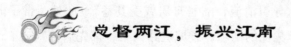

总督两江，振兴江南

1882 年 2 月 10 日，左宗棠到达两江总督所在地南京。12 日，前两江总督刘坤一交卸督印，左宗棠正式就任两江总督，并兼班里南洋通商事务大臣，承担起两江政务和南洋通商各务。

两江总督衙门是江、皖、赣三省最高权力机构所在，也是总督的官邸。衙门外观森严，大门常开，有亲兵守卫。里面庭院深深，从甬道进去，第一进是大堂，第二进是接见官员谈论公事的客厅和签押房，第三进是内眷住房，这里陶澍、林则徐和曾国藩的眷属都住过多年，如今左宗棠、张夫人和儿、孙、媳妇等也住在这里。几个儿子中，孝宽常年在长沙管家，孝勋、孝同遇到乡试期要回乡参加考试，他们经常在两地来往，孙儿孙女们多住在南京，左宗棠过了一段热闹的家庭生活。

左宗棠认为，江南要政，不外水利、盐务、防务三大端。

由于"治吴诸策，治水为要"，左宗棠"奉命移节南下，首议大兴水利"。他在接任两江总督任后，就在江南江北动工兴修水利。

赤山湖地居句容县，承受茅山诸水入湖，分流经溧水、上元、江宁三县以达秦淮河，是左宗棠兴修的一项重要水利工程。

赤山湖工程动工后，很快，从东之道士坝起，历蟹子坝至西之麻培桥一段已挑挖完工。从1883年1月起，"接挑三汊、秦淮两河，以杀下游之势"。到1884年年初，除原来动工的三汊河业已开竣，再接挑秦淮河道"以畅其流"外，另有一项二十余里长的工程，"均一律挑浚深通，圩堤加高培宽，捶筑坚固"。不仅如此，这项工程还"沿堤栽种桑秧，以护堤而兴利"。这年4月，秦淮河流经通济门内外桥闸，以及入江去路的金川门内外河道港汊，均依地势择要建闸建桥，"乃得收纳诸水导引清流，陆居舟居咸受其益"。此外，带子洲沿江的圩堤，汀宁镇频江的闸坝，省城道路沟渠，都先后分别动工，以慰绅民喁喁之请。

1882年3月，左宗棠提出引淮归海的治淮方案。并且，治淮工程进展较快。由于运河西堤已获成效，左宗棠在1883年4月又指出："运河两堤，险工林立，现当春水渐生，亟宜乘时赶办。"由于堤岸加紧赶修，故在这年入夏大雨不断，湖水运河泛溢为患，较上年水势盛涨时更高数尺，不仅上年新修的堤工坚固屹立，而且因堤坝拦水，使下河农民得以乘机拼力抢割迟稻，农民喜出望外，堤岸再次显示作用。5月末，东岸堤完工。

1884年2月8日，左宗棠又到清江，会同漕运总督杨昌濬等人，用了8天时间，先看湖水出路张福口河等处，再由杨庄循旧黄河而行，沿途查看云梯关，并由大通口查看引河入海道路。通过这次调查，他对导淮入海工程有了较具体的了解，拟订了导淮入海的新方案。

左宗棠在江南兴修水利，是在西北和畿辅兴修水利的继续和发展，范围广，规模大，江南江北几处工程同时施工，并且取得了较大的成绩。

两淮盐务向来发达，是我国重要的产盐地区之一。为了实现"复岸增引"，左宗棠整顿盐政的措施和方法有：

左宗棠故居

1. 讲求盐质

淮盐有淮北、淮南两种：淮北盐借风力晒盐，色白而味佳；淮南盐用锅引火煮盐，色黯而味微涩。因此，淮北比较淮南盐易销，但产量小如淮南盐。川盐、粤盐与淮北盐相近，并以成本轻、质最高夺取淮陶盐销地。为此，左宗棠倡导改进淮南煮盐办法，将场灶存盐重加水淋过滤，使其"色白味佳，较蜀、粤所产殆有过之"。这种提高产品质量以增强商品在商场上的竞争力方法是正确的。

2. 裁减杂款规费

左宗棠说，盐务本腥膻之场，四面八方都伸手染指，杂税陋规层出不穷。为此规定：除善举有益地方，准随时酌议加增外，应裁者裁，应减者减，逐加厘定备案，嗣后不准别立名色违章取巧。

3. 加强缉私

淮盐市场，川盐、粤盐借岸行销已越出范围。如川盐，近由荆州、监利而上，武、汉、黄、德并受影响；粤盐越衡、永、宝三郡之外，长沙各属并受其患。另外，尚有浙盐用船驶入长江。至枭匪私中之私，票贩官中之私，难以数计，尤为境内之患，防不胜防。为此，左宗棠决定先清除外来及本境官私隐患以清其源，又致函川、鄂督臣，请其助复引地。并派亲军驻川、鄂交界引地巡缉。

4. 先行官运以导商

左宗棠说："收回引地术商贩所至愿，然骤议通行，事同创举，商情有不能遽释者，不能不行官运以导其先。"他准备选人领 5000 引运湖北荆州借岸，由螺山、监利渐入试销。所有领运成本、销售价值，均与商贩一律办理，并从进出款看其盈缩定为永远章程。认为这样，"庶几裕课、便民、恤商三者兼权并计，推行尽利，其法乃可大而可久"。"新旧商贩知事在必行，行之宜有益无害，于是领票认引者纷纷而来。"

清政府在召见左宗棠时，要其将洋务与盐务并重。左宗棠在就任两江总督后也说，洋务、盐务尤关紧要。因此，他把发展商品经济和近代工矿企业作为振兴两江经济的又一重要内容。

洋务是左宗棠一生活动的一个极其重要的方面。这时，他在福州和西北兴办洋务事业的基础上，将洋务运动推向一个以商办企业为中心的新阶段。

左宗棠在兼管江南制造局和金陵机器局时，除了对生产制造和经费收支亲自审核报销奏外，还派潘露、聂缉椝去这两个企业，以加强其领导和管理。

左宗棠特别关注他创办的福州船政局。过去，他在离开船政局期间，虽时为关怀，但无从下手；现在，他任两江总督兼办理南洋通商事务大臣，因有兼顾之责，他曾要船政局提调对船政局所有利弊情形，及时详为示及，关注船政大臣的人选，更积极地督促制造轮船，促使福州船政局向前发展。

徐州利国驿煤矿是我国一个重要的煤矿企业。当候选知府胡恩燮招商集资，聘请外国矿师开采这一煤铁矿时，左宗棠批示说，胡恩燮"集资试采，延矿师巴尔勘识，复购机器以速其成，似有把握"，"应准开采，以尽地利"。在胡恩燮以购办机器，聘请矿师，起造厂屋厂炉"所需成本为数甚巨"，"请减税银"时，左宗棠认为："若不酌减税银，非但成奉更重，而洋产亦难敌矣！"加上"该局矿山深处江境极边，运道绵长，又多浅濑悬流，每一阻险动须盘拨"。因而，对胡恩燮实行优惠政策，"所挖土煤应准一律减税"，"以维商本，而塞漏卮"。这是他对招商集资的徐州利国驿煤铁矿的极大支持。

1873 年，丹麦大北公司在上海架设电线后，英国大东公司于 1883 年借此要在上海将水线架设登陆。左宗棠让江海关道邵友濂和电报局道员盛宣怀等人，"一面向丹麦辩论，一面阻止英商勿遽添设"，"以保中国自主权"。不久"又有洋商议添设水线，由长江以达汉口"。左宗棠认为："汉口居长江上游，又为各国通商口岸，洋商既有添设长江水线之议，应由中国先行设立陆线，杜其狡谋。所有一切经费由华商自筹，并不动支正款。"他并让总办电报局道员盛宣怀"督同委员工匠人等克日赶紧兴办"。10 月，他又于洋务道员中添委王之春、龚照瑗、郭道直、郑官应四人，会同盛宣怀专办长江设线事宜，以期得力办理，而免贻误。

左宗棠在积极开展洋务运动，振兴江南工商业时，仍然把农业视为根本，而将从事他业看成末务。他对农民不安于田亩而从事他业时说："彼以逐末而终致贫寡者，我以务本而自致富强，胜负之数无待著龟矣！"他甚至说："彼之末富安能与我之本富争，彼之淫巧安能与我之食货比，操赢以驭其绌，一转手而富强且十百于泰西矣！"

第九章

入值军机受优礼　两江总督兴海防

整顿防务，不遗余力

左宗棠在 1882 年 2 月 12 日接任两江总督后，就于 3 月中旬，在省城金陵和瓜州、扬州、泰州、清江等地，巡阅各营制兵。又在 1882 年 6 月、1883 年 10 月和 1884 年 2 月先后三次乘船东下，巡阅了江海防务。通过调查研究，他对江海防务提了不少见解和主张，采取了一些具体措施，对加强江海防务做了大量工作。

设备是江海防务的物质基础，改进设备是整顿防务的重要一环。"江海设防，一切规模，仿之洋法。"左宗棠改进设备时，求新是一个重要特点，比如创造洋式炮台，一切守台与兵轮炮台操练，以及储缓急军火物片，或购自外洋，或由上海、金陵两处机器局造解拨济，都反映了洋即新的特点。他要各地根据地势，除注意旧有凭高俯击的炮台外，"应傍岸修砌船坞，用木簿铺咸水炮台"。

1882 年 9 月，左宗棠向清廷上奏《会商海防事宜折》，指出彭玉麟"专就长江海口而言，力主有海防无海战之说"，与张佩纶原奏"江南可自为一军之说，适相符合"。又着重指出："就长江江防海口而言，两江总督为固圉之谋，无以加此；若筹兼顾南洋，则遇有警报，各省同一洋面，自顾不遑，何能为两江之助？江南海口宜守，亦难应各省之援，其于兼顾之义，终鲜实际。"他向清政府说，两江"自宜亟筹增制大轮船数只，以资调度，而速戎机"。他增制五艘大兵轮，除向德国购买两艘外，其余三艘由福州船政局代造。

重要的防务设施有了，还需有一批运用和发挥这些设施的人员，因此建立防务队伍是加强江海防务的中心课题。培养近代海军人员，更是加强江海防务的最重要的问题。左宗棠说："中国创设兵轮船，实为自强之计。"

渔产是加强江海防务的重要力量。早在鸦片战争时，左宗棠就将"练渔屯"作为反侵略的"固守持久之谋"的一项重要内容。现在，他创设渔团，不仅是"练渔屯"的重大发展，而且，将江海防务置根于江海群众之中，使江海防务有更深厚的群众基础。

左宗棠说，崇明等地群众，"以渔猎为业，长其子孙，良愿者操网罟，完税课"，是加强江海防务的重要力量。

1883年7月，左宗棠提出创设渔团，8月6日，吴淞设立渔团总局。随即各地厅州县亦相继筹办。10月19日，左宗棠由金陵乘船东下，先到靖江、通州校阅渔团。

1884年1月，左宗棠上奏清政府，提出创设渔团章程。他将设渔团与编保甲结合在一起，含有治安和抑民的目的，但主要是防洋卫民，有寓团于渔、寓兵于农之意。他的防与守是以战为基础，是积极的防守。而且，他强调誓死以战，从而达到守的目的。

此外，左宗棠还将由福州船政局新造的"开济"快船调至江阴，将从北洋调回的"登瀛州"兵轮开驻崇明海口，由长江和江南水师提督操练调遣，届时他再亲临前敌督同指挥。这样，江南防务自然确有把握。而且，江南防务既固，更可应南北两洋急需，一旦闻警星驰，断无缓不济急之患。

当左宗棠1883年3月出巡上海后，与彭玉麟会晤于吴淞口，谈及江海防务和赶办船炮各事，二人豪情满怀。左宗棠说："但能破彼船坚炮利诡谋，老命固无足惜，或者四十余年之恶气借此一吐，自此凶威顿挫，不敢动辄挟制要求，乃所愿也。"彭玉麟亦说："如此断送老命，亦可值得！"显然，反侵略既是左宗棠一生的宿愿，也是他整顿江

入值军机受优礼　两江总督兴海防

海防务的目的。

正当左宗棠加强江海防务之际，法国侵略越南已威胁我国云南和广西等地安全，清政府于1883年5月谕令左宗棠"悉心筹划，迅速奏闻"。于是，左宗棠又积极筹划抗击法国侵略。

1883年8月15日，左宗棠遵旨上奏《敬筹南洋应办边务机宜折》，提出了对法国侵略的态度和立场。首先，他认为，法国侵略越南继则扬言要进军广东，应坚决进行抵抗，不能退缩示弱，因为："我愈俯则彼愈仰，我愈退则彼愈进。"接着，他指出法国侵略越南，不仅关系越南存亡，而且法国人得陇望蜀，滇、黔、桂边患愈迫，中国"旰食方勤，不敢置之不理"。他自以"任重南洋兼管七省海口，尤属义无可辞"，已派旧部王德榜急赴滇粤与越交界处确探越南情况，以慎定进止。他又从"越南难与图存，刘永福未可深恃"的情况认为，越南形势严重，如果再置之不理，西南之祸就没有有穷期。最后表示自己"虽衰庸无似，然每一思及，辄有难安寝馈者"，因此打算待王德榜将越南情况报来，"到时如必须用兵，即饬王德榜调募广勇数营驻扎滇南粤西边防要地，相机而动"。

从此以后，左宗棠一直关心着越南局势的发展，一再奏请增加王德榜兵员，调拨武器。1884年1月，左宗棠奏请将王德榜部增募成10营，"随带征防，方期独当一面"，并将该军"名曰恪靖定边军，以资号召"。更为可贵的是，2月中旬，左宗棠在因目疾获假调养期间，仍关心越南局势。4月26日，当他得知北宁失守，兴化相继沦陷，王德榜在凉山、镇南关目睹法夷猖獗情形，兵单未能进剿，而法国提督带兵船八号，分驶福建、江南、天津，横行无忌，意在要和时，深感愤懑，馈寝难安，在四个月病假只过一半时，就以"目疾稍愈，即行销假"。清政府在5月3日发布上谕，嘉奖左宗棠"素著公忠，不辞劳瘁，朝廷深资重任"，让他来京陛见。

1884年5月15日，左宗棠离开金陵，乘坐小轮至清江，取道济宁、德州、天津、通州北上。途中查阅天津电报，得知中法签订《简明条约》的消息，更把抵抗法国侵略作为思虑的主题，并在《时务说帖》中阐述自己的观点和主张。

左宗棠指出中国撤出越南北圻的危害说："北圻尤滇粤屏蔽，与吾华接壤，五金之矿甚旺，法人垂涎已久。若置之不顾，法人之得陇望蜀，势有固然。迨全越为法所据……吾华何能高枕而卧?"不仅如此，"若各国从而生心……鹰眼四集，圈向吾华，势将括糠及米，何以待之?"他驳斥了"兵凶战危"的论点，认为对战争是要慎重，作认真的准备，但是法国侵略是可以抵抗的。"滇粤之丧师辱国，误在视事过轻，并非势力之真有不逮。"至于有人"谓边衅一开，兵连祸结，恐成难了之局，因其请和而姑许其成，未为非策"，他说，议和要有条件，不能无条件的和。条件必须包括："划疆分护"，通商必在南北圻交界处设立通商码头，以及"与欧洲各国公立条约，皆得通商，毋使法人专利等"。左宗棠想利用国际力量来限制法国，虽然无法实现其所希望的目的，但他是以誓与决战为后盾，把和谈建立在战的基础上，不是单纯的无条件地讲和。而且，他的战是建立在对彼此情况的分析之上的，有得胜的信心，不是盲目的主战。他分析了法国政局动荡等不利条件后认为，法国势难持久，此议和应从缓。

左宗棠在《说帖》中还提出要亲往视师，求一劳永逸之策，更表现他反对法国侵略的爱国精神。他说，他令黄少春纠集旧部，添造水师船只，要王德榜让刘永福挑选熟悉海战弁丁，可收桑榆之效。同时，"自揣衰庸无似，然督师有年，旧部健将尚多"，尚有可为；否则，请重治其罪，以谢天下。

左宗棠任两江总督兼办理南洋通商事务大臣的两年多时间里，工作是有成绩的。特别是在其年老病重的情况下，逐毅然请战视师，更难能可贵。左宗棠几次出巡，不仅在于检阅沿江沿海的防务，积极备战，以防万一，同时也意图显示中国的决心，对内增强全国人民的信心，对西方列强则示以不可轻侮。西方人素来崇拜强者和胜利者，自从西征军收复新疆，俄国退还伊犁后，西方各国对中国军队和中国人的看法有了改变，对征服新疆的统帅左宗棠本人也高度崇敬。

左宗棠在出巡中受到中外人士的热烈欢迎，他们对收复新疆的英雄是出自内心的崇敬。左宗裳这几次显示武力和决心，提高中国威望的意图，看来已初步实现。

第十章

再入军机忧社稷
大厦将倾抱憾终

左宗棠第二次入值军机处时，仍然充满了雄心壮志。不久，中法战争爆发，左宗棠又远赴福建。到福建后，频频获得大捷。然而，懦弱的清政府已经被西方列强的坚船利炮吓破了胆。左宗棠不顾70余岁的高龄为国驱驰，却换来了清政府在中国战场取得胜利的情况下，仍签订了屈辱的和约。左宗棠也正是在这种大厦将倾的局势下，抱恨终天！

再入军机，壮志不移

1884 年 6 月 13 日，左宗棠风尘仆仆地抵达北京。左宗棠奉诏赴京入见，他已交卸了两江总督之职。

左宗棠重入军机，其雄心壮志不减当年，很想能在这个时期有一番作为。按照清政府的谕旨，左宗棠在军机大臣上行走，本来是"毋庸常川入直"的，但他却"封事同军机上"，并"自请每日入值"。

6 月 26 日，他正式到神机营任职。为方便工作，他于 7 月中旬移居西安门外兴胜街江宁将军善庆宅。

8 月 6 日，左宗棠又上奏清政府，请求将神机营兵丁扣旷免除，其办公费资，则除将上述各省解款"陆续发典生息外，其余不敷生息银两，臣当凑捐廉余，助成要款"。他说："总期不扣兵丁旷银，而兵费亦不致支绌，方为均有裨益。"

左宗棠这次入值军机时做的另一件较有影响的事，就是撰写并呈交《艺学说帖》。

1884 年 7 月 11 日，国子监司业潘衍桐奏请朝廷特开艺学一科以储人才。同日，清政府发布谕旨，令"大学士、六部九卿会同总理各国事务衙门妥议具奏"。于是，左宗棠撰写了《艺学说帖》，交大学士、六部九卿和总理衙门会议。

在《艺学说帖》中，左宗棠首先肯定了"艺学之宜行"。左宗棠将艺学等同于中国古代早已有之的制器之学，虽然有点牵强附会，但其用意在为艺学的兴办开路，也反映了他在学习西方过程中对封建主义的软弱性和妥协性。他从当时紧迫的形势出发，指出"此时而言自强之策，又非师远人之长还以治之不可"，具有强烈的爱国意义。

左宗棠第二次入值军机期间，还特别关注中法战争形势的发展。当时，战事正在发生重大的转折：法国不仅继续扩大对越南的侵略，对中国本土也发起了军事进攻。

其实，左宗棠正在北上途中，就听到李鸿章与法使福禄诺在天津签订了《中法简明条约》，条约中规定有："中国承认法国占领越南，撤回驻在越南的军队，并允许法国商品由云南、广西自由输入内地。"这项条约严重地损害了中越两国人民的利益，又向侵略者打开了中国西南大门。左宗棠是一贯的主战派，在离南京之前，还曾写信给总理衙门，主张为抗拒侵略，不惜与法国一战。听到这项卖国条约的签订，宛如一盆冷水向头上泼来，他气愤之极，立即向朝廷写寄一份《时务说帖》，反对在侵略者面前采取妥协投降政策，认为这样下去，国土有被瓜分的危险。

6月23日，《天津简明条约》墨汁未干，法国将领杜桑尼中校就率军900人，向驻守越南北宁观音桥的清军营地发起攻击，并扬言要接收谅山、高平两省。清军被迫奋起还击，将敌击退。事后，法国竟反诬中国破坏《天津简明条约》，蓄意进一步侵犯中国本土。

8月5日，法国远东舰队副司令利士比，率舰3艘，进攻台湾基隆港，依仗猛烈炮火，轰毁基隆炮台；6日，并派海军陆战队登陆，被守军击退。

8月23日，早已停泊在福州马尾港的法国舰队，在舰队司令孤拔的指挥下，向福建水师发动猛烈的攻击。中国水师仓促应战，实力悬殊，全军覆灭，11艘舰艇全被击沉，官兵死伤约2000人；马尾船厂也被炮轰，遭到破坏。

战事的发展，完全证实了左宗棠在《时务说帖》中的预料："法

左
宗
棠

国侵略者得陇望蜀，中国不能高枕而卧，中法之间非决计议战不可。"、马尾之战后三天，即 8 月 26 日，清政府正式对法宣战，援越战争发展为主要是法中两国间的侵略与反侵略战争。

战局的发展，使左宗棠对国家民族的命运十分忧虑，他为此而多方筹划。

观音桥事件发生后，他上奏朝廷，指出"法军的行动，足以证明法国人的请和之举不足信，而缓兵之伎俩毕露；而且自天津和议条款一出，天下臣民莫不共愤而痛感狡虏之欺侮朝廷。兹又衅自彼开，法人虽狡，无可置辩。惟有渐旨敕下滇、粤督抚臣，严令防军稳扎稳打，痛予剿办"。并再申前请，令黄少春迅速挑选成军，开赴广西前线。

7 月 21 日，他去工部尚书、前军机大臣翁同龢处长谈，"力主战，以为王德榜、李成谋、杨明镫（海）皆足了此也"。在此前后，他还与醇亲王奕𫍽共议中法战事。主战态度十分坚决，并且表露了请缨赴敌的意愿。马尾之战清军惨败后，他忧心如焚。待清政府发布宣战诏书，他便迅即慷慨请行。

9 月 4 日，左宗棠往见醇亲王奕𫍽，要求代为请旨统兵出征。于是，9 月 7 日，清政府从战争的需要出发，接受了左宗棠的请求，任命他为钦差大臣，督办福建军务。

再入军机忧社稷 大厦将倾抱憾终

远赴福建，频获大捷

1884 年 9 月 15 日，被清廷受命为钦差大臣，督办福建军务后的左宗棠陛辞启行，水陆兼程前进，于 10 月 14 日行抵江宁（南京）。

其实，清朝廷派左宗棠以钦差大臣督办福建军务后，又对福建军政官员做了部署和调整，将原会办福建海疆事宜大臣张佩纶及船政大臣何如璋等撤职查处，任命杨昌濬为闽浙总督，穆图善为福州将军，充当左宗棠的副手。杨昌濬是他的旧部属和老朋友；穆图善以前在西北也共过事，但关系不融洽。台湾道刘璈是他的老部下，福建巡抚刘铭传则是淮系将领，李鸿章的亲信。

左宗棠抵达福州后，他会同福州将军穆图善、闽浙总督杨昌濬等，积极筹谋，多方部署，围绕抗法战争的需要，主要采取了以下四个方面的措施：

1. 派兵增援台湾

马尾之战后，法军以主要力量倾注于台湾。10 月 1 日，法军攻陷基隆。10 月 2 日至 8 日，分兵进攻沪尾（今淡水）。10 月 23 日，封锁全台南、西、北、东各海口，舰艇游弋台湾海峡，台湾局势紧急万分。督办台湾军务的刘铭传不断呼救请援。左宗棠认识到："台湾为南北海道咽喉，关系甚火，倘有疏失，不但全闽震动，即沿海各省隘口，不知何时解严！""若不赶紧救援，诚恐贻误事机，牵动全局"；"目前军务，实以援台为急"。因此，他还在江宁时，就奏请飞救帮办军务杨岳斌统带湖南八营，南汉口附搭轮船赴沪，配载兵轮，先趋厦门，伺机渡台。

因此，左宗棠抵达福州后，尽管百端待举，他首议调兵援台。

1885 年 2 月上旬，王诗正、陈鸣志等部乘重价雇用的英轮陆续渡抵台南；3 月初，开赴台北。3 月 4 日，基隆法军大举进犯台北月眉山，清军败退。3 月 6 日，王诗正部威、良两营到达前敌阵地，夺回月眉山尾一卡；次日，仰攻月眉山巅敌垒，伤亡很大，退驻五堵。此后，战事处于相持状态。3 月 19 日，杨岳斌率所部各营自卑南登岸，抵达台湾府城。台湾局势渐趋缓和。

2. 加强福建沿海防务

福州是福建省会所在，又是重要港口，因而成为福建防务的重点地区。由外海进入福州，要经历两道险要门户，其一在长门、金牌，其一为闽安两岸。

1885 年 2 月上旬，临近旧历年关，忽据探报，法舰 7 艘泊驻马祖澳，将乘岁除进攻，人心复起恐慌。左宗棠即与杨昌濬前往长门，会商稳图善，妥筹布置："将海口水道标识立即撤去，并督饬水雷教习将各雷火药装齐，沿港遍布，一面通知各国领事，即日封港"；修复长门、金门等地及闽安南北岸各处炮台，又从马江原被击沉的"建胜"舰上起出 18 门大炮，安置利用，严阵以待。

2 月 10 日至 12 日，左宗棠、杨昌濬又先后离开福州，到南台、林浦、马江、闽安南北岸和长门、金牌等地巡视。在长门、金牌阅兵时，"各营将士均站队试枪，军容甚肃。各炮台可放之炮，亦皆演放数过"。敌舰见有备，驶离闽江口。左宗棠回福州，"将经过情形宣示民众，人心始安"。

除加强福州外围的防务外，对福建其他滨海各府县，左宗棠则沿用两江地区的经验，办理各海口渔团。他"拣派勤练明干之员，分赴福州、福宁、兴化、泉州四府各海口，设局会同地方官及本籍绅士，办理渔团。择渔户中骁勇善水者作为闭长，勒以步伐，犒以资财，动以功名，段以利害"，使其不为敌用，消除内讧，并达到抵御外侮的目的。

3. 试办闽台糖务

左宗棠抵福建后，见边防紧要，营勇日增，军用浩繁，库司告竭，协饷不继，虽借洋款 400 万两，而款多息巨，筹还不易，于是有开源节流之议。

左宗棠的规划是：拟从借款内提银数万两，先派熟知糖务之员赴美国产糖之区参观做法，购小厂机器，兼雇洋工数名，来华试制。待考定得糖实数，"另议章程，或购蔗制糖，或代民熬煮，民利仍还之民，官只收其多出之数。著有成效，即行扩充。不惟内地各口可以一律照办，台湾产蔗尤多，军务一平，即须加意仿办"。左宗棠还提出："惟以官经商，可暂而不可久。如官倡其利，民必羡之，有的实之户不搭洋股者呈资入股，应准承课充商。官本既还，只收岁课，不必派员管厂。"

4. 奏拓福州船政局

马尾之战，中国福建水师全军覆灭，左宗棠亲手筹办并毕生关注的福州船政局也遭到破坏。虽然因广大职工的共同努力，船厂很快治好了战争创伤，继续开工生产，但教训是沉痛的。左宗棠痛定思痛，于抵达福州后，从加强战备和海防全局出发，力图亡羊补牢，重新加以规划整理。

1885 年 3 月 11 日，左宗棠会同穆图善、杨昌濬向清廷上了一个《请旨敕议拓增船炮大厂以图久远折》。奏折首先提出："海防以船炮为先，船炮以自制为便。"这是左宗棠筹办福州船政局以来的一贯思想。接着，他从技术方面总结了福州船政局前此的教训，并且提出了如下新的建议：

（1）拓增炮厂。他引述船政局出洋归国学生的意见，说"中国欲兴炮政"，必须取法当时世界最先进的德国克虏伯厂或英国法华士厂，"雇其上等工匠，定购制炮机器，就船政造船旧厂开拓加增，克日兴工铸造"。

（2）开办穆源铁矿。这是因为，归国留学生提出"制炮之铁与常用铁器炼法不同，必须另开大矿，添机冶炼，始免向外洋购铁"，而福州穆源铁矿，矿苗甚旺，"若用以制炮，取之甚便"；如此"矿、炮并举，不惟炮可自制，推之铁甲兵船与夫火车铁路，一切大政，皆可次第举办，较向外洋购买，终岁以银易铁，得失显然"。

（3）筹办江苏徐州铁矿，并于"吴楚交界之处，择要设立船政炮厂，专造铁甲兵船后膛巨炮"。奏折强调说："及时开厂创办，补牢顾犬，已觉其迟；若更畏难惜费，不思振作，何以谋自强而息外患耶？"显然，这是一个兼顾当前与长远需要的建议，对于推动福州船政局的继续发展以至整个海防建设，都具有一定的意义。

正当左宗棠在福建积极调兵援台，加强东南海防，并逐步取得成效的时候，他所派王德榜的"恪靖定边军"在西南中越边境抗法战争中，配合其他各军，也取得了巨大的胜利。

1885年3月23日，法侵略军倾巢来犯，在关前隘激战终日。次晨，侵略者乘雾鼓噪扑来，炮声震谷，枪弹雨集，长墙有几处已被轰塌，一些法国兵由指挥官持枪吆喝着，企图爬墙冲入。坚守长墙的兵勇们眼里冒火，恨不得立刻杀出去与敌人展开肉搏。下午，冯子材看到士气旺盛，个个憋足了对侵略者的深仇大恨，立刻发动反攻。随着一阵连珠炮响，栅门大开，冯子材挥动长矛，一跃而出。兵勇们就潮水似地涌出栅门，奋勇争先，以排山倒海的气势压向敌人阵地，刀劈枪挑。侵略军惊呆了，霎时旗靡阵乱，炮声顿哑。

突然，阵后又杀声大起，关外中、越群众1000多人风驰电掣地冲杀进来。侵略军全线崩溃，一个个丢盔弃甲，拔腿就跑，翻岭越涧，仓皇逃命。各军乘胜追杀10多里，毙敌官兵1000多人。

法军统帅尼格里受重伤，躺在担架上星夜南窜，这时，他恍惚理解了中国人在镇南关上写的那句"重建门户"的话意味着什么。

冯子材、王德榜两军将镇南关营垒全部收复，苏元春军也加入作战，三军联合攻占了敌军老巢驱驴，当夜收复谅山，这就是举世闻名的"镇南关—谅山大捷"。清军一直追赶法军到坚老。同时，刘永福的黑旗军在西线也获得临洮大捷。

26日，各军长驱出关，连克文渊、谅山，长庆府，前锋直指北宁。北宁义军2万人，建立五大团大举响应。3月28日，在谅山城北击败法军，重创法军司令尼格里。29日，清军收复谅山，法军退往北宁、河内。3月30日，法国茹费理内阁宣告倒台。

越南人民得知清军大胜，纷纷闻风响应起义。越南官员将北宁等处义民也集中起来，成立"忠义五大团"，打出冯子材军旗号，自愿为清军挑饭、做向导，随军助剿。在中国国内，人民也都欢欣鼓舞。

当法军战败的消息传到巴黎时，引起了法国全国上下的震动。

但是，在此有利的形势下，腐败无能的清政府却抱定"乘胜即收"的方针，派出李鸿章与法国使臣议和。

4月4日，双方代表在巴黎商定和议草约即《中法停战条件》。清廷在《草约》签订的第三天，即1885年4月7日，慈禧太后即下诏停战。

停战令迅速传到前线，这时中越边境将士士气高昂，中越军民同仇敌忾，正在奋勇追击溃败的法军，突然传来"停战撤兵"的谕旨，将士们惊讶万分，人人愤恨不已。据史书记载说，将士们"拔剑砍地，恨恨连声"。王德榜和冯子材正在追击法军途中，得到谕旨后，虽然气愤万分，但只能服从圣旨，放弃已收复的城池，将军队撤退到广西境内。

5月13日，清政府派李鸿章与法国公使巴德诺在天津开始谈判正式条约。6月9日，《中法会订越南条约十款》正式签订，主要内容为："清政府承认法国在越南的殖民统治；中国在中越边界开埠通商；中国日后修筑铁路应向法人商办；法军退出台湾、澎湖。"至此，中法战争宣告结束。中国虽收回了基隆、澎湖，法国却不仅夺得了整个越南，而且把侵略势力伸入到了我国的云南和广西。左宗棠满怀忧愤抑郁的心情迈入了他晚年的最后时期。

遽然溘逝，抱恨终天

镇南关—谅山大捷，令左宗棠和全国人民都欢欣鼓舞。但是，中法战争——中国战场的胜利却换来屈辱的和约。这项条约不仅不敢抗议而且公然承认法国占领越南、打开中国西南门户，使法国人得以长驱直入。这项屈辱的条约是在战场上取得了胜利之后签订的，真是世界外交史上的奇闻！中法和约的签订，是对左宗棠的一个重大的打击。他闻此讯后，悲愤的心情是难以言喻的，但回天乏术，徒唤奈何！

左宗棠以古稀之年、多病之身来到抗法前线，全凭着一股爱国热忱。而今战事已经结束了，屈辱的条约已签订了，投降派不但不以为耻，反而气焰嚣张。他的两员抗法部将都遭到不白之冤，种种事实无不使他痛心疾首。他原是奉命来闽督办福建军务、抵抗法军侵略的，现在战事已了，留在福建没有必要了；加之他的身体状况也愈来愈坏，精神上的打击更使他疲惫不堪。五月初七日，即中法条约签订后 10 天，他上疏请求回京复命，并恳求开缺回家治病。朝廷赏假一月，未准许开缺。

在风烛残年之际，左宗棠最为关注的是两件大事：其一为筹划海防全局；其二为促成台湾建省。尽管他所剩的时间已经无几，但他在这两方面都做出了光照史册、影响及于后世的重大贡献。

关于筹划海防全局，是左宗棠海防思想的重大发展。左宗棠是中国近代海军和海防事业的开拓者之一。如前所述，他于同治五年（1866 年）创办的福州船政局，是清政府经营的规模最大的机器造船厂；该厂附设的求是堂艺局，则是中国最早的海军学校。他一贯重视海防建设，即使在总督陕甘、督师西征期间，他也认为："东则海防，西则塞防，二者并重。"中法战争时，福州船政局遭到法军的破坏，他"补牢顾犬"，奏请拓建福州船政局，兴工铸炮，并试办穆源铁矿等，表现了对海防安危强烈的关心。而今，中法战争已告结束，但是，当他闻知法国新造"双机钢甲兵船"时，立即会同署船政大臣裴荫森等奏请仿造，"以壮军心而坚和局"，并强调说："欧洲大局已成连横之势，中国若再拘于成见，情形岌岌可危。除制炮造船、教将练兵，别无自强之道。"

光绪十一年五月初九（1885 年 6 月 21 日），清政府发布上谕："现在和局虽定，海防不可稍弛，亟宜切实筹办善后，为久远可恃之计。"

7 月 29 日，左宗棠在《复陈海防应办事宜请专设海防全政大臣折》中，他首先指出："近十余年来，中国船政局、制造局、水师学堂次第兴设，虽造诣未精，而规模亦已粗具"；"就目前言之，中国水师诚不及外夷之整练，然华人耳目心思，西人亦服其颖悟，但使在上者实力讲求，师彼之长，行且制彼之命，岂仅足自固哉？"对于前署湖广总督卞宝第提出的在江西鄱阳湖口设立机器局制造船炮的建议，他表示支持："请敕下江、楚督抚臣，派员测量，斟酌议行"，局厂未成前，其后膛大炮，"或饬江南、广东各机器局先行试造，以免旷误"。

关于主持海防的军政机构和统帅人选，左宗棠说：

今欲免奉行不力之弊，莫外乎慎选贤能，总持大纲，名曰海防全政大臣，或名曰海部大臣。凡一切有关海防之政，悉由该大臣统筹全局，奏明办理。畀以选将、练兵、筹饷、制造船炮之全权。特建衙署，驻扎长江，南控闽、粤，北卫畿辅。该大臣或驻署办事，或周历巡阅，因时制宜，不为遥制。另择副臣，居则赞裹庶务，出则留守督工，权有专属，责无旁贷。庶成效可立睹矣。唯此大臣任大责重，必品望素著，深通西学，为中外所倾服者，始足当之。

在加强海防建设的具体措施方面，他依据当时情况，提出了七条，略述如下：

（1）"师船宜备造"。铁甲舰、快船、炮船、鱼雷艇、粮船、小轮、舢板各船，"不唯求备，更应求精"。"总计中国海滨万有余里，至少须练海军十大军，每军铁甲数艘之外，尤必各船皆备，临战之时，庶足应敌。"

（2）"营制宜参酌"。沿海水师，"应归海防大臣统辖。每军设统领一员，秩比提督；帮统一员，秩比总兵；管带以下，秩比副、参、游有差。凡一切升迁调补，皆由海防衙门奏办。各疆臣只节制守口陆师，非军务万紧，不得调遣海军兵船"。

（3）"巡守操练宜定例"。海军既备镇守，又须时常巡历操练。"拟将十军内，以八军分布天津之大沽，宁古塔之珲春，山东之烟台，江南之崇明，浙江之镇海，福建之闽口及台、澎，广东之虎门、琼州，各驻一军"，兼顾附近之汕头、厦门、镇江、北坛等处，"朝夕操演"，彼此互相替换，每四个月轮换一次，合操一次。"其余二军，一巡历东洋，一巡历西洋，亦如各国驻华兵轮，为保护商人之计，兼借以练习风涛沙线，并访水土民情与夫各国形势、博物、制造等事"，以一年为期，期满归守口，"将守口者挑换两军出洋"。

（4）"各局宜合并"。矿政、船炮相为表里。海防全政大臣设立后，"即将福建船政差使撤销"，徐州、穆源各矿及各省制造局"亦概归该大臣统筹办理，以归划一"。

（5）"经费宜通筹"。主张裁兵、加洋税，定海军衙门常年经费；并令各省按年匀摊协济，交海防大臣支用。

（6）"铁路宜仿造"。铁路关系商务、军事，"一经告成，民因而富，国因而强，人物因而倍盛，有利无害"。宜先设清江浦至通州铁路，"以通南北之枢，一便于转漕，而商务必有起色；一便于征调，

再入军机忧社稷 大厦将倾抱憾终

而额兵即可多裁"。待办有成效，"再行添设务支"，而"推广于西北一路，尤为日后必然之势"。

（7）"士气宜培养"。道、艺出于一源，艺术亦可得人才。水师官兵，应"大开学堂"培养；"一切格致、制造、舆地、法律，均为以术运经之事，尤应先倡官学，酌议进取之方，广译洋书，劝导士民自相师法。"

显然，这与左宗棠晚年入值军机、总督两江兼任南洋通商事务大臣和督办福建军务的实践有关，并体现着他对反侵略战争历史经验教训的总结。这是一幅规划全国海防全局的完整蓝图，既提出统一加强领导，又包括具体措施的设计。尽管稍后总理衙门在遵旨复议中，对他所提出的各项具体措施有所损益取舍，如认为"骤设十大军，一时无此力量"，计划"先在北洋倡练海军，钦派大臣自宜就近经理"等；然而，其中关于专设大臣，统筹全局的思想和方向，毕竟被肯定和采纳了。就在左宗棠的这份奏折上达两个月之后，1885 年 10 月 12 日，清政府设立总理海军事务衙门，派醇亲王奕𫍰总理海军事务，所有沿海水师悉归节制调遣。从而，在统一海军指挥权、加速海军近代化建设中，迈出了重要的一步。

1885 年 9 月 3 日，左宗棠忽然"得患腰痛，起坐维艰，手足瘫痪，热痰上涌，气弱病深"。9 月 5 日凌晨，他离开了人世。其时，距他上奏《请专设海防全政大臣折》和《台防紧要请移福建巡抚以资镇慑折》仅 38 天。他正待有所作为，却遽尔逝世，抱恨终天！

左宗棠临终前，满怀悲愤和遗憾之情，口授遗折，由其子孝宽笔录，缮交福州将军穆图善、陕甘总督杨昌濬，转奏于清廷。遗折中写道：

伏念臣以一介书生，蒙文宗显皇帝特达之知，屡奉三朝，累承重寄，内参枢密，外总师干，虽马革裹尸，亦复何恨！而越事和战，中国强弱一大关键也。臣督师南下，迄未大伸挞伐，张我国威，怀恨生平，不能瞑目！渥蒙皇太后、皇上恩礼之隆，叩辞阙廷，甫及一载，竟无由再觐天颜，犬马之报，犹待来生。禽鸟之鸣，哀则将死！方今西域初安，东洋思逞，欧洲各国，环视眈眈。若不并力补牢，先期求艾，再有衅（衅）隙，愈弱愈甚，振奋愈难，求之今日而不可得！伏愿皇太后、皇上于诸臣中海军之议，速赐乾断。凡铁路、矿务、船炮各政，及早举行，以策富强之效。

然居心为万事之本，尤愿皇上益勤典学，无怠万机，日近正人，广纳谠论。移不急之费，以充军食；节有用之财，以济时艰。上下一心，实事求是。臣虽死之日，犹生之年。

可见，左宗棠在最后的奏折中，一方面表达了自己壮志未酬、怀恨生平的悲哀，一方面也向清王朝最高统治者做了最后的、至为恳切的规劝。折文感情诚挚激越，言词悲壮有力，强烈的爱国主义情怀，跃然纸上，感人心肺！他劝告统治当局，振奋精神，"并力补牢，先期求艾"；及早举办铁路、矿务、船炮各政，"以策富强之效"。他特别规劝最高统治者，努力学习，勤理政事；"日近正人，广纳谠论"；整理财政，以"充军食""济时艰"；"上下一心，实事求是"。应该说，这些都是切中时弊的，是符合振兴中华的需要的。可惜腐朽的清王朝统治者，未能切实加以办理，以致国家照旧衰败下去。

据说，左宗棠处于昏迷状态，却突然苏醒了过来，这明显是回光返照。他眼前似乎出现一道光明，恍惚回到柳庄门前，正和夫人、全家为灾民施粥施药，眼望着灾民一群群走过去，心头充满着同情和叹息；忽然又回到了那间梧桐塘书屋，白发苍苍的祖父在教他咿咿呀呀地念书；忽然他又回到了空旷寂寥、风沙弥漫的西征路上，远望着白雪皑皑的天山山脉，回忆湘江夜晤时林公的谆谆嘱托……然而，一刹那一切都过去了，眼前又是一片昏暗，病榻前儿子和亲人们听见他低声喃喃自语："娃子们出队，孤拔去！""哦哦！出队！出队！我还要打。这个天下，他们不要，我从南边打到北边，从西边打到东边，我要打……"

慢慢地，声音越来越低……终于，那双目光炯炯的眼睛阖上了，他停止了呼吸，告别了曾经生活、战斗了73个年头的人世。

左宗棠逝世的消息传出之后，福州全城百姓，无不扼腕深嗟，皆谓"朝廷失一良将，吾闽失一长城"。"江、浙、关、陇士民闻之，皆奔走悼痛，如失所亲"。

朝廷得知左宗棠辞世的消息，并得到遗疏后，皇上震悼，当即发布谕旨，高度评价左宗棠的生平业绩，追赠太傅，照大学士例赐恤，加恩予谥"文襄"。清廷在左宗棠生前重用他，死后也倍加恩恤。照例未中进士、入翰林者，逝后谥号不能用"文"字，谥以"文襄"是特恩。左宗棠的儿孙也一一受赐恤，其子孝宽赏给郎中，孝勋赏给主事，孝同赏给举人。

1885年10月14日，举行御祭，朝廷派来的特使、新任福州将军古尼音布代行御祭，备极荣哀。15日，左宗棠灵柩送回湖南原籍。

11月11日，左宗棠灵柩运抵湖南省城长沙，各界人士纷纷前往致吊。当时，长沙有一位青年士子余肇康，特写了一副长篇挽联，寄托哀思。联云：

公学备经济文章，而莫邃于舆地；公勋在闽杭关陇，而莫壮于戎疆；公品齐李郭范韩，而莫肖于诸葛。上下二百余载，几见伟人？论中兴功，除却曾湘乡、胡益阳，更谁抗乎？

其出山非有荐牍，以投效结主知；其入阁不由甲科，以奇献协枢卜；其乞身仍许封侯，以退食预机宜。寿考七十四年，迭膺殊遇。数未了事，惟此鄂（俄）罗斯、法兰西，莫副初衷。

此联全面地概括了左宗棠的学识、人品、经历、勋业和所受荣宠，也写出了他壮志未酬的遗恨。又据记载，时任两江总督的曾国荃，也有《挽左文襄》联云：

幕府封疆，书生侯伯，孝廉宰辅，疏遂枢机，系天下安危者二十年，魂魄常依帝左右。

湖湘巾扇，闽浙楼船，沙漠轮蹄，中原羽檄，壮圣主威灵于九万里，声光远烁海东西。

此联也写出了左宗棠的经历、迹遇和生平事迹。

1885 年 12 月 10 日，左宗棠的遗体被隆重安葬于湖南善化县八都杨梅河柏竹塘山之阳（今长沙县石门乡柏竹塘村）。

再入军机忧社稷 大厦将倾抱憾终

附 录

左宗棠生平大事年表

左宗棠生平大事年表

1812 年　左宗棠生于湖南湘阴县。

1832 年　左宗棠道光十二年中乡试。后入两江总督陶澍幕府，并与陶结为亲家。

1851 年　左宗棠先后入湖南巡抚张亮基、骆秉章幕府，为平定太平军筹划。

1856 年　左宗棠升任兵部郎中。

1862 年　左宗棠由曾国藩举荐由太常卿升任浙江巡抚，并组成中法混合军和扩充中英混合军与太平军作战，克金华、绍兴等地，升任闽浙总督。

1864 年　左宗棠克杭州，并受封一等恪靖伯。之后致力于剿灭东南太平军残部。

1866 年　左宗棠年在福州马尾办船厂，也就是后来的福州船政局，并创办求是堂艺局，培养海军人才。同年，改任陕甘总督，其间创办兰州制造局。后创办甘肃织呢总局。

1867 年　左宗棠被授钦差大臣督办陕甘军务，定"先捻后回"方略。

1868 年　左宗棠参与平定捻军。

1873 年　左宗棠被授协办大学士。

1874 年 9 月 18 日　左宗棠被授东阁大学士。

1875 年　左宗棠奉命以钦差大臣督办新疆军务。

1876 年　左宗棠定"缓进急战"方略，指挥刘锦棠、金顺诸军镇压阿古柏、白彦虎。

1877 年　左宗棠收复除伊犁地区外的新疆全部领土，并为新疆建行省开发等预做规划。

1878 年 3 月　左宗棠由一等恪靖伯晋二等恪靖侯。

1881 年 2 月　左宗棠入京任军机大臣，10 月改任两江总督。

1884 年 6 月　左宗棠入京任军机大臣，9 月以钦差大臣督办闽海军务。

1885 年 9 月　左宗棠病故于福州，谥"文襄"。后归葬于湖南故里。